JN305061

NATOの東方拡大

中・東欧の平和と民主主義

Akira Ogino
荻野 晃

関西学院大学出版会

NATOの東方拡大
中・東欧の平和と民主主義

目 次

序 論　NATO拡大と中・東欧 …………………………… 5
第1節　中・東欧の安全保障と政軍関係　5
第2節　先行研究の成果と問題点　8

第1章　中・東欧のNATO加盟 …………………………… 23
第1節　冷戦後のNATO　24
第2節　中・東欧の安全保障政策　29
第3節　NATO加盟　39
第4節　NATO加盟後の問題点　48

第2章　米欧関係と中・東欧 …………………………… 63
第1節　コソヴォ紛争　65
第2節　9.11同時多発テロとアフガニスタン戦争　71
第3節　ESDPと中・東欧　76
第4節　イラク戦争と中・東欧　81

第3章　中・東欧の民主的な政軍関係 …………………… 101
第1節　旧体制下の政軍関係　102
第2節　体制転換後のシヴィリアン・コントロール　107
第3節　民主的な政軍関係の確立　114

第4章　NATO三次元レーダー基地問題 ………………… 133
第1節　軍隊と社会　134
第2節　ゼンゲー　138
第3節　トゥベシュ　144

第5章　国際任務と平和構築 …………………………… 159
第1節　中・東欧における軍隊の役割　160
第2節　紛争地域での国際任務　164
第3節　アフガニスタンのISAFとPRT　170

結 論　NATO拡大と中・東欧の平和と民主主義 ……… 187

人名索引　195
事項索引　199
あとがき　207

序　論

NATO 拡大と中・東欧

第1節　中・東欧の安全保障と政軍関係

1-1　中・東欧の安全保障

　1989年の東欧における体制転換は、冷戦構造の崩壊をもたらした。冷戦の終結は冷戦時代にソ連と東欧諸国を結びつけてきたワルシャワ条約機構（Warsaw Treaty Organization）の解消をもたらし、まもなくソ連そのものを解体させた。その結果、ソ連の勢力圏を脱した東欧は新たな安全保障政策を模索することになった。

　冷戦終結後の旧ソ連、旧ユーゴスラヴィアにおける政情不安や民族紛争は、中・東欧地域の安定に暗い影を投げかけていた。1990年代の前半のうちに、中・東欧は北大西洋条約機構（North Atlantic Treaty Organization: NATO）に加盟する意思を表明した。中・東欧は繰り返し大国に蹂躙された経験から、冷戦後に唯一の超大国となったアメリカが加盟するNATOのメンバーとなることによって自国の安全の確保を求めた。とくに、1991年以降、断続的に民族紛争が発生した旧ユーゴスラヴィアと隣接するハンガリーにとって、NATOとの関係強化は安全保障政策における最優先課題となった。

　NATOにとって、中・東欧への拡大は同地域における民主的な政治制度の定着や市場経済への移行を後押しすることになると考えられた。実際に、

5

旧東側諸国のNATO加盟は、ヨーロッパの分断状態を完全に終わらせるために重要な課題であった。そのため、NATOにとって、中・東欧の加盟を認めることは、たんなる東方への空間的な拡大にとどまらなかったのである。
　しかし、その一方で、1991年にワルシャワ条約機構の解体によって、NATOは創設以来の目的を喪失した。冷戦後、NATOはソ連・東欧からの軍事侵攻に備えた共同防衛に代わる新たなレーゾンデートルを模索した。実際に、NATOはソ連の解体を目前にした1991年11月に新しい「戦略概念」を採択し、地域紛争やテロの多発する冷戦後の不確実な国際社会の安定のために加盟国の「域外（out of area）」における活動へと役割を変化させようとしていた。
　冷戦後の国際秩序の安定をはかるために新たな役割を模索するNATOは、中・東欧に同盟へのただ乗り（free rider）を認めなかった。NATOは加盟を希望する国々に対して同盟の責務を履行するための軍の近代化を求めたのである。しかしながら、旧東側陣営でソ連製の旧式兵器、ソ連式の教育・訓練にもとづく中・東欧の軍隊にとって、NATO基準への装備の近代化はコストと長い時間を要する課題であった。
　さらに、NATOの東方拡大には中・東欧の加盟に反対するロシアとの関係から、加盟国内部において認識の相違が存在した。ロシアに配慮して早期の拡大に慎重だった西欧と比較して、アメリカは中・東欧の加盟国に積極的であった。その結果、NATO拡大へのプロセスが進展するにしたがって、中・東欧は安全保障・防衛政策におけるアメリカへの依存を強めはじめた。
　アメリカと西欧との協調関係が成り立つ場合、中・東欧の親米姿勢は西欧との摩擦を生じさせることはなかった。しかし、国際協調を軽視し自国の国益追求をはかるアメリカの単独主義（unilateralism）がピークに達した2003年のイラク戦争において、アメリカとその同盟国フランス、ドイツとの間で激しい対立が起こった。同時に、中・東欧とフランス、ドイツとの間にも軋轢が生じた。

1-2　中・東欧の政軍関係

　軍隊に独裁体制を擁護する意思があるかどうかが政権の崩壊と民主化の実

現の鍵となった事例は、歴史的に数多く存在する。1989 年当時、東欧の軍の動向も体制転換の行方に影響を及ぼした。政権政党が自発的に指導的役割を放棄するにいたったポーランド、ハンガリーの体制転換において、軍は民主化を受け入れた。他方、体制転換の重大な局面において激しい反体制デモが発生した東ドイツ、チェコスロヴァキアにおいては、軍と市民との間に緊張関係が生じたことは否定できない。また、体制転換のプロセスで内戦状態にいたったルーマニアでは、軍が市民の側に立つことによって社会主義体制の崩壊が決定づけられた。

　中・東欧の NATO 加盟に際して、先述の軍の近代化とならんで、民主的な政軍関係の確立が求められた。ソ連においても、軍に対する強固なシヴィリアン・コントロールが機能していたが、民主的なコントロールとはいえなかった。[2] 体制転換後の中・東欧では、民主的な説明責任や透明性の枠組みで軍事部門を有効に統治できるシヴィリアン・コントロールが必要とされた。共産党と分離した後の軍の政治的な中立状態、正統性を有する政権による軍に対するコントロールの維持は、民主化された社会の安定に不可欠であった。

　当初、中・東欧における民主的な政軍関係の焦点は、軍をコントロールできる民主的な政治制度を構築するための改革であった。実際に、中・東欧では、民主化のプロセスで浮き彫りになった大統領と内閣との憲法上の政治的権限の不明確さが、軍の指揮・命令系統にも反映された。

　さらに、実際に政治制度を運用する政治家の資質の側面からみた場合にも、中・東欧の大統領や現役の武官でない文民国防相の軍に対するコントロールにおいて様々な問題が生じていた。また、議会による軍のコントロールが正常に機能することも民主的な政軍関係にとって重要であった。

　しかしながら、民主的な政治制度にもとづく軍隊の指揮・命令系統の確立のみで、民主主義国家におけるシヴィリアン・コントロールが成り立つのだろうか。ジャノヴィッツ（Morris Janowitz）は軍の政治への介入を防ぐために、文民政治家と軍人との価値観の共有、軍と社会との一体化が重要だと主張した。[3]

　旧体制下において共産党と一体化していた東欧の軍隊は、一党独裁体制を擁護、維持するための存在とみなされた。同時に、東欧の軍はワルシャワ条

約機構を通して、事実上、ソ連軍の統制下に置かれていた。つまり、東欧の軍は祖国の防衛を目的とする国民国家の軍隊としての機能を果たしていなかった。

軍隊が市民社会において正統性を確立することもまた、民主主義国家のシヴィリアン・コントロールに不可欠であると著者は認識する。具体的には、市民社会と軍隊との価値、目的の共有こそが健全なシヴィリアン・コントロールに寄与するのではないか。そのため、社会と軍隊との関係に焦点をあてる必要がある。

第2節　先行研究の成果と問題点

2-1　中・東欧の外交・安全保障

はじめに、冷戦終結後のNATOに関する先行研究に言及する必要がある。本書が分析対象とするのはNATOの東方拡大とそれに対する中・東欧の動向である。にもかかわらず、冷戦後の国際社会におけるNATOの役割、変容を無視して、本書の研究課題を論じることはできない。

近年のNATOに関する研究は、冷戦期からつづくNATO内部におけるトランスアトランティック関係の歴史的な変容に加え、冷戦後の国際秩序安定のための新たな役割、冷戦後のヨーロッパの安全保障に関するアメリカと西欧との認識の共有と相違、さらに旧ユーゴスラヴィア、アフガニスタン、イラクなどアメリカとその同盟国が行なった戦争への対応を論点になされてきた[4]。さらに、近年、わが国においてもNATOに関して、冷戦後の中・東欧への拡大やアメリカ軍の再編と結びついた任務や役割の変容を論じた研究が進展している[5]。勿論、NATOに関しては膨大な数の先行研究が存在しており、著者自身、網羅できているわけではない。

次に、冷戦後の中・東欧の外交・安全保障に関する先行研究について述べる。すでに、1999年3月のNATOの第一次東方拡大から10年以上が経過した。第一次拡大の対象国となったポーランド、チェコ、ハンガリーに加えて、3カ国との歴史的な結びつきも強く、比較研究の対象として適している

スロヴァキアも含めたヴィシェグラード4カ国[6]に関して、冷戦後の安全保障政策の形成とNATO加盟に至るまでの軌跡、加盟後の国軍の機構改革や近代化などに関して、すでに欧米諸国において多くの先行研究がなされてきた[7]。とりわけ、著者自身が長らく中心的な研究対象としてきたハンガリーの体制転換後の安全保障政策とNATO加盟に関して、現地の研究者によってハンガリー語で書かれた文献も含めて、多くの先行研究を挙げることが可能である[8]。また、わが国でも、中・東欧のNATO加盟に関する研究が進んでいる[9]。

　さらに、冷戦終結後の中・東欧の安全保障研究に関して、アメリカとの関係を重視した外交姿勢、アトランティシズムの視点を無視することができない。実際に、欧米諸国においては、中・東欧の対米関係を重視した外交・安全保障路線に関する先行研究がなされてきた[10]。とりわけ、アメリカとその同盟国であるフランス、ドイツとの対立が表面化したイラク戦争の際、いっせいにアメリカ支持に踏み切った中・東欧の対応が注目された[11]。

　中・東欧とアメリカとの安全保障面を中心とする関係についての先行研究では、とりわけポーランドの外交・安全保障政策におけるアメリカとの緊密な関係が論じられてきた[12]。また、近年、ハンガリー国内でも、ヨーロッパとアメリカ、NATOとヨーロッパ連合（European Union: EU）との狭間における自国の外交・安全保障政策に関する議論がなされている[13]。

2-2　中・東欧の政軍関係研究

　はじめに、体制転換後の中・東欧の政軍関係に関する研究について述べる。ベブラー（Anton A. Bebler）は体制転換後の国軍改革の焦点として、議会による軍のチェック機能、文民国防相、軍の政治的中立、イデオロギーの多元化、軍上層部の入れかえ、新しい防衛ドクトリンの採用を挙げた[14]。

　ベッツ（David J. Betz）は国防省の文民化（civilianization of the ministry of defense）の必要性を論じた。ベッツが述べた論点は、適切な文民の国防相をみつける、文民官僚を国防省スタッフに組み入れる、参謀本部と国防省との関係の3点である。最初の二つの論点に関して、政治家は軍の改革に関心が低い、文民官僚には軍事に関する専門的知識が不足しているとベッツは

論じた。さらに、3番目の論点について、民主的な政治体制の下では、政策の立案、兵站、軍事教育、国際協力などの機能を、参謀本部から軍人・文民を統合した国防省の監督下に移すことが重要であるとベッツは述べた。その際、旧社会主義体制下で教育を受けた軍の幹部が改革に抵抗するとベッツは指摘した。[15]

コッティ（Andrew Cottey）、エドムンズ（Timothy Edmunds）、フォスター（Anthony Foster）は、軍の政治への関与を禁じる法的、制度的な制約、民主的に選出された指導者による明確な軍の指揮系統、文民国防相と文民スタッフを含んだ国防省、参謀本部の国防省への従属、軍事予算の透明性が軍の民主的統制に必要な要素であると指摘した。さらに、彼らは軍の民主的なコントロールに影響を及ぼす要因として、歴史的遺産、国内の政治、経済、社会的状況、国際環境、制度的要因、軍事文化（military culture）とプロフェッショナリズムを挙げた。[16]

次に、体制転換後のハンガリーの政軍関係に関する先行研究について述べる。ハンガリーの民主的な制度にもとづくシヴィリアン・コントロールに関して、大統領と政府（内閣）との間での権限の分離、国会による国防軍の監視、文民国防相による参謀本部の監督、国防軍の社会的名声、信用の回復が焦点になったとサイモン（Jeffery Simon）は論じた。[17]また、ドゥナイ（Dunay Pál）は体制転換後の国防軍の制度改革、国防軍の近代化プログラムの問題点を指摘した。[18]

ハンガリー以外のヴィシェグラード3カ国ポーランド、チェコ、スロヴァキアに関しても、体制転換後の軍隊をコントロールするための政治制度の改革について論じた研究[19]が進んでいる。

前節で述べたように、民主主義国家の政軍関係においては、軍による政治への介入を防止するため、政治制度面においてシヴィリアン・コントロールを機能させることにとどまらず、市民社会が果たす役割も重要となる。体制転換後の中・東欧における軍隊と社会との関係に関する先行研究として、以下が挙げられる。

コッティ、エドムンズ、フォスターは、軍の民主的なコントロールのための制度改革を行う「第一世代問題」から防衛・安全保障セクターの民主的な

ガヴァナンスのために有効な構造を確立する「第二世代問題」への移行を論じた。「第二世代問題」では、有効な防衛政策立案のための構造、議会による有意義な防衛・安全保障セクターの監視に加え、防衛・安全保障の議論への市民社会の参画も指摘された[20]。

フォスターはヨーロッパ諸国の軍隊を女性の比率、ホモセクシュアルの容認、エスニック・マイノリティのリクルート、組織内部でのモラルの基準など、社会との収斂の度合いから以下の三つのタイプに分類した[21]。西欧を例に社会の価値観に近づいた「弱まったゲートキーパー（weakened gatekeeper）」としての軍隊、中・東欧やバルト三国を例に部分的な領域で社会の価値観に近づいた「共有のゲートキーパー（shared gatekeeper）」としての軍隊、旧ソ連、バルカン諸国を例に社会の価値観から乖離した「強いゲートキーパー（strong gatekeeper）」としての軍隊。社会における価値の多様化を視野に入れたフォスターの分析は、本書では詳しく踏み込まない領域であるが、ヨーロッパ諸国の軍隊と社会との関係を考察するうえで貴重な論点となる。

旧社会主義諸国の民主的な政軍関係の確立における市民社会の役割に関して、カパリーニ（Marina Caparini）、フルリ（Philipp Fluri）、モルナール（Molnár Ferenc）らの研究では、市民社会組織（Civil Society Organizations: CSO）が安全保障セクターの改革において果たす役割が重視された。政治家や文民官僚による軍隊の民主的なコントロールのための制度改革のみならず、民間の専門家が政府や議会に対して安全保障・防衛政策で適切な分析や助言を行える市民社会における組織の重要性を彼らは主張した[22]。

さらに、コッティ、エドムンズ、フォスターは旧社会主義国家における軍隊の社会における役割を分析するための枠組みとして、軍隊が安全を脅かす脅威から国家を防衛するナショナル・セキュリティー、軍隊が国益や価値観をシンボリックな形で体現するネーション・ビルダー、軍隊が体制の維持の役割を担うレジーム・ディフェンス、軍隊が災害救助や法秩序の維持のために市民組織、文民当局を支援するドメスティック・ミリタリー・アシスタンス、軍隊が平和維持活動などで政府の外交手段として機能するミリタリー・ディプロマシーの5点を挙げた[23]。

フォスターはさらにヨーロッパ諸国における軍隊の役割を分析し、以下の

社会における三つの正統性に分類した。まず、軍隊がナショナル・セキュリティーなど伝統的な役割で正統性を低下させる中で、新たな役割を見出すことによる正統性の確立に失敗した「硬直化（ossified）」が挙げられる。次に、軍隊がナショナル・セキュリティー、ネーション・ビルダーで正統性を低下させる中で、ドメスティック・ミリタリー・アシスタンス、ミリタリー・ディプロマシーで新たな正統性を確立した「再接続（re-connected）」が挙げられる。第3に、軍隊が伝統的なナショナル・セキュリティーで正統性を強化し、さらにドメスティック・ミリタリー・アシスタンスによって新たな正統性を確立した「更新（renewed）」である[24]。

　次に、ハンガリーにおける国防軍と社会との関係に関する先行研究を挙げる。モルナールはハンガリーにおける民主的な政軍関係の確立における「水平的な」アクターを重視した。とくに、モルナールはシヴィリアン・コントロールに役割を果たす具体的なCSOとして、抗議運動としての非政府組織（Non-Governmental Organization: NGO）、シンクタンク、教育機関に言及した[25]。

　ドゥナイは徴兵制度の存続をめぐる世論の動向や国内における議論、NATO加盟に伴って生じた国際的な任務への参加が国内社会での国防軍の評価に与える影響に焦点をあてて、体制転換後のハンガリー社会における国防軍の役割について論じた[26]。

　ハンガリーについての研究と同様、他のヴィシェグラード諸国のポーランド、チェコ、スロヴァキアに関しても、体制転換による民主化と社会変動に伴う軍隊と社会との関係に焦点をあてた研究[27]がなされている。

2-3　問題提起

　本節では、冷戦後の中・東欧の外交・安全保障政策、政軍関係に関する研究動向を論じてきた。さらに、先行研究における問題点を指摘しながら、本書の目的および分析方法について述べる。

　はじめに、NATOの東方拡大に関して、中・東欧のNATO加盟を同地域の安全保障のみならず民主主義の定着、国際社会の安定への貢献と結びつけることの意義が論じられてきた。しかしながら、NATO加盟に際して中・

東欧に求められた軍の近代化の難しさが安全保障面での対米依存を生み出し、やがてアメリカの単独主義への追随をもたらしたプロセスの検証が十分とはいえない。とくに、2001年9月11日の同時多発テロから2003年3月のイラク戦争までの間に生じた米欧関係の軋みが、ヨーロッパ統合への参加の途上にあった中・東欧の外交・安全保障に及ぼした影響を軽視すべきではない。また、中・東欧のNATO加盟を理念のみならず、現実の国際任務のあり方を視野に入れて論じることも重要ではないか。

　次に、体制転換後の中・東欧の政軍関係に関して、制度面での軍の政治介入の防止のみならず、市民社会の成熟に裏付けられた民主的な政軍関係の確立の重要性をさらに問題にすべきではないか。実際に、ハンガリーでは、NATO加盟によって生じた責務の履行をめぐって、国防省、国防軍と地域社会との間で激しい対立が起こった。さらに、中・東欧の軍隊がいかに市民社会と目的や価値を共有するのか、さらなる考察が必要ではないだろうか。具体的には、中・東欧のミリタリー・ディプロマシーとしてのNATOの域外任務における平和維持、復興支援の活動に対する検証が十分であるとはいえない。

　本書の目的は、冷戦後のNATO拡大の視点から、中・東欧の外交・安全保障政策と政軍関係を考察することにある。分析に際して、NATOの中・東欧への拡大に至るプロセスと拡大後に残された課題について、1999年以降にNATO加盟国が関与した武力紛争、復興支援活動と中・東欧の安全保障政策に及ぼした影響、NATOが中・東欧に促した軍事改革と民主的な政軍関係の確立に焦点をあてる。旧社会主義諸国の体制転換からヨーロッパ統合に至るまで、ハンガリーの果たした役割は小さくなく、外交・安全保障に加えて、政軍関係の視点から考察する価値も十分にあると筆者は確信している。さらに、主たる分析対象国をハンガリーとしながらも、他のヴィシェグラード諸国のポーランド、チェコ、スロヴァキアとの比較の視点を取り入れて論じる。何故なら、早期のNATO加盟をめざした体制転換以降のハンガリーにおける政軍関係の特質を検証するうえで、他のヴィシェグラード3カ国との比較分析がロシア、ウクライナなどの旧ソ連諸国、旧ユーゴスラヴィア地域、ルーマニア、ブルガリアなどバルカン諸国とのそれより有効である

と筆者は認識している。

　本書の構成は、以下のような五つの章からなる。

　前半部分の第1章、第2章では、冷戦後の中・東欧の外交・安全保障政策を論じる。まず、第1章では、中・東欧のNATO加盟の動機、加盟に至るプロセスを述べる。そして、加盟後に残された中・東欧の軍の近代化の問題点について論じる。次に、第2章で、ヴィシェグラード3カ国が1999年にNATO加盟を果たした直後に発生したNATOによるユーゴスラヴィア空爆、2001年9月11日の同時多発テロとそれに続くアフガニスタン戦争、アメリカの単独主義のピークともいえる2003年のイラク戦争に焦点をあてる。そして、それぞれの局面における米欧関係と中・東欧の対応を検証する。

　後半部分の第3章から第5章では、体制転換後の中・東欧の政軍関係を論じる。第3章では、体制転換からNATO加盟に至る段階における中・東欧の民主的な政軍関係の確立について論じる。具体的には、政治制度の側面からみたシヴィリアン・コントロールを中心に述べる。そして、第4章で、中・東欧における軍隊と社会との関係を分析する。その際、NATO加盟後のハンガリーで生じたNATOの三次元レーダー基地の建設をめぐる問題を中心に述べる。さらに、第5章において、冷戦後の中・東欧における軍隊の役割の変化と社会における正統性を論じる。その際、中・東欧のミリタリー・ディプロマシーとして、NATO加盟国の責務としてのアフガニスタンにおける復興支援の任務に焦点をあてる。そして、最後に、結論において、NATO拡大が中・東欧にもたらした平和と民主主義の意義を考察する。

　なお、本書のアルファベットによるハンガリー人の氏名は、現地での表示に合わせ姓・名の順序で記した。

註

[1] 冷戦時代、「東欧」にはソ連の勢力圏を意味する政治的な意味が込められていた。1989年の体制転換後、「東欧」は「中・東欧」と呼ばれることが多くなった。また、近年、かつての東欧諸国の中で、歴史的にドイツ、オーストリアの文化的影響下にあったポーランド、チェコ、スロヴァキア、ハンガリーを「中欧」とみなす考え方が主流となった。

2　Timothy Edmunds, "NATO and its New Members," *Survival*, Vol. 45, No. 3, Autumn 2003, p. 148.

3　Morris Janowitz, *The Professional Soldier: A Social and Political Portrait* (New York: Free Press, 1977).

4　NATOの歴史的な変容に関しては、以下を参照。Lawrence S. Kaplan, *NATO Divided, NATO United: The Evolution of an Alliance* (Westport, Connecticut: Praeger, 2004); Stanley R. Sloan, *NATO, the European Union, and the Atlantic Community: The Transatlantic Bargain Challenged, Second Edition* (Lanham: Rowman & Littlefield Publishers, Inc., 2005); Julian Lindley-French, *The North Atlantic Treaty Organization: The Enduring Alliance* (London: Routledge, 2007); Stanley R. Sloan, *Permanent Alliance?: NATO and the Transatlantic Bargain from Truman to Obama* (New York: Continuum, 2010); Brian J. Collins, *NATO: A Guide to the Issues* (Santa Barbara: Praeger, 2011). 冷戦後のNATOの新たな役割は、以下を参照。Ronald D. Asmus, *Opening NATO's Door: How the Alliance Remade Itself for a New Era* (New York: Columbia University Press, 2002); Sten Rynning, *NATO Renewed: The Power and Purpose of Transatlantic Cooperation* (New York: Palgrave Macmillan, 2005); Rebecca R. Moore, *NATO's New Mission: Projecting Stability in an Post-Cold War World* (Westport, Connecticut, Praeger, 2007); John R. Deni, *Alliance Management and Maintenance: Restructuring NATO for the 21st Century* (Hampshire: Ashgate, 2007). 冷戦後のヨーロッパの安全保障をめぐる米欧関係は、以下を参照。Jolyon Howorth and John T. S. Keeler, eds., *Defending Europe: The EU, NATO and the Quest for European Autonomy* (New York: Palgrave Macmillan, 2003); Alexander Moens, Lenard J. Cohen and Allen G. Sens, eds., *NATO and European Security: Alliance Politics from the End of the Cold War to the Age of Terrorism* (Westport, Connecticut: Praeger, 2003); Heinz Gärtner and Ian M. Cuthbertson, eds., *European Security and Transatlantic Relations after 9/11 and the Iraq War* (New York: Palgrave Macmillan, 2005); David M. Andrews, ed., *The Atlantic Alliance under Stress: US-European Relations after Iraq* (Cambridge: Cambridge University Press, 2005); Andrew Cottey, *Security in the New Europe* (New York: Palgrave Macmillan, 2007); Wyn Rees, *The US-EU Security Relationship: The Tensions between a European and a Global Agenda* (New York: Palgrave Macmillan, 2011). NATOの旧ユーゴスラヴィア、アフガニスタン、イラクの戦争への対応は、以下を参照。Osvaldo Croci and Amy Verdun, eds., *The Transatlantic Divide: Foreign and Security Policies in the Atlantic Alliance from Kosovo to Iraq* (Manchester: Manchester University press, 2006); Dag Henriksen, *NATO's Gamble: Combining Diplomacy and Airpower in the Kosovo Crisis 1998-1999* (Annapolis, Maryland: Naval Institute Press, 2007); Mark Wintz, *Transatlantic Diplomacy and the Use of Military Force in the Post-Cold War Era* (New York: Palgrave Macmillan, 2010); Jason W. Davidson, *America's Allies and War:*

Kosovo, Afghanistan and Iraq（New York: Palgrave Macmillan, 2011）．さらに、NATO拡大をネオリアリズム、ネオリベラリズム、コンストラクティヴィズムなど国際関係論のアプローチから検証した研究として、Robert W. Rauchhaus, ed., *Explaining NATO Enlargement*（London: Frank Cass, 2001）がある。

5　日本における近年のNATO研究は、以下を参照。冷戦後の国際社会におけるNATOの役割の変化に関して、金子譲「新生NATOの行方——東方への拡大からミッションの拡大へ」『防衛研究所紀要』第2巻第1号、1999年6月、52-71頁。佐瀬昌盛『NATO——21世紀からの世界戦略』文芸春秋社、1999年。谷口長世『NATO——変貌する地域安全保障』岩波書店、2000年。三井光夫「NATOによるユーゴ空爆（コソヴォ紛争）の全容——軍事的視点からの分析」『防衛研究所紀要』第4巻第2号、2001年11月、32-65頁。金子譲『NATO北大西洋条約機構の研究——米欧安全保障関係の軌跡』彩流社、2008年。吉崎知典「紛争処理における同盟の役割——NATOによる治安部門改革を中心に」『防衛研究所紀要』第11巻第3号、2009年3月、25-44頁。NATOの東方拡大に関して、金子譲、吉崎知典「NATOの拡大——『軍事同盟』から『協調的安全保障機構』へ？」『防衛研究所紀要』第1巻第2号、1998年11月、17-34頁。金子譲「NATOの東方拡大——第一次拡大から第二次拡大へ」『防衛研究所紀要』第6巻第1号、2003年9月、55-69頁。冷戦後の米欧関係とNATOに関して、広瀬佳一「在欧米軍の再編とNATO」『国際安全保障』第33巻第3号、2005年12月、67-83頁。広瀬佳一「NATO軍事機構の『欧州化』と米欧関係」『国際安全保障』第34巻第3号2006年12月、73-92頁。渡邊啓貴『米欧同盟の協調と対立——二十一世紀国際社会の構造』有斐閣、2008年。

6　ヴィシェグラード諸国の名称は、1991年にハンガリーのヴィシェグラードでポーランド、チェコスロヴァキア、ハンガリーの首脳が会談したことに由来する。3カ国首脳がヴィシェグラードに集まったのは、1335年にハンガリー王、ポーランド王、ボヘミア（チェコ）王がヴィシェグラードで会合したことにちなんでいた。1993年のチェコとスロヴァキアの分離後、ヴィシェグラード4カ国（Visegrád 4: V4）と呼ばれている。

7　中・東欧とくにポーランド、チェコ、スロヴァキア、ハンガリーのNATO加盟に関する研究は、Andrew Cottey, *East-Central Europe after the Cold War: Poland, the Czech Republic, Slovakia and Hungary in Search of Security*（New York: St. Martin's Press, 1995）; András Balogh, "The Atlantic Dimension of the Central European Security," *Foreign Policy*（Budapest）, Special Issue, 1997, pp. 18-28; Longin Pastusiak, "Poland on Her Way to NATO," *European Security*, Vol. 7, No. 2, Summer 1998, pp. 54-62; Donald Blinken, "How NATO Joined Hungary," *European Security*, Vol. 8, No. 4, Winter 1999, p. 1090129; Andrew A. Michta, 'Poland: A Linchpin of Regional Security,' in Andrew A. Michta, ed., *America's New Allies: Poland, Hungary, and the Czech Republic in NATO*（Seattle: University of Washington Press, 1999）, pp. 40-73; Zoltan Barany, 'Hungary: An Outpost on the Troubled Periphery,' in Andrew A. Michta, ed., *op. cit.*, pp. 74-111; Thomas S. Szayna, 'The Czech Republic: A Small Contributor or a

序　論　NATO 拡大と中・東欧

"Free Rider"?,' in Andrew A. Michta, ed., *op. cit.*, pp. 112-148; Sean Kay, 'NATO Enlargement: Policy, Process, and Implications,' in Andrew A. Michta, ed., *op. cit.*, pp. 149-184; Wade Jacoby, *The Enlargement of the European Union and NATO: Ordering from the Menu in Central Europe* (Cambridge: Cambridge University Press, 2004); Andrew A. Michta, *The Limits of Alliance: The United States, NATO, and the EU in North and Central Europe* (Lanham: Rowman & Littlefield Publishers, Inc., 2006); Ninius Lašas, *European Union and NATO Expansion: Central and Eastern Europe* (New York: Palgrave Macmillan, 2010)がある。

8　ハンガリーの NATO 加盟に関する研究は、Gyarmati István, '1996-97: Felkészülés a NATO-tagságra [1996-1997 年―― NATO 加盟国への準備].' In: Szerk.: Dunay Pál-Gazdag Ferenc. *Az Észak-Atlanti Szerződés Szervezete: tanulmáyok és dokumentumok* [北大西洋条約機構――研究と資料] (Budapest, Stratégiai és Védelmi Kutatóintézet, 1997), 263-282.o.; Simonyi András, 'Magyarorszá útja a NATO-ba: Brüsszeli perspekíva [ハンガリーの NATO への道――ブリュッセルの展望].' In: Szerk.: Dunay Pál-Gazdag Ferenc. i. m., 283-292.; Dunay Pál, 'NATO-hitviták Magyarországon [ハンガリーにおける NATO についての信用の議論].' In: Szerk.: Dunay Pál-Gazdag Ferenc. i. m., 293-333.; Géza Jeszenszky, "The Atlantic Ideals and Hungary," *Foreign Policy* (Budapest), Special Issue, 1997, pp. 125-130; Szabó László-Tálas Péter, "A NATO és a NATO-csatlakozás Madrid után [マドリッド会議後の NATO と NATO 加盟]," *Társadalmi Szemle*, 1997, 10, 30-43.o.; Andrew Felkay, *Out of Russian Orbit: Hungary Gravitates to the West* (Westport, Connecticut: Greenwood Press, 1997); Pietsch Lajos, *Magyarország és a NATO: Esszé, dokumentumok, kronológia* [ハンガリーと NATO――エッセー、資料、年表] (Budapest: Magyar Atlanti Tanács, 1998), 9-58.o.; László Valki, "Hungary's Road to NATO," *The Hungarian Quarterly*, Vol. 40, 1999 Summer, pp. 3-19; Juhász Erika, 'Magyarország NATO-csatlakozása [ハンガリーの NATO 加盟].' In: Szerk.: Glatz Ferenc. *A NATO és a magyar politika* [NATO とハンガリーの政治] (Budapest: Magyar Tudományos Akadémia,1999), 21-36.o.; Meiszter Imre, 'Politikai napirenden: Magyarország NATO-csatlakozása [政治的議題――ハンガリーの NATO 加盟].' In: Szerk.: Galló Béla. *Euro-atlanti kihívások: Biztonság-és külpolitikai tanulmányok* [ヨーロッパ・大西洋の挑戦――安全保障・外交政策の研究] (Budapest: MTA Politikai Tudományok Intézete, 2001), 121-140.o. NATO 加盟後のハンガリーの課題に関する研究は、Szenes Zoltán, 'A NATO-csatlakozás katonai feladatai [NATO 加盟の軍事的課題].' In: Szerk.: Glatz Ferenc. *NATO és a magyar politika*, 73-98.o.; Szendrák Csilla, 'Gondolatok a haderőreformról [軍改革に関する考え方].' In: Szerk.: Galló Béla. *Euro-atlanti kihívások*, 141-168.o.; Varga György, "Magyarország külpolitikai mozgástere, beilleszkedés a NATO-ba és az EU-ba [ハンガリー外交の行動の余地―― NATO と EU への順応]," *Külpolitika*, 6, 1-2, 2000, 8-21.o. がある。

9　矢田部順二「政治変動以後のチェコ外交と NATO 加盟―― 1989 年～ 1999 年」『修

道法学』第24巻第1号、2001年、9月、1-19頁。拙稿「ハンガリーのNATO加盟——理念と現実」『法と政治』第54巻第3号、2003年9月、79-127頁。広瀬佳一「NATO拡大と中・東欧」（羽場久美子、小森田秋夫、田中素香編『ヨーロッパの東方拡大』岩波書店、2006年）、133-150頁。長與進「スロヴァキアのEU/NATO加盟——加盟する側の論理と心理」（羽場久美子、小森田秋夫、田中素香編、前掲書）、192-211頁。

10　Anita Orbán, "Washington and the „New Europe": An Ad Hoc Alliance or a Long-term Partnership," *Külügyi Szemle*, 2003, 4, pp. 16-30; Wade Jacoby, 'Military Competence versus Policy Loyality: Central Europe and Transatlantic Relations,' in David M. Andrews, *op. cit.*, pp. 232-255; Janusz Bugajski and Ilona Teleki, *Atlantic Bridges: America's New European Allies* (Lanham: Rowman & Littlefield Publishers, Inc., 2007).

11　Andor László-Tálas Péter-Valki László, *Irak: Háborúra itélve* ［イラク——戦争への判決］(Budapest: Zrinyi Kiadó, 2004); Petr Vancura, 'Czech Republic's Role with Regard to the Ttrans-Atlantic Security Challenges,' in Tom Lansford and Blagovest Tashev eds., *Old Europe, New Europe and the US: Renegotiating Transatlantic Security in the Post9/11 Era* (Hampshire: Ashgate, 2005), pp. 173-191; Andrzej Kapiszewski with Chris Davis, 'Poland's Security and Transatlantic Relations,' in Tom Lansford and Blagovest Tashev eds., *op. cit.*, pp. 193-218; Ivo Samson, 'Slovakia,' in Tom Lansford and Blagovest Tashev eds., *op. cit.*, pp. 219-238; László Valki, 'Hungary,' in Tom Lansford and Blagovest Tashev eds., *op. cit.*, pp. 239-257.

12　Marcin Zaborowski and Kerry Longhurst, "America's Protégé in the East?: The Emergence of Poland as a Regional Leader," *International Affairs* (London), Vol. 79, No. 5, 2003, pp. 1009-1028; Olaf Osica, 'In a Search of a New Role: Poland vis-à-vis Euro-Atlantic Relations,' in Marcin Zaborowski, David H. Dunn, eds., *Poland: A New Power in Transatlantic Security* (London: Frank Cass, 2003), pp. 21-39; Kerry Longhurst, 'From Security Consumer to Security Provider: Poland and Transatlantic Security in the Twenty-First Century,' in Marcin Zaborowski, David H. Dunn, eds., *op. cit.*, pp. 50-62; David H. Dunn, 'Poland: America's New Model Ally,' in Marcin Zaborowski, David H. Dunn, eds., *op. cit.*, pp. 63-86; Kerry Longhurst and Marcin Zaborowski, *The New Atlanticist: Poland's Foreign and Security Policy Priorities* (London: Blackwell Publishing, 2007).

13　Remek Éva, "Az atlantizmus és a magyar külpolitika ［アトランティシズムとハンガリー外交］," *Új Honvédségi Szemle*, 2004, 4, 36-48.o.; Magyarics Tamás. Magyarország és a transzatlanti kapcsolatok ［ハンガリーとトランスアトランティック関係］. In: Szerk.: Gazdag Ferenc és Kiss J. László. *Magyar külpolitika a 20. században* ［20世紀のハンガリー外交］(Budapest: Zríny Kiadó, 2004), 243-259.o.; Szenes Zoltán, "Válaszúton a magyar biztonságpolitika ［岐路に立つハンガリーの安全保障政策］" *Új Honvédségi Szemle*, 2005, 12, 62-79.o.; Tamás Magyarics, "Hungary and European Defense and

Security Policy," *Foreign Policy Review* (Budapest), 2008, No. 1, pp. 3-17.
14 Anton A. Bebler, 'The Regionwide Perspective on Post-Communist Civil-Military Relations,' in Anton A. Bebler, ed., *Civil-Military Relations in Post-Communist States: Central and Eastern Europe in Transition* (Westport, Connecticut: Praeger, 1997), pp. 65-76.
15 David J. Betz, *Civil-Military Relations in Russia and Eastern Europe* (London: RoutledgeCurzon, 2004).
16 Andrew Cottey, Timothy Edmunds, Anthony Foster, 'Introduction: The Challenge of Democratic Control of Armed Forces in Postcommunist Europe,' in Andrew Cottey, Timothy Edmunds and Anthony Foster, eds., *Democratic Control of the Military in Postcommunist Europe* (New York: Palgrave, 2002), pp. 1-17.
17 Jeffrey Simon, *Hungary and NATO: Problem in Civil-Military Relations* (Lanham: Rowman&Littlefield Publishers, 2003). なお、サイモンは同様の分析枠組みで他のヴィシェグラード諸国の政軍関係についても考察している。Jeffrey Simon, *Poland and NATO: A Study in Civil-Military Relations* (Lanham: Rowman&Littlefield Publishers, 2004); Jeffrey Simon, *NATO and the Czech & Slovak Republics: A Comparative Studies in Civil-Military Relations* (Lanham: Rowman&Littlefield Publishers, 2004).
18 Pál Dunay, 'Civil-Military Relations in Hungary: Not Big Deal,' in Andrew Cottey, Timothy Edmunds and Anthony Foster, eds., *op. cit.*, pp. 64-87; Pál Dunay, "The Half-Hearted Transformation of the Hungarian Military," *European Security*, Vol. 14, No. 1, 2005, pp. 17-32.
19 ポーランドに関する先行研究は、Andrew A. Michta, *The Soldier-Citizen: The Politics of the Polish Army after Communism* (London: Macmillan, 1997); Elizabeth P. Coughlan, "Democratizing Civilian Control: The Polish Case," *Armed Forces & Society*, Vol. 24, No. 4, Summer 1998, pp. 519-533; Paul Latawski, 'Democratic Control of Armed Forces in Postcommunist Poland: The Interplay of History, Political Society and Institutional Reform,' in Andrew Cottey, Timothy Edmunds and Anthony Foster, eds., *op. cit.*, pp. 21-43; Paul Latawski, 'The Transformation of Postcommunist Civil-Military Relations in Poland,' in Timothy Edmunds, Andrew Cottey and Anthony Foster, eds., *Civil-Military Relations in Postcommunist Europe: Reviewing the Transition* (London: Routledge, 2006), pp. 33-50; Mark Yaniszewski, "Post-Communist Civil-Military Reform in Poland and Hungary: Progress and Problems," *Armed Forces & Society*, Vol. 28, No. 3, Spring 2002, pp. 385-402 がある。チェコおよびスロヴァキアに関する先行研究は、Marybeth Peterson Ulrich, *Democratizing Communist Militaries: The Cases of the Czech and Russian Armed Forces* (Michigan: The University of Michigan Press, 1999); Marybeth Peterson Ulrich, "Developing Mature National Security System in Post-Communist States: The Czech Republic and Slovakia," *Armed Forces & Society*, Vol. 28, No. 3, Spring 2002, pp. 403-425; Marie Vlachová and Štefan

Sarvaš, 'Democratic Control of Armed Forces in the Czech Republic: A Journey from Social Isolation,' in Andrew Cottey, Timothy Edmunds and Anthony Foster, eds., *op. cit.*, pp. 44-63 がある。

20　Andrew Cottey, Timothy Edmunds and Anthony Foster, "The Second Generation Problematic: Rethinking Democracy and Civil-Military Relations," *Armed Forces & Society*, Vol. 29, No. 1, Fall 2002, pp. 31-56.

21　Anthony Foster, *Armed Forces and Society in Europe* (New York: Palgrave, 2006), pp. 100-136.

22　Marina Caparini and Philipp Fluri, 'Civil Society Actors in Defence and Security Affairs,' in Marina Caparini, Philipp Fluri and Ferenc Molnár, eds., *Civil Society and the Security Sector: Concepts and Practices in New Democracies* (Münster: LIT, 2006), pp. 9-25.

23　Timothy Edmunds, Anthony Foster and Andrew Cottey, 'Armed Forces and Society: A Framework for Analysis,' in Anthony Foster, Timothy Edmunds and Andrew Cottey, eds., *Soldiers and Societies in Postcommunist Europe: Legitimacy and Change* (New York: Palgrave, 2003), pp. 1-22.

24　Anthony Foster, *op. cit.*, pp. 74-99. フォスターは「硬直化」の事例としてクロアチア（2000年1月まで）、セルビア・モンテネグロ、ウクライナ、ロシア、スイス、「再接続」の事例としてポーランド、デンマーク、「更新」の事例としてイタリア、イギリスを挙げている。

25　Molnár Ferenc, "A demokratikus konszolidáció, a civil társadalom és a haderő felügyelete [民主主義の強化、市民社会、軍隊のコントロール]," *Új Honvédségi Szemle*, 2003, 7, 9-22.o.; Ferenc Molnár, 'Civil Society and Democratic Civil-Military Relations: The Case of Hungary,' in Marina Caparini, Philipp Fluri and Ferenc Molnár, eds., *op. cit.*, pp. 111-138.

26　Pál Dunay, 'The Armed Forces in Hungarian Society: Finding a Role?,' in Anthony Foster, Timothy Edmunds and Andrew Cottey, eds., *op. cit.*, pp. 76-94.

27　ポーランドに関する先行研究は、Paul Latawski, 'The Polish Armed Forces and Society,' in Anthony Foster, Timothy Edmunds and Andrew Cottey, eds., *op. cit.*, pp. 25-40; Agnieszka Gogolewska, 'Civil Society and the Security Sector in Poland,' in Marina Caparini et al, eds., *op. cit.*, pp. 139-155 がある。チェコおよびスロヴァキアに関する先行研究は、Štefan Sarvaš, "The NATO Enlargement Debate in the Media and Civil-Military Relations in the Czech Republic and Slovakia," *European Security*, Vol. 9, No. 1, Spring 2000, 113-126; Marie Vlachová, 'The Integration of the Czech Armed Forces into Society,' in Anthony Foster, Timothy Edmunds and Andrew Cottey, eds., *op. cit.*, pp. 41-55; Marybeth Peterson Ulrich, 'Armed Forces and Society in Slovakia,' in Anthony Foster, Timothy Edmunds and Andrew Cottey, eds., *op. cit.*, pp. 56-75; Vladimír Tarasovič, Elemír Nečej and Matúš Korba, 'Slovak Civil Society in Defence and Security Affairs,' in Marina Caparini et al, eds., *op. cit.*, pp. 157-174 がある。

第1章

中・東欧のNATO加盟

　2009年4月、クロアチア、アルバニアがNATOに加盟した。両国が加わったことにより、NATOの加盟国は28となった。冷戦終結後のNATOの旧社会主義諸国への拡大は、1999年3月のポーランド、チェコ、ハンガリー、2004年3月のスロヴェニア、スロヴァキア、ルーマニア、ブルガリア、リトアニア、ラトヴィア、エストニアに続き三度目である。ヨーロッパの旧社会主義諸国にとって、NATO加盟はたんなる伝統的な国家安全保障にとどまらない、EU加盟とならんで「ヨーロッパの一員」であるとみなされるうえでも重要な関心事であった。

　他方、NATOは旧社会主義諸国への拡大をはかると同時に、地域紛争や大規模なテロが多発するなど、冷戦終結後の国際社会の不確実性を踏まえながら、ソ連の軍事侵攻からの共同防衛に代わる新たな役割を模索していた。中・東欧にとって、NATOに加盟することは従来の外敵からの防衛目的にとどまらず、国際社会の平和と安定に貢献する必要性を意味した。

　当初、ロシアは旧東側地域へのNATO拡大に激しく反発していた。にもかかわらず、アメリカは加盟を希望する中・東欧のNATOとの関係強化を支援した。1999年3月のNATO第一次拡大は、冷戦終結後のアメリカの対ヨーロッパ戦略と密接に結びついていた。

　本章の目的は、1999年のNATOの第一次拡大を検証し、体制転換後のハンガリーをはじめとする中・東欧の安全保障政策を考察することにある。分

析に際して、冷戦後のNATOの役割の変化と東方への拡大、中・東欧のNATO加盟の動機と取り組みに焦点をあてる。そして、東方拡大に関するNATO、新加盟国双方の認識の相違、とくにハンガリーの安全保障・防衛政策の実像を明らかにすることにより、NATO加盟後の中・東欧が求められた課題について論じる。

第1節　冷戦後のNATO

1-1　NATOの新たな役割

　1989年の東欧における社会主義体制の崩壊は、冷戦の終結とワルシャワ条約機構の解体をもたらした。さらに、脱共産化への変革の波は、1991年末にソ連そのものを解体させるに至った。1949年の発足以来、NATOはソ連・東欧の軍事侵攻に対する西側諸国の共同防衛の役割を担ってきた。冷戦の終結とソ連の解体によって、NATOは従来の防衛の任務を喪失することになった。だが、高度に制度化されたNATOは、単なる外的脅威に対抗する伝統的な軍事同盟ではなかった。冷戦後のヨーロッパの外交・軍事能力の欠如とヨーロッパの安定に対して自国の果たす役割から、アメリカがNATOをのぞましい存在であるとみなすと、ウォルツ（Kenneth N. Waltz）はネオリアリストの立場から論じた[1]。ヨーロッパにおける勢力均衡はヨーロッパ諸国の力によるものでなく、アメリカのリーダーシップによって成り立つとウォルツは捉えたのである。

　冷戦終結の直後の1990年7月のロンドンでの首脳会議で、NATO加盟国の指導者たちはヨーロッパの平和と安定のために全欧安保協力会議（Conference on Security and Cooperation in Europe: CSCE）の強化に合意した[2]。その結果、1994年にCSCEは欧州安保協力機構（Organization for Security and Co-operation in Europe: OSCE）として常設化された。

　アメリカとソ連が地球規模で対峙した冷戦期の二極構造の崩壊は、国際社会の平和と安定につながらなかった。むしろ、冷戦の終結後に旧ソ連、旧ユーゴスラヴィア、中東、アフリカ大陸など世界各地で地域紛争、民族紛争

が多発するようになった。1990年8月のイラクのクウェート侵攻は、まさにその幕開けとなった。ヨーロッパでは、1991年6月に多民族の連邦国家ユーゴスラヴィアを構成していたスロヴェニア、クロアチア両共和国が独立を宣言した。その直後にクロアチアで勃発した民族紛争によって、事実上、ユーゴスラヴィアの連邦制が瓦解した。多民族国家の崩壊後、クロアチアに続きボスニア・ヘルツェゴヴィナ、コソヴォでも民族紛争が起こった。とくに、ムスリム人、セルビア人、クロアチア人の三民族で構成されるボスニア・ヘルツェゴヴィナの紛争は、民族浄化とよばれる非人道的な行為を伴い3年以上にわたって続いた。ポスト冷戦期の国際秩序の脆弱さ、不安定性が明らかになると、欧米諸国でNATOの解消を唱える声は影を潜めた。さらに、冷戦後のNATOには、統一ドイツの「一人歩き」を阻止する役割も存在していた。

　1991年5月、NATO国防相会議は、域内に配備される主力防衛部隊、即時展開部隊と緊急即応部隊からなる即応部隊、危急の際にアメリカから来援する増援部隊の3種類の戦力で構成される新たな構想を呈示した。構想で示されたNATOの最大の変化は、緊急即応部隊の創設であった。何故なら、NATO域内での紛争が考えられない以上、同部隊が「域外」リスクへの対処手段と評価されたからである。[3]

　1991年11月のローマにおける首脳会議で、NATOは「戦略概念」を採択した。冷戦期の東側諸国の侵攻に対抗する「前方展開戦略」「柔軟反応戦略」に代わり、冷戦後の新たな脅威に対する危機管理、平和維持の役割が示された。また、NATOとソ連の勢力圏を脱して民主化を進める中・東欧との関係強化も盛り込まれた。[4] 不確実で予想できない挑戦が従来のソ連による大規模な攻撃の脅威にとってかわった結果、新たな安全保障環境が生まれた。そして、ヨーロッパにおいて不可欠な安全保障の土台の一つとしてNATOは位置づけられたのである。[5]

　1991年版「戦略概念」の採択後、NATOでは、「域外」における任務が重視されるようになった。[6] 具体的には、旧ユーゴスラヴィア地域において、1995年のボスニア・ヘルツェゴヴィナの内戦、1999年のコソヴォの民族紛争への軍事介入、停戦後のボスニア・ヘルツェゴヴィナへの平和履行部隊

（Implementation Force: IFOR）、平和安定化部隊（Stabilization Force: SFOR）、コソヴォへの国際治安維持部隊（Kosovo Force: KFOR）の派遣が挙げられる。

　1999年4月のワシントンにおけるNATO首脳会議では、冷戦終結後の1991年版に代わる新たな「戦略概念」が採択された[7]。1999年版の「戦略概念」は、4章65項目からなっていた。まず、「Ⅰ. NATOの目的と任務」として、以下の5点が示された。

1. **安全保障**：安定したヨーロッパ・大西洋の安全保障環境に不可欠な基盤の提供
2. **協議**：同盟の利害にかかわる問題を協議する大西洋をはさんだ話し合いの場をもつこと
3. **抑止と防衛**：加盟国へのいかなる脅威にも抑止、防衛を果たすこと
4. **危機管理**：効果的な紛争防止および危機への対応を含めた危機管理への貢献
5. **パートナーシップ**：ヨーロッパ・大西洋地域における他の国とのパートナーシップ、協力、対話の推進

次に、「Ⅱ. 戦略的見通し」において示された危険として、ヨーロッパ・大西洋地域とその周辺部の不確実、不安定性、NATO周縁部の危機、民族、宗教対立、人権侵害、国家破綻、大量破壊兵器の拡散、テロ、破壊活動、組織的犯罪などが挙げられている。「Ⅲ. 21世紀における安全保障へのアプローチ」では、以下の7点が挙げられた[8]。

1. 大西洋をはさむリンケージの維持
2. 同盟軍の能力の維持
3. ヨーロッパ安全保障及び防衛アイデンティティの形成
4. 紛争防止及び危機管理能力の向上
5. ヨーロッパ・大西洋地域における他国とのパートナーシップ、協力、対話の促進
6. NATO拡大
7. 軍備管理、軍縮および大量破壊兵器の拡散防止

さらに、「Ⅳ. 同盟軍の指針」においては、ヨーロッパ・大西洋の安全保障のために追求すべき方向性として、以下の5点が述べられている。[9]
1. 同盟戦略の原則
2. 同盟軍の任務
3. 同盟軍態勢の指針
4. 通常兵器による戦力の特性
5. 核兵器による戦力の特性

1-2　NATOの東方拡大

1999年版「戦略概念」が1991年版と異なるのはいかなる点なのか。1999年版がNATO拡大を踏まえたうえで、「民主主義の共通の価値、人権、法の支配」がNATOの目的として強調されたことである。[10]実際に、1999年版は後述するNATOの第一次拡大の直後に採択された。「戦略概念」が採択された1999年4月の首脳会議において、NATOは「NATOの門戸開放政策（NATO's Open Door Policy）」と題する文書も発表した。「門戸開放政策」において、NATOはチェコ、ハンガリー、ポーランドのみならず、民主化した他の旧社会主義国家を受け入れることによって、冷戦期にヨーロッパ大陸を東西に分断した線を消滅させる意思を表明した。さらに、NATOは加盟を希望する国に「メンバーシップ行動計画（Membership Action Plan）」を設定して軍隊のNATO基準への適応を促した。[11]

1995年9月段階で、NATOはすでに将来における東方拡大を視野に入れて、「NATO拡大の研究（Study on NATO Enlargement）」という報告書を作成していた。「拡大の研究」では、共通の安全保障の目的遂行の役割、リスク、責任、コスト、利益を共有することによって同盟の有効性を維持する必要性が述べられている。とくに、NATOは加盟を希望する国に対して財政負担のみならず、同盟の任務遂行のために不可欠な指揮・統制機能、通信機器、インフラ、兵器、兵員の訓練のNATO基準への適応、いわば相互運用性（interoperability）の確保を求めた。[12]

ハンガリーをはじめとする中・東欧諸国はNATOに加盟した後、1999年版「戦略概念」で示された任務に協力する必要に迫られた。とくに、「Ⅳ.

同盟軍の指針」で示された内容が重要となる[13]。具体的には、「1.同盟戦略の原則」で述べられるように、「同盟はNATOのあらゆる任務を遂行できる能力を維持する」ことにある。あらゆる任務とは、ワシントン（北大西洋）条約第5条に明記された集団防衛、「非第5条の危機対応活動（non-Article 5 crisis response operation）」にまで及んでいる。また、Ⅳの「3.同盟軍態勢の指針」に示されたように、あらゆる任務に効果的に対応できる態勢を維持する、そのための必要最小限の戦力規模で即応性を持つこと、域外への配備を含む軍事プレゼンスの維持、迅速な展開能力を有すること、さらに兵站、兵員の能力を含めた部隊の相互運用性、NBC兵器の拡散防止、テロへの対処を新加盟国は義務づけられたのである。

　確かに、欧米諸国にとって、NATOの東方拡大は積極的に価値を受け入れることで西側の一員としてのアイデンティティを中・東欧に促す、いわば「規範の起業家」としての役割が求められた[14]。具体的には、民主的な価値観や規範を共有することによって第二次世界大戦後のヨーロッパの分断を名実ともに終わらせたいという理念を強く反映するものであった。また、拡大は新たな将来の内政・外交のための「行動の動機」をつくりだすことで、ポスト共産主義国家のNATOへの求心力をもたらすことになったのである[15]。

　しかしながら、民主主義の価値観の共有としてのNATOの東方拡大を疑問視して、NATOはあくまで外部からの敵からの共同防衛を目的とする軍事同盟であるという意見も根強かった。また、旧社会主義諸国のNATO加盟はロシアからの脅威への対処を目的としており、民主主義的な価値観の共有を目的としていなかったという指摘もある[16]。いずれにせよ、NATOは加盟を認めることで中・東欧の国家安全保障の欲求を満たしながら、同時に軍事同盟のただ乗りを認めない方針、すなわち共通の安全保障政策への協力と貢献を当初から義務づけたのである。

第2節 中・東欧の安全保障政策

2-1 中・東欧の歴史的な経験

　冷戦終結後の中・東欧の安全保障を考えるうえで、はじめに歴史的な経験に言及することが不可欠である。中・東欧地域がヨーロッパ大陸に位置しながらも西欧とは異なる近代を経験したことは、経済史の側面のみならず、同地域の安全保障に対する認識を考えるうえでも重要な意味を持っている。

　ドナウ川流域からバルカン半島は、モンゴル帝国やオスマン・トルコ帝国など東方や南方から非キリスト教・非ヨーロッパ勢力の脅威に絶えずさらされてきた。また、地政学的な位置に着目すれば、ヨーロッパ大陸のほぼ中央に位置する中・東欧には、外敵をさえぎる自然の障壁が乏しかった。そのため、異民族の侵入を阻止することが困難であった。さらに、ポーランドやハンガリーは歴史的に西方キリスト教世界の辺境の砦として、異教徒と対峙してきた。

　ポーランドでは、16世紀後半のヤギェウォ王朝断絶後の選挙王制下で有力貴族間の主導権争いが絶えず、国力が衰退に向かった。そして、18世紀のポーランド・リトアニア国家連合の消滅によって、ロシア、ドイツの利害が競合する位置にあるポーランドは、中規模で相対的に脆弱な地政学的ジレンマを抱えることになった[17]。そして、18世紀の後半にポーランドは王国の衰退に乗じた近隣列強ロシア、プロイセン、オーストリアの三度にわたる分割によって1795年には地上から完全に姿を消した。

　15世紀以降に神聖ローマ帝国の帝位を独占し、巧みな婚姻政策によってヨーロッパ規模での勢力に拡大したハプスブルク家は、16世紀にはハンガリーやボヘミア（チェコ）の王位も獲得した。当初、ボヘミアでは、プロテスタント系の貴族が力を持ち、カトリック勢力の盟主ハプスブルク家に対抗していた。しかし、17世紀前半の三十年戦争における緒戦1620年のビーラー・ホラ（白山）の戦いで、ボヘミアのプロテスタント貴族はハプスブルク家に大敗して、壊滅的な打撃を受けた。そして、ボヘミアはハプスブルク家の強固な支配に組み入れられた。

15世紀から、ハンガリーはバルカン半島を支配下におさめたオスマン・トルコ帝国の脅威にさらされた。そして、ハンガリーは1526年のモハーチの戦いでバルカン半島から北上してきたオスマン・トルコ軍に大敗した。その後、16世紀半ばには、現在のスロヴァキア、ルーマニアのトランシルヴァニア地方を除くハンガリーの歴史的領土の大半がトルコに占領された。17世紀末、ハンガリーはトルコの支配から解放されたにもかかわらず、トルコの勢力を駆逐したオーストリア（ハプスブルク家）の統治下に入った。

　大国の支配下に置かれたポーランド、ハンガリーでは、民族の独立をかけた蜂起が繰り返された。また、19世紀以降、オーストリア＝ハンガリー帝国における先進工業地域となったボヘミア、モラヴィアでは、経済発展に伴いチェコ人の民族としての覚醒が進行していた。

　第一次世界大戦の後、ロシア、ドイツ、オーストリア＝ハンガリー、オスマン・トルコの四つの帝国の解体によって、中・東欧地域の諸民族は独立ないし大幅な領土の拡大を実現させた。しかしながら、多民族からなる帝国の解体によって生じた小国の分立は、ドナウ川流域からバルカン半島に至る広大な地域に権力の真空状態と民族間の対立をもたらすことになった。とりわけ、第一次世界大戦後のトリアノン条約で歴史的領土の3分の2を失ったハンガリーは同条約で定められた国境の修正をはかって近隣諸国と対立した。トリアノン条約による国境策定により、ハンガリーの近隣諸国には、300万近いハンガリー系住民が取り残されたのである。

　1930年代前半、ドイツでヒトラー（Adolf Hitler）率いるナチス党が権力を掌握し、ヴェルサイユ体制の打破へ向けて動き始めた。そして、1930年代後半になると、ドイツに隣接して国内にドイツ系住民をかかえるチェコスロヴァキア、ポーランドは厳しい状況に追い込まれていった。1938年9月のミュンヒェン会談で、イギリス、フランスはナチス・ドイツによるチェコスロヴァキアへのズデーテンラント割譲要求を認めた。さらに、イギリス、フランスは1939年9月のナチス・ドイツによるポーランドへの侵攻を阻止することができなかった。

　西欧からいわば見捨てられた体験は、その後のポーランド、チェコの安全保障に対する考え方に大きな影響を及ぼすことになった。とくに、ポーラン

ドはナチス・ドイツの侵攻を受けた1939年9月に関して「西欧の平和主義（pacifism）の犠牲者[18]」という認識をもった。さらに、ポーランドはソ連外相モロトフ（Vyacheslav Mikhailovich Molotov）とドイツ外相リッベントロップ（Joachim von Ribbentrop）による1939年8月の独ソ不可侵条約調印の際の秘密議定書にもとづき、第二次世界大戦の勃発直後にドイツ、ソ連双方の侵攻を受けて分割されたのである。

　第二次世界大戦中、中・東欧の国々はポーランド、チェコスロヴァキアのようにナチス・ドイツに占領されるか、ハンガリーのようにドイツの従属国として枢軸陣営での参戦を余儀なくされた。大戦の終結によって中・東欧地域はドイツから解放されたにもかかわらず、まもなく米ソ対立の激化とともにソ連の勢力圏に組み込まれた。ソ連最高指導者スターリン（Joseph Stalin）は小スターリンともいうべき自らの息のかかったモスクワ帰りの共産主義者を利用して、ユーゴスラヴィアを除く東欧各国でソ連型社会主義体制を確立した。

　スターリンの死後、ハンガリー、チェコスロヴァキア、ポーランドでは、それぞれ1956年、1968年、1980-1981年に対ソ従属からの脱却、政治的な民主化、自由化をはかる改革の動きが生じた。だが、ソ連は東欧の自立化につながる試みを軍事介入も含めた強硬な手段をもって阻止してきた。

　中世以降、絶え間なく外敵からの脅威や支配を受けてきた歴史をもつ中・東欧にとって、冷戦構造の終焉は政治的な民主化、経済的な自由化にとどまらない、真の平和、安全、独立を実現する絶好の機会であった。

2-2　冷戦後の安全保障の模索

　冷戦後の中・東欧にとって、軍事的な脅威とは何か。また、安全保障上、中・東欧にはいかなる選択肢が存在したのだろうか。ウォルト（Stephen M. Walt）が唱えた脅威均衡論（balance-of-threat theory）[19]にもとづいて分析すれば、中・東欧にとっての脅威とは、ソ連崩壊後も潜在的な国力を維持し強大な軍事力を保有するロシアであった。勿論、冷戦後の欧米諸国にとって、ロシアはソ連時代のような軍事的脅威の対象ではなかった。しかしながら、中・東欧にとって、ロシアは依然として自国の自立を脅かしうる存在だっ

た。そして、中・東欧の最も効果的な均衡策はNATO加盟であった。

　ハンガリーの国際政治学者バログ（Balogh András）は、ハンガリーを含めた「中欧[20]」における潜在的な脅威として、次の3点を挙げている[21]。第1点目が、ロシア情勢の不確かさである。1991年8月に発生したソ連共産党守旧派のクーデターの事例からも、中欧諸国にとって、ロシア情勢は不安材料であった。ソ連の解体後も、ロシアの存在は依然として軍事的脅威だった。第2点目が、旧ユーゴスラヴィア地域での紛争と民族浄化である。確かに、旧ユーゴスラヴィアでの民族紛争が周辺諸国に拡大する可能性は大きいとはいえない。しかし、紛争終結後も、ボスニア・ヘルツェゴヴィナ、コソヴォは、国連やNATOの関与でかろうじて平和が維持される状態にある。第3点目が、少数民族をめぐる紛争である。体制転換後の経済的困難の中で不満のはけ口を排外的な民族主義に求めたり、自己のアイデンティティを強い国家像に反映させたりする場合、国内の少数民族にとって脅威となる。とくに、200万を越えるハンガリー系少数民族が住む近隣諸国ルーマニア、スロヴァキア、ユーゴスラヴィア、ウクライナの動向を、ハンガリーは無視できなかった。

　さらに、バログは中・東欧の安全保障上の選択肢として、1. ワルシャワ条約機構の新たな共同防衛、安全保障組織への改編、2. 中立、3. 安全保障を含めた強力な地域協力の制度の創設、4. NATOの傘下に入ることの4点を挙げた[22]。

　まず、第1の選択肢はソ連の混迷で実現不可能であった。確かに、体制転換直後の時期、1990年から1994年にハンガリーの国防相だったフュル（Für Lajos）が指摘したように、国防軍幹部の中にも、ワルシャワ条約機構を軍事同盟でなく政治協議の組織として機能させる意見が存在していた[23]。しかし、まもなく、ハンガリーのみならず、他の中・東欧もワルシャワ条約機構の解体を志向して、西側との接近をはかった。その結果、ワルシャワ条約機構は1991年2月25日のブダペシュトでの外相・国防相会議で軍事同盟としての機能を停止した。さらに、同年7月1日にワルシャワ条約機構は正式に解体された。

　バログが第2点目として述べた中立とは、冷戦期にわが国の左派政党や一

部の文化人の間で論じられてきたような自国の自衛権を国連に委託し軍事力を放棄ないし極めて小規模な水準にとどめる政策とはまったく異なり、自主防衛を前提とする。ヨーロッパ大陸の周辺部のスカンディナヴィア半島に位置するスウェーデン、アルプスの山岳地帯に位置するスイスと異なり、ヨーロッパ大陸の中央部にあたる中・東欧での自主防衛は極めて困難である。そのため、中・東欧の主要な政党には、中立は非現実的な選択としか映らなかった。

　また、ハンガリーにおける中立論に対して、安全保障問題の専門家サボー（Szabó László）、ターラシュ（Tálas Péter）が以下のように反論した。ヨーロッパの中立国の国民1人当たりの防衛費は、フィンランド（310ドル）、スウェーデン（600ドル）、オーストリア（213ドル）、スイス（480ドル）であった。オーストリアを除く3カ国の防衛費は、NATOに加盟するヨーロッパ諸国の国民1人当たりの防衛費の平均（225～250ドル）に比べて低くはない。[24]安全保障上、中立を選択することは決して低コストではない。

　さらに、冷戦の終結後、スウェーデン、フィンランド、オーストリアは中立を基本とする従来の安全保障政策を見直しはじめた。3カ国は東西対立の終焉により、自国のヨーロッパにおける中立政策そのものの存在意義を問われている。1995年のEU加盟を契機に、3カ国は共通の外交・安全保障政策（Common Foreign and Security Policy: CFSP）への貢献を求められている。さらに、1999年以降、EU内部では、ヨーロッパ独自の軍事力と安全保障における役割を模索する欧州安全保障防衛政策（European Security and Defense Policy: ESDP）が進展した。実際に、2003年以降、EUは独自の平和維持活動に従事してきた。もはや1995年に加盟した3カ国にとっての中立とは、軍事同盟としてのNATOに加盟したり、国外の紛争に武力介入したりしない程度の意味しか持たないのが現状である。

　バログが挙げた第3点目の地域協力の制度化も、中・東欧の適切な安全保障の選択肢とはならなかった。中欧の狭い空間における政治・経済の地域統合は効果的ではない。また、安全保障・防衛政策の観点からも、小規模な軍事力しか保持していない国家同士の同盟は有利といえなかった。むしろ、中・東欧においては、第4点目の選択肢であるNATO加盟が最も多くの支

持を集めることになった。40年間、ソ連の勢力圏に甘んじてきた中・東欧の諸国民はNATOに加盟することによってのみ、ロシアからの軍事的脅威を感じなくなるのである。

1991年2月、ブダペシュト近郊の村ヴィシェグラードにハンガリー、チェコスロヴァキア、ポーランドの首脳が集まり、中欧での地域協力が話し合われた。ヴィシェグラード3カ国（1993年にチェコとスロヴァキアが分離して以降は4カ国）は歴史的にドイツ、オーストリアの影響を強く受けて、文化的にも共通点が多い。首脳会談で採択された宣言では、3カ国の「独立、民主主義、自由の回復」を通じた「ヨーロッパの政治、経済、安全保障、法秩序へのトータルな統合」が謳われた。しかしながら、首脳会談の後、ヴィシェグラード諸国の間では、安全保障上の協力の枠組みを構築するのかも、個別または共通の脅威にどのようなリーダーシップで対応するのかもまったく明らかにされなかった。[25] 現実に、ヴィシェグラード諸国によるNATO、EU加盟のための共同歩調は失敗した。EU、NATOでも、ヴィシェグラード地域内での競合による分割統治のアプローチが取られたといえる。[26]

2-3 NATO加盟の動機

さらに、中・東欧がNATO加盟を求めた背景として、不安定なロシアおよび旧ソ連諸国の情勢、旧ユーゴスラヴィアでの紛争、潜在的な民族紛争の可能性という具体的な安全保障上の要因に加えて、「ヨーロッパ」への回帰のプロセスにおけるNATOへの加盟という象徴的な意味を指摘しておかねばならない。では、回帰すべき「ヨーロッパ」とは何を意味するのか。羽場久美子は「『ヨーロッパ』とはキリスト教であると同時に、『ヨーロッパ近代』の諸条件を満たしていることを意味する。世界的に見て、『ヨーロッパ』の大きな役割は『近代』に始まる。『近代化』とは、資本主義経済システム＝工業化であり、立憲的、自由・民主主義的な議会システムであり、国民国家形成であって、これまで東欧が歴史的にくりかえして獲得を試みては充分成功しなかったものであった。すなわち社会主義によってヨーロッパから切り離されていた地域の新たなヨーロッパ化＝近代化が求められているといえる（中略）『ヨーロッパ』回帰は、東欧の西欧への平等な関係による統合を意味

するのでなく、西側の『モデル』の『東』への導入過程を意味する」[27]と述べた。

確かに、中・東欧にとって、「ヨーロッパ」への回帰は対等な関係での西欧への統合ではない。にもかかわらず、「ヨーロッパ近代」とは無縁の共産主義国家ソ連の勢力圏に組み入れられてきた中・東欧では、体制転換は政治的民主化、経済的自由化のみならず、ヨーロッパ文明、文化圏への自国の「再統合」という心理的な満足感や「非ヨーロッパ」への優越感を持って受けとめられたといえる。

「ヨーロッパ」への回帰とは、具体的には中・東欧が「NATO → EU」の順に加盟を実現し、ヨーロッパを統合する機構に組み込まれるプロセスといえる。そこには、政治、経済の改革の後、民主的で豊かな「一つのヨーロッパ」に迎えられる理念や願望が含まれていた。NATOとEUの優先順位を考えると、早期に加盟の実現が見込めるNATOが優先された[28]。中・東欧にとって、NATOに加盟することは最終目標であるEU加盟を残しながらも、「ヨーロッパの一員」となるうえで安全保障にとどまらない意義があったのである。

現実の国家安全保障、「ヨーロッパ」への回帰の象徴という二つのNATOに加盟する中・東欧の動機と、冷戦後のNATOが新加盟国に求めた役割との間には隔たりが存在したことは明らかである。東方に不安定な旧ソ連地域をかかえる中・東欧には、安全保障上、西欧でなくアメリカとの同盟が不可欠なものとみなされた。中・東欧にとって、国家安全保障の観点からみた好ましいNATOのイメージは、アメリカの強大な軍事力に依存して東方からの軍事的脅威に備える冷戦期のいわば「古いNATO」であった。

また、冷戦後のNATOの東方拡大に関して、理念としての「一つのヨーロッパ」の形成より、むしろアメリカのクリントン（William Jefferson Clinton）政権の発言力が反映されることになった点に着目する方が現実的であろう。金子譲が指摘するように、冷戦後の世界にあって、依然として世界のリーダーを自負するアメリカにとって、NATOはヨーロッパ政治への関与、自らの期待する国際秩序を東方へ拡大させる主要な装置であった。その結果、中欧3カ国（ポーランド、チェコ、ハンガリー）へのNATO拡大

問題は、拡大を嫌うロシアとの交渉や同盟諸国間の外交の枠組みよりも、アメリカの内的条件に著しく規定されることになった[29]。

中・東欧はアメリカ主導のNATOへの参加を安全保障の軸と捉えるようになった。中・東欧では、冷戦の終結とソ連の勢力圏からの脱却に果たしたアメリカの役割が高く評価されており、唯一の超大国となったアメリカとの同盟によってのみ、国外からの軍事的脅威から解放されると認識された。実際に、1992年に勃発したボスニア・ヘルツェゴヴィナでの民族紛争でも、3年以上にわたる戦闘を最終的に終結させたのは、EUとその中核的なメンバーである西欧諸国による調停でなく、アメリカを中心とするNATOによるセルビア人勢力への軍事介入であった。冷戦後、アメリカとNATO同盟国との間での軍事的能力のギャップは、冷戦時代以上に拡大していた。また、歴史的な経験からも自国の安全保障および周辺地域の安定のために西欧が果たす可能性について、中・東欧は懐疑的だった。

次に、ヴィシェグラード諸国それぞれのNATO加盟への動機と対応を比較する。

❏ ハンガリー

ハンガリーの安全保障は、オーストリア、スロヴェニアを除く近隣諸国での民主化の進展、ハンガリー系少数民族の扱いに左右されていた[30]。1991年6月以降、クロアチアで民族紛争が激化すると、クロアチア国内のハンガリー系住民がハンガリーに逃れてきた。また、クロアチアでの戦争の間、セルビア（ユーゴスラヴィア連邦）、クロアチアの両軍によるハンガリー領内への侵犯が頻発した。とくに、ユーゴスラヴィア連邦軍機がハンガリー南西部のバルチに爆弾を投下する事件も発生した。ハンガリー国防軍はユーゴスラヴィアの領空侵犯に対処できず、防空能力の欠如を露呈させた[31]。

体制転換後の財政難により軍事予算が大幅に削減されたハンガリーでは、隣国クロアチアにおける紛争で浮き彫りになった国防軍の防衛力の低下は深刻な問題であった。小規模ながらも高い能力を有した志願兵を中心とするプロフェッショナルな軍隊を創設するためのコストについて、多くの軍事問題の専門家は否定的であった[32]。

クロアチアからの難民の流入、ユーゴスラヴィア連邦軍機の領空侵犯事件に加え、ユーゴスラヴィア当局によるヴォイヴォディナ地方のハンガリー系住民への迫害も懸念された。ユーゴスラヴィア地域での民族紛争の激化によって、ハンガリーではNATOの支援を求める声が高まったのである[33]。

❑ ポーランド

　体制転換直後の時点において、ポーランドはソ連との早期の同盟関係解消、アメリカを中心とするNATOへの接近に慎重であった。ポーランドは統一ドイツとのオーデル・ナイセ国境をめぐる問題で不安をかかえていたからである。同国境は、第二次世界大戦の戦後処理においてポーランドと東ドイツとの国境とされた。だが、冷戦期の西ドイツは同国境を認めなかった。1970年に社会民主党と自由民主党による連邦政府が締結したワルシャワ条約による西ドイツ・ポーランド国交正常化後も、当時、野党であったキリスト教民主・社会同盟はオーデル・ナイセ線を認めようとしなかった。最終的に西ドイツ・ポーランド間で現状の国境線が確認されたのは、ドイツ統一へ向けたプロセスが軌道に乗った1990年6月であった。

　当初、ポーランド首相マゾヴィエツキ（Tadeusz Mazowiecki）はCSCEを常設化したような全ヨーロッパ的な安全保障組織を提案していた。だが、1991年にドイツ・ポーランド間での善隣友好協力条約が締結されると、ポーランドは自国からのソ連軍の撤退へむけた交渉を進めた。そして、ポーランドは全ヨーロッパ的な安全保障組織に言及しなくなった。その後、ポーランドにとって、アメリカがヨーロッパ情勢にコミットする手段であるNATOとの関係強化が最優先課題となった。1992年にオルシェフスキ（Jan Olszewski）を首班とする内閣は、アメリカの軍事力とヨーロッパへの関与に依存したNATOへの加盟つまりアトランティシズムを公式に求めるようになった[34]。

　1991年の善隣友好協力条約の締結後、ドイツはポーランドのNATO加盟を支援した。そして、ドイツ・ポーランド間での軍事協力が進み、ドイツ、ポーランド、デンマークの3カ国による部隊の司令部がポーランドのシュチェツィンに置かれた[35]。

❏ チェコ

　体制転換後のチェコ国内において、NATO 加盟の支持は EU 加盟のそれと比較して高くなかった。また、冷戦終結直後の段階では、CSCE への期待も存在していた。しかしながら、自国との間で歴史問題をかかえ冷戦終結後に統一されたドイツ、1991 年 8 月のソ連でのクーデター、分離後のスロヴァキアにおける民族主義の自国へのスピルオーヴァーなどへの警戒から、チェコでは、冷戦後の安全保障において、NATO 加盟が不可欠であると認識されるようになった。[36]

　当初、大統領ハヴェル（Václav Havel）は NATO、ワルシャワ条約機構の同時解消を支持していた。だが、まもなくハヴェルはチェコで最も熱心な NATO 加盟論者に転じた。また、スロヴァキアと分離した後の最初の首相クラウス（Václav Klaus）はヴィシェグラード諸国間での協力に消極的であり、NATO、EU の単独加盟をめざした。しかし、その一方で、ハンガリーやポーランドと異なり、チェコは 1994 年以前にはロシアとの関係悪化を考慮して、NATO 加盟を全面に打ち出すのをひかえていた。[37]

　安全保障面で NATO 加盟を最重要目標としたクラウス政権の外交は、社会民主党政権に受け継がれた 1998 年以降も大きく変化しなかった。1996 年の下院選挙で、社民党は平時の核配備、外国軍の駐留に反対し、NATO 加盟でも国民投票の必要性を主張した。しかし、1998 年の新政権の施政方針では、NATO 加盟の「条件」を示唆する表現は消えていた。[38]

❏ スロヴァキア

　冷戦後の安全保障において NATO 加盟の重要性を認識した 3 カ国に対して、1993 年にチェコと分離した後のスロヴァキアでは、NATO 加盟が重視されなかった。具体的には、民族主義者である首相メチアル（Vladimír Mečiar）の強権的な政治手法とそれに対する反発から生じた政治闘争、ハンガリー系少数民族の権利の制限によって、独立後のスロヴァキアは孤立状態にあった。また、連立与党の国民党、労働者連盟は NATO 加盟に反対していた。さらに、他のヴィシェグラード諸国と異なり、メチアル政権下のスロヴァキアは兵器の購入や原油、天然ガスの供給など軍事、エネルギー政策

でロシアとの関係を重視するようになった[39]。

　体制転換直後の時点で、ハンガリー、ポーランド、チェコにとって、自国をとりまく国際環境の変化に応じた安全保障の枠組みづくりは不明確であった。しかし、不透明な旧ソ連、ユーゴスラヴィア情勢がまもなく3カ国のNATOへの接近を促した。とくに、隣接する旧ユーゴスラヴィア地域の民族紛争に直面したハンガリーは、NATO加盟の必要性を認識するようになった。当初、統一ドイツとの国境線で不確実性を残していたポーランドも、冷戦後のドイツとの友好関係を方向づけた後にNATO加盟を志向するようになった。スロヴァキアと分離した後に旧ソ連地域と隣接しなくなったチェコにとって、地理的位置から紛争に巻き込まれる脅威が小さくなった。そのため、ハンガリー、ポーランドと比較すれば、チェコにおけるNATO加盟へのトーンは低かった。にもかかわらず、早期のEU加盟の困難な状況でも、クラウス政権はNATO加盟の実現を優先させた。他方、3カ国と比較して、スロヴァキアは国内事情によって早期のNATO加盟に積極的でなかった。

第3節　NATO加盟

3-1　ホルン演説

　本節では、1999年3月のNATOの第一次拡大に至るプロセスを、ハンガリーに焦点をあてて論じる。

　いつから、ハンガリーはNATO加盟を志向するようになったのか。冷戦終結からまもない1990年2月20日、当時のハンガリー外相ホルン（Horn Gyula）がハンガリー政治学会の国際政治部会で興味深い演説を行っていた。1989年の夏、西ドイツへの亡命を希望する東ドイツ市民が、民主化の進展に伴ってオーストリアとの国境に張り巡らされた鉄条網を撤去したハンガリーへ殺到した。その際、8月25日に首相ネーメト（Németh Miklós）とともにボンへ赴いて西ドイツ首相コール（Helmut Kohl）、外相ゲンシャー

(Hans-Dietrich Genscher）と交渉し、東ドイツ市民に対して国境を開放しオーストリア経由での西ドイツ亡命を許可したのがホルンであった[40]。1989年9月にハンガリーが東ドイツ市民に国境を開放する決定を下したことが、その後に起こった東ドイツの国家評議会議長ホーネッカー（Erich Honecker）の退陣と社会主義体制の瓦解、さらにベルリンの壁崩壊への導火線となったことはいうまでもない。ホルンの発言内容は、以下の通りである。

　軍事、安全保障政策の分野で、NATOとワルシャワ条約機構の関係について新たなアプローチが必要になると判断する。ワルシャワ条約機構とNATOの同時解消へ向けた永年の提案は、今日の状況では幻想であると思う。ワルシャワ条約機構とNATOの関係を変化させねばならない。統一された民主的な未来のヨーロッパには、全ヨーロッパ規模の防衛、安全保障組織が必要であると私は確信する。世界の他の地域からの変わりない深刻な脅威が、この民主的制度の定着した大陸を危険にさらしている状況ではなおさらである。この共通の防衛組織の確立に着実に取り組むことができる。
　あらゆる政策決定の権限のない協議と調整のための組織にワルシャワ条約機構を再編する必要性は、そのプロセスの一部となる。政策決定の権限はあくまで加盟国の国民の議会にある。ワルシャワ条約機構内部にあって、加盟国は国民のための軍隊を持つことを可能にしなければならない。
　私の判断では、遅かれ早かれ統一された（ヨーロッパの）軍隊を創設することが可能になり必要となる。軍事力の行使、行使の目的に関して、加盟各国の主権にもとづいて決定がなされることが重要である。北大西洋同盟との緊密な関係を構築することは、その方向にむかって進むことである。さらに、例えば、ハンガリーがNATOの様々な政治機構の一員となることも想像できないわけではない。（聴衆である）あなた方に覚えておいてもらいたいのは、ワルシャワ条約機構加盟国の間で、とりわけ、われわれ（ハンガリー）は北大西洋同盟とつながりを持ち、その関係を強化しつつあることである。異なる軍事プログラムやヨーロッパ地域のみならず包括的な国際協力に対するわれわれの努力と合致しうるような組織の一員

となること、NATOとの緊密な協力関係を築くことは、必ず二つの同盟組織を一つにまとめる方向に良い影響を及ぼすことになると私は確信している[41]。

　ホルンの発言には、注目すべき点が三つある。まず、第1点目として、NATOとワルシャワ条約機構の同時解消を否定していることである。ホルンはワルシャワ条約機構の脱退には言及していないが、同機構の改革や役割の見直し、加盟各国の軍隊の自立化を主張している。次に、第2点目は、全ヨーロッパ規模での安全保障組織の必要性を主張したことである。ホルンは安全保障を担うべき手段としてNATOの軍事力に着目し、ハンガリーのNATO加盟の可能性を示唆した。さらに、第3点目として、民主的な一つのヨーロッパ共通の安全保障に貢献するハンガリーの意思が挙げられる。だが、ヨーロッパ共通の安全保障という理念の裏には、40年以上にわたってソ連の勢力圏に組み込まれ、1956年にはソ連の軍事介入によって自国の民主化、自由化への動きを押し潰されたハンガリーの歴史的な体験が反映されていることはいうまでもない。力に裏付けられた同盟、具体的にはNATOへの加盟なしにはハンガリーの安全、主権を守れないとホルンは認識していた。そして、NATOの枠内でハンガリーはヨーロッパの安定に寄与すべきだとホルンは確信したのである。
　しかしながら、ホルンがハンガリーのNATO加盟の可能性を示唆した時点において、まだワルシャワ条約機構は健在であった。また、ソ連とハンガリーの間では、ハンガリー領内からすべてのソ連軍を撤退させる合意すらまだ成立していなかった[42]。

3-2　ハンガリー国内の合意形成

　次に、ハンガリーでNATO加盟に関する政党間での合意が形成されるプロセスを検証する。1989年10月、社会主義労働者党から党名変更して出直しをはかる社会党の指導者の1人だった国務相ポジュガイ（Pozsgay Imre）は、新たなハンガリーの国家像としてフィンランド・モデルを提唱した[43]。当時、ハンガリーと歩調を合わせて民主的な改革を推進する東欧諸国がポーラ

ンドのみの状況にあって、今後もワルシャワ条約機構が存続し続けることを前提として第二次世界大戦後のフィンランドを模範に、体制転換後もハンガリーがソ連との密接な関係を維持することをポジュガイは意図していた。また、ポジュガイがフィンランドをモデルにしたのは、体制転換後のハンガリーで外交・安全保障において強い政治的権限を有する大統領制を想定したことも挙げられる。体制転換当時、ポジュガイ自身が社会党の大統領候補であった。

しかしながら、1989年10月半ば以降、東ドイツ、ブルガリア、チェコスロヴァキア、ルーマニアの社会主義体制があいついで崩壊した結果、ハンガリーをとりまく国際環境は一変した。ソ連はもはや東欧に従来のような強い影響力を行使することがもはやできなくなった。

1990年3月の総選挙で、ワルシャワ条約機構からの脱退やNATO加盟を主張する政党はなかった。だが、総選挙の後まもなく、ハンガリーではワルシャワ条約機構からの脱退が現実味をもって議論されるようになった。そして、民主フォーラムのアンタル（Antall József）を首班とする民族主義色の強い保守・中道右派の連立政権下で、急速なソ連離れが進行した。

1990年7月3日の国会決議54/1990「ハンガリー共和国とワルシャワ条約の関係について」で、1. ハンガリー政府はワルシャワ条約機構脱退の交渉を開始する、2. 第1段階として、ハンガリーのワルシャワ条約機構の演習への不参加、自国の領内でのソ連軍の演習の禁止、3. 脱退のための交渉を、ハンガリーの安全保障、政治、法律、経済的利害に配慮して進める、4. 内政干渉、主権侵害の根拠となってきたワルシャワ条約機構加盟国との二国間の友好・相互援助条約を破棄する、5. 近隣諸国（ワルシャワ条約機構加盟国）との経済、文化交流、全ヨーロッパ規模での安全保障体系構築のための努力の5点が採択された。[44]

1994年5月の総選挙では、与党の民主フォーラム、野党の社会党がNATO加盟を公約に掲げた。総選挙の後、ホルンを首班とする左派・リベラル連立政権が樹立される際の社会党と自由民主連合の政策合意には、ハンガリーのNATO加盟の実現が盛り込まれた。総選挙の期間中、自由民主連合はまだNATO加盟に慎重な姿勢を崩していなかった。その後、1995年に

右派の独立小農業者党がNATO加盟を支持する立場に転じた。さらに、NATO加盟に関して明確な態度を打ち出していなかった中道右派の青年民主連合（以下、フィデスと表記）も、1996年にはNATO加盟を正式に支持した。遅くとも1996年までには、ハンガリー国会で議席を有する政党の間で、NATO加盟に関してコンセンサスが形成されていた[45]。その結果、ハンガリー国内でNATO加盟に反対の立場を取る政治勢力は、民主フォーラムを除名された民族主義者が結成した「ハンガリーの正義と生活党」、体制転換当時の社会主義労働者党守旧派の流れを汲む労働者党という国会に議席を有していない左右両極の政党のみとなった。

その他、アルバ・サークルなどの原理的な平和主義団体もNATO加盟に反対していた。実際、ハンガリー社会において、以下のような安全保障に関する意見が少数ながら存在していた[46]。

- ハンガリーには、軍事力など不要である。
- モスクワの独裁がブリュッセル（あるいはワシントン）のそれに取って代わられるのでなく中立が望ましい。

さらに、政府、議会のエリートのレベルで進められるNATO加盟交渉に対する反発の声も挙がっていた。社会党政権が公約するようなNATO加盟が認められた後でなく、加盟が認められる前に賛否を問う国民投票を実施するよう労働者党は要求していた[47]。

3-3 加盟に至るプロセス

次に、中・東欧諸国がNATO加盟を果たすまでの軌跡を、ハンガリーを中心に振り返る。1993年4月23日にハンガリー国会は決議27/1993「ハンガリー共和国の国防の基本原則」を採択した[48]。同決議には「ハンガリー共和国は現存する国際的な安全保障機構であるNATO、西欧同盟（Western European Union: WEU）への完全な加盟を目標とする。NATO加盟国との協力は、安全保障上の協議、防衛組織、兵員の訓練、軍需産業や人の交流、科学や環境保護など様々な分野における価値ある支援を意味し、NATO加盟の実践的な要求を満たすようハンガリーの軍をできる限り再編する必要がある」と述べられていた。

1993年4月、ホロコースト博物館の開館式典のために中・東欧の元首がワシントンを訪問した。アメリカ大統領クリントンはポーランド大統領ワレサ（Lech Wałęsa）、ハヴェル、ハンガリー大統領ゲンツ（Göncz Árpád）、スロヴァキア大統領コヴァーチ（Michal Kováč）、ブルガリア大統領ジェレフ（Zheliu Zhelev）と会談した。会談の際、クリントンはNATO拡大に関して「スターリンによって引かれたヨーロッパの分断線を消す歴史的な機会」であると述べた。[49]

　中・東欧のNATO加盟への障害は、ロシアの存在であった。ロシアはNATOの東方拡大に強く反対する姿勢を取っていた。何故なら、NATOがかつてのソ連の勢力圏にまで拡大することは、ロシアにとって潜在的な脅威であった。そのため、NATOはロシアを刺激しないために、東方拡大に慎重にならざるをえなかった。

　クリントンの旧ソ連問題担当特別顧問タルボット（Strobe Talbott）はロシアとの関係悪化を危惧し、NATO拡大に反対していた。また、アメリカと西欧諸国がNATO拡大を強引に進めることで、ロシアの国内情勢を不安定化させる可能性もあった。強いロシア復活を掲げる反動勢力の台頭が、エリツィン（Boris Yeltsin）政権のいっそうの動揺を誘わない保障もなかったのである。[50]

　しかし、アメリカは拡大への反対姿勢を崩さないロシアとの関係を考慮しながらも、同時に中・東欧をNATOに加盟させる努力を続けていた。1994年1月の首脳会談で、NATO加盟国はワシントン条約第10条にもとづいて新加盟国への門戸開放に合意した。[51] また、早期のNATO加盟の代替案として、アメリカは中・東欧とNATOとの関係強化を目的とする「平和のためのパートナーシップ（Partnership for Peace: PfP）」を提唱した。

　クリントン政権がNATO拡大を進めた背景には、1996年の大統領選挙において、ポーランドをはじめとする中・東欧からの移民の票を得ようとしたことが挙げられる。また、アメリカには、中・東欧を価値や制度の共同体ともいえるNATOに取り込むことで、ユーロアトランティック地域すべての安定と安全を高める狙いがあった。中・東欧における基本的人権や法の支配など民主主義の定着には、NATO加盟が不可欠であるとアメリカは認識し

たのである。

　さらに、アメリカにとって、ロシアとの関係に配慮する西欧が慎重な段階において中・東欧のNATO加盟を支援することは、将来にわたって、中・東欧地域への自国の影響力を増大させることにもつながった。中・東欧のNATO加盟に際して、アメリカは国内の少数民族の権利保証、近隣諸国との関係改善などを条件づけた。クリントン政権はスロヴァキア、ルーマニアに民主化の進展を求め、対ハンガリー関係修復のための調停を試みた。[52]

　1994年2月、ハンガリーはPfPの枠組み文書に署名した。アメリカはNATOへの加盟を希望する中・東欧に対して、NATO方式の訓練、英語などの外国語の習得を通して段階的に自国の兵士をNATOとの共同任務に適応させる努力を開始した。[53]

　さらに、ハンガリーが早期にNATO加盟を果たすうえで不可欠な条件となったのが、多くのハンガリー系少数民族が住むスロヴァキア、ルーマニアとの基本条約の締結だった。少数民族の保護など隣国との問題を話し合いで解決することを、NATOは加盟を希望する国に義務づけた。ハンガリーは1995年3月にスロヴァキア、1996年9月にルーマニアと基本条約を締結した。[54]

　1995年11月のデイトンでの和平合意によるボスニア・ヘルツェゴヴィナでの民族紛争の終結は、ハンガリーをはじめとする中・東欧のNATO加盟交渉にとって有利に作用した。クロフォード（Beverly Crawford）が指摘するように、ボスニア・ヘルツェゴヴィナでの紛争を終結させたことで、NATOはヨーロッパの安全保障における最重要アクターとなった。そして、ボスニア・ヘルツェゴヴィナでの勝利により、はじめてその後のNATO拡大が現実のものと考えられるようになった。[55]

　ハンガリーはNATO主導で停戦後のボスニア・ヘルツェゴヴィナに展開される平和維持活動を支援するために、タサールなど自国の南西部にある数か所の基地を提供した。さらに、1996年2月には、ハンガリーもボスニア・ヘルツェゴヴィナでのIFORに参加した。

　1994年から1997年に駐ハンガリー・アメリカ大使であったブリンケン（Donald Blinken）は、ハンガリーのIFORへの協力をNATO加盟への大き

な進展とみていた。1995年10月11日の時点で、ハンガリーのNATO大使シモニ（Simonyi András）がブリュッセルに赴く前にブダペシュトのアメリカ大使館のNATO拡大に関するタスクフォースにIFORへの支持を申し出ていたとブリンケンは指摘した。そして、11月2日にはアメリカ軍の専門家がハンガリーへ派遣され、IFORの基地となるタサール、カポシュヴァールなどの国防軍基地を調査していた。[56]

次に、他のヴィシェグラード諸国とNATOとの関係について述べる。

❏ ポーランド

ハンガリーと同様、ポーランドも1994年2月にPfPへの参加を表明し、IFORにも624名の兵員を派遣した。また、ポーランドはバルティック・コーポレーション96にも加わるなど、バルト地域の安全保障にも協力していた。1996年4月にNATO事務総長ソラナ（Javier Solana）がポーランドを訪問し、同国のNATO加盟への取り組みを評価した。[57]

他方、ポーランドは隣国ウクライナ、リトアニアとの関係を強化し、大隊レベルの平和維持活動の合同部隊の形成を進めた。[58] さらに、ポーランドはNATO加盟を進めるうえで、ロシアとの関係にも配慮していた。ロシアのNATO拡大への反発がピークに達した時期であったにもかかわらず、1996年11月に首相チモシェヴィッチ（Włodzimierz Cimoszewicz）がロシアを訪問し、通商、金融など二国間での対話を開始した。その後もポーランドはロシアとの軍事、安全保障での協議をよびかけた。[59]

❏ チェコ

チェコも1994年3月にPfP協定の枠組み文書に署名し、西欧諸国の軍事演習に参加するなどNATOとの関係強化を進めた。チェコは1995年にクロアチアでの停戦監視団、1996年にIFORに兵員を派遣した。前者においては、1995年8月のクロアチア軍の攻勢の際に、チェコ兵士2名が死亡し、3名が負傷した。また、後者の活動では、派遣されたチェコ軍の装備、指揮系統の問題点が露呈し、NATOから批判された。そのため、チェコは軍の近代化のため2000年までに防衛費をGDP比で2%に引き上げることを公約

した[60]。

❏ スロヴァキア

　スロヴァキアも 1994 年 2 月に PfP の枠組み文書に署名した。そして、スロヴァキア軍は NATO 軍との共同演習に参加し、高い評価を受けた。しかし、NATO との関係強化を進める 3 カ国に対して、その後のメチアル政権下のスロヴァキアは NATO 拡大の流れと逆行していった[61]。

　1996 年 4 月にソラナがスロヴァキアを訪問した際、スロヴァキアはメチアルの独裁的手法と国内の権力闘争、ハンガリー系少数民族への扱いを理由に NATO 拡大の対象から除外された。1997 年 5 月 22 日から 24 日の NATO 加盟の賛否を問う国民投票が大統領の直接選挙の憲法改正と結びついて政争の具となり不成立に終わると、駐スロヴァキア・アメリカ大使ジョンソン（Ralph Johnson）が「法の支配が成立していない」と激しくスロヴァキアを批判した[62]。欧米諸国のスロヴァキアへの評価が好転するのは、1998 年 10 月の総選挙による政権交代の後だった。

　NATO は東方拡大へのロシアの反対を抑えるために、1996 年 12 月の北大西洋理事会（North Atlantic Council）で新加盟国に核兵器を持ち込まない、軍隊を駐留させないことを決定した[63]。1997 年 5 月、NATO はロシアと協力協定に調印した。同協定では、共通の安全保障問題を協議するための常設合同理事会（NATO-Russia Permanent Joint Council）の設置と議事運営方法（NATO 事務総長、NATO 代表国、ロシアによる共同議長）が合意され、年 2 回の外相・国防相会議、月例の大使級会議、首脳会議の開催についても合意された。また、この協定には、新加盟国への核配備を行わない旨の NATO からの宣言も盛り込まれた。NATO は拡大への反対姿勢を崩さないロシアの面子に配慮しながら、争点を迂回する形で実質的な拡大前進をはかったのである[64]。

　1997 年 7 月のマドリッドにおける首脳会議で、NATO はポーランド、チェコ、ハンガリーの 3 カ国を加盟させることを決定した。当初、歴史的な結びつきからフランスがルーマニア、地理的な重要性からイタリアがスロヴェニ

アの加盟を支持していた。マドリッド首脳会談の直前、コンスタンティネスク（Emil Constantinescu）大統領がドイツを訪問し、ルーマニアのNATO加盟の支持を取りつけようとするなど、ルーマニアはNATO第一次拡大の対象国となるために積極的に動いていた。また、独立後のスロヴェニアは、NATOのバルカン戦略にとって重要な位置にあった。マドリッドで、フランス大統領シラク（Jacques Chirac）、イタリア首相プロディ（Romano Prodi）は、それぞれルーマニア、スロヴェニアを加盟させることの重要性を指摘した。しかし、第一次拡大の対象国はポーランド、チェコ、ハンガリーとなった。マドリッドでは、アメリカが強いリーダーシップが発揮した結果、フランス、イタリア以外の加盟国は3カ国拡大を支持した。アメリカが3カ国拡大を主張した背景には、3カ国の加盟に積極的なアメリカ議会上院の動向、3カ国の在米大使館による熱心な働きかけがあった[65]。

　マドリッド首脳会議の後、ハンガリー外相コヴァーチ（Kovács László）は「ハンガリーがNATO加盟を模索したのは、軍事的脅威によるものではない。同盟の一員となるわれわれの決定は、価値観の共有と好ましい安全保障の環境づくりに寄与したいという願いからである」と述べた。さらに、コヴァーチはNATOの責務を果たすためにハンガリー国防軍の改革と近代化に取り組む意思を示した[66]。1997年11月に実施された加盟の賛否を問う国民投票（賛成85％）をへて、1999年3月にハンガリーはポーランド、チェコとともにNATO加盟を果たした。

第4節　NATO加盟後の問題点

4-1　軍の近代化

　ある国家が独立や革命の後でどのような軍隊を創設するか、どのような軍隊に再編するのかは、安全保障・防衛政策にとどまらない国家建設の全体にかかわる重要な問題である。そのため、体制転換後のハンガリーでも、国防軍の再建の方向性から論じる必要がある。

　フォスターはヨーロッパ諸国の軍隊を、外征（expeditionary warfare）、

国土防衛（territorial defense）、後期近代（late modern）、ポスト中立（post-neutral）の四つのタイプに分類した[67]。ハンガリーをはじめ中・東欧の軍隊は、国土防衛のタイプにあてはまる。国土防衛タイプは外的脅威から領土を防衛することを目的として徴兵制度にもとづく大規模な軍隊である。とくに、旧社会主義諸国の軍は近代化の遅れた能力の低い部隊からなっている。だが、冷戦後の国際社会の安定のために、自国の防衛のみならず、限定的ながらも平和維持活動などの国際的な任務が加えられている。

　体制転換後のハンガリー国防軍の改革と再建が、安全保障上の選択肢としてのNATO加盟と不可分であったことはいうまでもない。具体的には、NATO基準にあった装備の実現、平和維持活動をはじめとする国際任務への適応、小規模ながら能力の高い部隊への転換が求められてきた。NATO加盟を目標とした他の中・東欧の国も同様の状況にある。中・東欧の軍隊にとって、NATOの国際任務に従事することは自国の国際的地位の向上に貢献することに加え、民主化後の国内における正統性の確立にもつながった。

　さらに、NATOが加盟を希望する中・東欧の国際的な視野に立った防衛計画の作成などの軍の民主的な改革に影響を及ぼしたことは否定できない。実際に、社会主義体制の下で教育を受けた古参の将校の退役や軍隊の規模の縮小によって、軍内部における改革への抵抗が弱められた。そして、PfPプログラムにおけるNATOとの協力、加盟国との二国間や多国間の交流を通して、若い将校に対する訓練が進展した[68]。

　さらに、エプシュタイン（Rachel A. Epstein）はポーランドを例に挙げて、NATOが中・東欧の民主的な政軍関係、防衛政策の国際化に及ぼした影響を論じた[69]。NATO加盟には民主主義にもとづく価値観の共有が前提条件となっていた。そのため、中・東欧は加盟を実現させるために、自国軍の改革を遂行しなければならなかったのである。

　新加盟国が共同防衛に加えNATO域外における平和維持活動などの加盟国としての責務を果たすためには、国際任務を遂行できる人材の育成、装備の近代化による相互運用性の確保など、依然として多くの課題が残されていた。実際に、ハンガリー国防軍がNATOの軍事行動に参加するためには、外国語やコンピューターの技能の習得、NATO基準に適応した教育、訓練

を兵員に施す必要があった。

　しかしながら、フォスターが指摘したように、中・東欧の軍隊には、以下のような三つの冷戦時代の遺産が存在した[70]。まず、第1点として、軍の熟練度を低下させる財源不足が挙げられる。冷戦末期以降の経済不振による軍事予算の削減のため、中・東欧の軍は能力を維持できなくなった。次に、第2点が広範囲の重複性である。従来の国土防衛任務のために、中・東欧の軍は大規模な部隊を維持してきた。しかし、冷戦後に加わった国際任務では、規模よりも能力の高い部隊が必要とされた。さらに、第3点目として、軍事カリキュラムの刷新にもかかわらず根強く残る伝統が挙げられる。有能な下士官（non-commissioned officers: NCOs）の育成にとって、旧体制下で教育を受けた世代の存在が障害となった。

　2000年6月21、ハンガリー国会は「ハンガリー軍の長期的移行の指針」と題した決議61/2000を採択した[71]。同決議の主な内容は、次の通りである。NATO加盟国としての役割を果たす、NATOとの集団防衛の任務に就く、平時の兵力を4万5000人まで削減、早期に動員可能な部隊の比率を高める、指揮命令系統の整備、兵員の生活水準の向上、兵士の能力の向上、職業軍人中心の部隊への移行、2000年の末までに参謀本部を国防省の内部に統合して統制下に置く、2010年までに国防軍の戦闘能力、技術水準、兵員の生活水準をNATOの平均に近づける、NATOとの相互運用性確保のための兵器、通信機器の近代化、NATOの防空システムへの統合、兵站部門の整備。

　国防軍の近代化には、兵器や通信機器の購入のみならずインフラの整備など莫大な投資を必要とした。そのため、国民経済への負担を考慮して、2010年までの長期的な移行期間を設けることになった。具体的には、移行期間を2000-2003年の第1段階、2004-2006年の第2段階、2007-2010年の第3段階に区切っていた。第1段階で兵員削減、基地の統廃合、兵員の労働・生活環境の改善、第2段階での新たな技術機器の導入による装備の近代化を始め、最終的に第3段階において近代化の目標を達成する計画であった。

　さらに、旧体制下のハンガリー軍は徴兵制度にもとづく大規模な兵力からなる近代化の遅れた部隊で構成されていた。移行期間の終了までに、将来の徴兵制度の廃止も視野に入れた兵役期間の短縮化、平時の兵力の削減を進

め、志願兵の比率を高めることで、小規模ながらも能力の高い近代的な軍隊を創設することを目標とした。さらに、ハンガリー政府は志願兵の人材を確保するために、給与や住居など兵士の生活環境の改善、軍人の社会的地位の向上に努めようとした。

また、国防軍の近代化のために、2001年9月10日にオルバーン（Orbán Viktor）を首班とする保守・中道右派政権は、2004年末からソ連製のMig29に代わるハンガリー空軍の主力としてスウェーデン・サーブ社のグリペン戦闘機を採用することを決定した。グリペンを導入するにあたりハンガリー政府が示した計画は、スウェーデンから14機を1300～1400億フォリントで12年間リースするものであった[72]。次期戦闘機の選考段階では、当初、アメリカ製のF-16が有力だった。しかし、耐用年数などを考慮して一転グリペンに決まった。そして、グリペンは2006年に配備された。

さらに、国防軍の近代化において、徴兵制度の廃止も争点となった。徴兵制度に関して、体制転換以降、継続的に兵役期間の短縮化がはかられてきた。兵役義務が適齢期にある若年層の就職の機会を奪っているとの批判があり、徴兵制度の廃止を求める声が高まっていた。実際、70％以上の人々が、志願兵制への移行に賛成であった。また、1998年から2000年までの2年間で志願兵が2000人増加していた[73]。1998年から2002年のオルバーン政権は、国民国家の役割を重視するイデオロギー的な立場から徴兵制度そのものの廃止には踏み込まなかった。だが、2002年の初めには、兵役期間が6カ月に短縮された。その結果、徴兵は意識的に国際任務への参加を禁止されて、国防軍内部で少数だが国際任務のために整備された部隊と低いレベルの訓練、装備にとどまった他の部隊とに分離した状況が生まれた[74]。

2002年に成立した左翼・リベラル派の連立政権は徴兵制度の廃止を決定した。そして、2004年に徴兵制度が廃止された。社会党と自由民主連合は、徴兵制度の廃止を求める国内世論を尊重した。しかしながら、徴兵制度を廃止した国防軍が、労働市場において給与や待遇面で民間企業と競合しながら人材を確保するのは容易でない。

次に、他のヴィシェグラード諸国の軍の近代化への取り組みについて述べる。

❏ ポーランド

　NATO加盟が決まった1997年、ポーランド政府は「アーミー2012」とよばれる「軍隊ための近代化プログラムの基本　1998-2012」を作成した。この長期的な近代化プランでは、将来におけるポーランド軍のNATOとの統合を視野に65項目の目標が定められた。そして、近代化は1998-2002年、2003-2007年、2008-2012年の3段階に分けて遂行することになった。具体的には、軍隊の組織構造の改革、個人レベルから訓練、装備をNATO基準に適用させる、2004年までに兵員を18万人まで削減する、NCOs比率を高めることなどが示された[75]。

　ハンガリーと異なり、ポーランドは次期戦闘機をアメリカ製のF-16に決定した。F-16の採用に関して、次章で述べるようなポーランドのアメリカとの関係を強化する計算が背景にあった。

❏ チェコ

　チェコにおいては、NATO加盟直後の1999年3月29日、政府が軍の規模、構造の改革方針を示した「チェコ共和国の軍事戦略」を承認した。具体的には、同年6月には、2001年までに軍全体で将校、徴兵、文民を合わせて6万2000人まで削減することが決まった。また、参謀総長シェドヴィー（Jiři Šedvý）はチェコ共和国軍を段階的にプロフェッショナル化する方針を示していた。1999年の時点でチェコ共和国軍のプロフェッショナル化は50％であり、その後、2002年に60％まで、2010年に完了する計画であった[76]。ハンガリー同様に、チェコでも2004年に徴兵制度が廃止された。

　ハンガリーと同様、チェコも次期戦闘機としてサーブ社のグリペンを採用した。2002年の洪水の復興によって採用が取り消しになったが、その後再び採用された。そして、2005年にグリペンは配備された。

❏ スロヴァキア

　スロヴァキアでは、1998年の総選挙の後に成立したズリンダ（Mikulas Dzurinda）政権が将来のNATO加盟に向けた軍の改革に着手した。NATO拡大が加盟希望国の政軍関係の改革のモチベーションを高めたことを過小評

価すべきでない。エドムンズが指摘するように、1997年にNATO加盟を拒否されたことが、1998年の総選挙におけるメチアルの敗北に寄与したことは否定できない。[77]

　2001年9月、ズリンダ政権は2006年までにスロヴァキア軍のプロフェッショナル化を進め、2015年までに再編を完了する基本方針を示した。さらに、2002年7月に議会で承認された「スロヴァキア軍の2010年プラン」では、2006年までに徴兵制度の廃止、NATOやPfPの訓練センターの建設を踏まえた軍の教育機関の統廃合が示された。[78]

　1999年のNATO加盟と前後して、ハンガリー、ポーランド、チェコは軍の近代化を目的とした組織改革のプログラムを打ち出した。3カ国で共通した方針は、兵員の削減をはかりながらプロフェッショナル化された能力の高い部隊へ移行することだった。3カ国のプログラムは、いずれも厳しい財政事情を踏まえた長期的な視野に立ったものだった。同時に、軍の近代化は兵器、通信機器などハード面だけでなく、それらを運用するため、ソフト面としてNATO基準に適応した教育、訓練による人材の育成なども不可欠であり10年にわたる長い時間を要する課題であった。他方、1999年のNATO拡大から外されたスロヴァキアも、ズリンダ政権の下でNATO加盟を前提とした3カ国と同様の軍の組織改革の方針を打ち出した。

4-2　ハンガリーへの批判

　2002年5月、激しい選挙戦の後にメジェシ（Medgyessy Péter）を首班とする社会党、自由民主連合による左翼・リベラル連立政権が成立した。メジェシ内閣の成立直後、国防相に就任したばかりのユハース（Juhász Ferenc）がブリュッセルのNATO事務総長ロバートソン（George Robertson）を表敬訪問した際のやり取りについて、同年11月3日の『ワシントン・ポスト』紙が明らかにした。ロバートソンはユハースに対して「あなた方は軍隊の装備の近代化の公約を果たさねばならない。あなた方にはもう時間がない。やらなければ、あなた方は困難な状況に陥るのだ」と述べた。ロバートソンはオルバーン政権下でのハンガリー国防軍の近代化の遅れを批判したのであ

る。会談の席上での「通常、新政権には 100 日のハネムーン期間があるはずなのに」というユハースの言葉からは、彼の困惑した様子がうかがえる[79]。その後も、ハンガリーの国内総生産（GDP）に占める国防予算の比率（1.8％）が NATO 加盟国平均（2.1％）より低いことを理由に、NATO 本部は予算の増額と同盟の責務を果たすよう求めた[80]。

　1999 年の NATO 加盟当時、ハンガリーの軍事予算は GDP の 1.6％であり、その後も微増にとどまり 2％を越えなかった。チェコ、ポーランドの NATO 加盟当時の防衛費は、前者が対 GDP 比の 1.9％、後者が 2.26％であった。NATO 加盟の後、チェコは 2％を越え、ポーランドも 2％の水準を維持した[81]。ハンガリーは NATO 加盟を果たした後、他の二国に比べても防衛費を低く抑えていたことがわかる。

　ロバートソンがユハースに国防軍の近代化を急ぐよう迫ったのは、2002 年 11 月に NATO 第二次東方拡大の候補国の代表を招待するプラハでの首脳会議が近づいていたことが背景にあった。実際に、プラハでの首脳会議が近づくと、欧米諸国のメディアでは、ハンガリーの防衛力整備の遅れが指摘されるようになった。先述の『ワシントン・ポスト』紙では、オルバーン政権が防衛費を兵器の近代化にまわさなかったことが指摘された。さらに、同紙は「NATO の二つの加盟国が（アフガニスタンでの『テロとの戦い』に）参加しなかったことはショックだった。その一つは軍備を持たないアイスランドで、もう一国がハンガリーだったのだ」というユハースのコメントを掲載した[82]。

　『フォーリン・アフェアーズ』誌（2002 年 11–12 月号）に掲載された論文で、アメリカの国際関係研究者ウォレンダー（Celeste A. Wallander）が、第二次拡大を目前にした NATO について、民主国家で構成される同盟の結束、軍事力を高水準で維持すること、同盟の責務遂行の重要性を論じた。また、民族主義、政治腐敗が蔓延する中・東欧の加盟により、NATO が「モラル・ハザード」の状態に陥るとウォレンダーは警告した。そして、ウォレンダーは北大西洋理事会の付属機関として「加盟国監視委員会」を設置し、リスク、コストを共有せず責務を怠る同盟国に対して加盟資格停止や追放を含めた懲罰を課すことを提唱した。とくに、ウォレンダーの論文では、ハン

ガリーが NATO の責務を果たさなかったこと、1998 年以降のオルバーン首相のフィデスを中心とする連立政権の反ユダヤ主義的な傾向、近隣諸国への領土要求、バルカン地域の安定化の失敗が論じられている[83]。

ウォレンダーのオルバーン政権への批判、具体的には「近隣諸国への領土要求」は必要以上に誇張された面もある。にもかかわらず、オルバーン政権の民族主義的な政治姿勢や対外政策によって生じた近隣諸国との摩擦、NATO への非協力的な態度への批判は的を射た指摘である。

2001 年 6 月、オルバーン政権は近隣諸国のハンガリー系住民への過剰な権利保護を目的とする「近隣諸国のハンガリー人に関する法律（地位法）」を成立させた[84]。「地位法」をめぐって、ルーマニア、スロヴァキアとの関係が悪化した。また、ドイツのバイエルン、バーデン・ヴュルテンベルクの保守政党による州政府、オーストリアの保守政権との関係を重視するオルバーンは、2002 年 2 月にドイツ、オーストリアの保守派による「ベネシュ大統領令」の無効要求を支持する発言をした。ベネシュ（Edvard Beneš）が第二次世界大戦直後にチェコスロヴァキアからのドイツ系住民追放を定めた大統領令を、EU 加盟前にチェコ政府が無効にすべきであると、ドイツ、オーストリアの保守派の一部が主張していた。チェコ政府はオルバーンの発言に激しく反発した。そのため、3 月に予定されていたブダペシュトでのヴィシェグラード 4 カ国の首脳会談が無期延期となった[85]。

さらに、2002 年 11 月 18 日の『タイムズ』紙は、ハンガリー国防軍の装備の面での近代化の遅れのみならず、組織内部における幹部の意識改革の遅れにまで言及し、「NATO がワルシャワ条約機構でないことを、ハンガリーが認識するまでにはまだ時間がかかる。ワルシャワ条約機構の下で、彼ら（ハンガリー人）は何をすべきかいわれるだけだった。だが、何をすべきかを彼らに問うことによって、NATO は異なった軍事行動をとる。そして、NATO は彼ら自身の判断で決定することを望む。それが合意のプロセスなのだ」[86]という西ヨーロッパの外交官のコメントを掲載した。先行加盟国が責務を果たしていない状態を、NATO 本部は容認できなかったのである。

メジェシ政権はオルバーン政権下で作成された「ハンガリー軍の長期的発展の指針」の見直しに着手した。そして、2004 年 3 月 24 日に新たな国会決

議14/2004「ハンガリー軍の長期的発展の指針」が採択された[87]。2000年の「ハンガリー軍の長期的移行の指針」と同様、「ハンガリー軍の長期的発展の指針」も国防軍の近代化に費やす10年間を3段階に分けて軍の近代化を進めるプランであった。

具体的には、第1段階（2004-2006年）でNATO基準の訓練システムへの移行、必要な技術、通信等の機器、物資の調達、志願兵の労働条件の改善、基地の統廃合を進め、その後、第2段階（2007-2010年）、第3段階（2011-2013年）へと進む中で新たな戦闘機、戦闘、輸送のための車輌の配備を進めて装備やインフラをNATO平均に近づける計画であった。しかし、その一方で、「ハンガリー軍の長期的発展の指針」では、NATOや他の国際的責務を履行するための条件を満たすことが強調された。また、徴兵制度の廃止を決定したメジェシ政権は、同決議において2005年の志願兵制度への移行を前提とした今後の国防軍の方向性を示そうとした。さらに、NATOの国際任務に従事するうえで、ハンガリーは兵站システムの強化を重視した。2002年11月のNATOプラハで構想が承認されたNATO即応部隊（NATO Reaction Force: NRF）では、加盟国が自国に適した部隊を派遣することが求められていた。

NATO加盟後のポーランドでも、2001年1月30日に新たに承認された2001-2006年の軍の近代化プログラムによって、15万人までの兵員の削減、基地の統廃合、旧式兵器の廃棄などが示された。新たなプログラム作成の背景には、NATOのポーランド軍の近代化の遅れについての批判が挙げられる。実際、2001年1月23日にNATOの欧州連合軍最高司令官（The Supreme Allied Commander Europe: SACEUR）ラルストン（Joseph Ralston）がポーランドを訪問した際に不満を述べていた[88]。NATO加盟の後、チェコはNATOの求める対GDP比の2％に引き上げた。また、チェコはNATO加盟以前から国際任務を想定した対生物・化学兵器部隊の整備が進めており、NATOから取り組みを評価されていた。

NATO基準に適応した部隊創設への取り組みにもかかわらず、中・東欧の近代化プログラムによって新たな問題が露呈した。エドムンズやジェイコビイ（Wade Jacoby）が指摘したように、中・東欧では軍隊の二層（two-tier）

の構造が生じていた。⁸⁹ プロフェッショナル化されたショーケースとしての少数の部隊が創設された一方で、近代化に遅れた部隊、装備が残ることになった。国際任務に従事できる能力の高い部隊が少数にとどまった要因として、兵士、パイロットの訓練不足、国外での任務にかかるコストが挙げられる。近代化に着手したにもかかわらず、中・東欧諸国の少数の部隊では、長期にわたる平和維持活動などNATOの国際任務に貢献することは難しかった。そして、困難な軍の近代化に直面した中・東欧は、外交・安全保障においてNATOよりもむしろアメリカとの関係を重視するようになるのである。

註

1 Kenneth N. Waltz, 'NATO Expansion: A Realist's View,' in Robert W. Rauchhaus, ed., *op. cit.*, p. 36.
2 Stanley R. Sloan, *Permanent Alliance?*, p. 97.
3 金子譲、吉崎知典、前掲書、21-22頁。
4 『朝日新聞』1991年11月8日。1991年版「戦略概念」（英文）は、以下のURLを参照。http://www.nato.int/cps/en/natolive/official_texts_23847.htm?
5 Sten Rynning, *op. cit.*, p. 42.
6 佐瀬昌盛、前掲書、144-146頁。
7 1999年版「戦略概念」（英文）は、以下のURLを参照。http://www.nato.int/docu/pr/1999/p99-065e.htm
8 *Ibid.*
9 *Ibid.*
10 Brian J. Collins, *op. cit.*, p. 96.
11 「門戸開放政策」（英文）は、以下のURLを参照。http://www.nato.int/docu/facts/2000/opendoor.htm
12 「拡大の研究」（英文）は、以下のURLを参照。http://www.nato.int/docu/basictxt/enl-9502.htm
13 http://www.nato.int/docu/pr/1999/p99-065e.htm
14 Rebecca R. Moore, *op. cit.*, p. 70.
15 Thomas S. Szanyna, *NATO Enlargement 2000-2015: Determinants and Implications for Defense Planning and Shaping* (Santa Monica, CA: RAND, 2001), p. 15.
16 NATO東方拡大への懐疑論は、Martin A. Smith, 'NATO: "West Is Best?",' in Martin A. Smith and Graham Timmins, eds., *Uncertain Europe: Building a New European*

Security Order? (London: Routledge, 2001), p. 68. を参照。

17　Andrew A. Michta, 'Poland: A Linchpin of Regional Security,' pp. 41-42.
18　Marcin Zaborowski and Kerry Longhurst, *op. cit.*, p. 1014.
19　ウォルトの脅威均衡論は、Stephen M. Walt, "Alliance Formation and the Balance of World Power," *International Security*, Vol. 9, No. 4, Spring 1985, pp. 3-43 を参照。
20　「中欧 (Mitteleuropa/Közép Európa)」は「北欧」「南欧」などと異なり、地理的範囲を明確に規定できない概念である。さらに、時代に応じて政治的、イデオロギー的な意味が込められてきた。冷戦の終結以降、ハプスブルク帝国の文化的な影響下にあったヴィシェグラード4カ国を「中欧」とみなす考え方が主流となった。本書でも最近の「中欧」の定義に従う。
21　András Balogh, "The Atlantic Dimension of the Central European Security," *Foreign Policy* (Budapest), Special Issue, 1997, pp. 19-23.
22　*Ibid.*, pp. 23-26.
23　Für Lajos, *A Varsói Szerződés végnapjai: Magyar szemmel*［ワルシャワ条約機構最後の日々──ハンガリー人の目から］(Budapest: Kairosz Kiadó: 2003), 103.o.
24　Szabó László-Tálas Péter, i.m., 40-41.o.
25　Joshua Spero, "The Budapest-Prague-Warsaw Triangle: Central European Security after the Visegrad Summit," *European Security*, Vol. 1, No. 1, Spring 1992, p. 64.
26　Reimund Seidelmann, 'Western and Eastern Europe after the East-West Conflict: Reinventing Responsibility and Grand Strategy,' in Carl C. Hodge, ed., *NATO for a New Century: Atlanticism and European Security* (Westport, Connecticut, Praeger, 2002), p. 50.
27　羽場久美子『拡大するヨーロッパ──中欧の模索』岩波書店、1998年、22-23頁。
28　ポーランドを事例に「ヨーロッパ」への回帰について論じた、Paul Latawski, 'Poland: "For Your Security and Ours",' in Martin A. Smith and Graham Timmins, eds., *Uncertain Europe: Building a New European Security Order?* (London: Routledge, 2001), p. 220. を参照。
29　金子譲「新生NATOの行方」、54-55頁。
30　Zoltan Barany, *op. cit.*, p. 78.
31　Andrew Cottey, *op. cit.*, pp. 111-112.
32　Zoltan Barany, *op. cit.*, p. 80-82.
33　Géza Jeszenszky, *op. cit.*, p. 128.
34　Kerry Longhurst and Marcin Zaborowski, *op. cit.*, pp. 26-27.
35　Andrew A. Michta, 'Poland: A Linchpin of Regional Security,' p. 44.
36　チェコにおける安全保障認識の変化とNATO加盟に関しては、Thomas S. Szayna, 'The Czech Republic: A Small Contributor or a "Free Rider"?,' pp. 116-127 を参照。
37　*Ibid.*, p. 124.
38　矢田部順二、前掲書、9-10頁。

第 1 章　中・東欧の NATO 加盟

39　メチアル政権下の対ロシア関係の詳細は、Jeffrey Simon, *NATO and the Czech & Slovak Republic*, p. 164, pp. 172-173; 林忠行「スロヴァキア外交とロシア」(伊東孝之・林忠行編『ポスト冷戦時代のロシア外交』有信堂、1999 年)、199-211 頁を参照。

40　1989 年 8 月当時のやり取りは、ホルンの回想録、Horn Gyula, *Cölöpök*［杭］(Budapest: Zenit Könyvek, 1991), 236-255.o. を参照。

41　ホルン発言は、Pietsch Lajos, i.m., 63-64.o. に収録。

42　ハンガリーからのソ連軍の撤退に関する協定は、1990 年 3 月 10 日に調印された。撤退は 1990 年 3 月 12 日に始まり、1991 年 6 月 30 日までに完了することになった。ソ連軍のハンガリーからの撤退は、予定よりも 2 週間早く 6 月 16 日に完了した。Für Lajos, i.m., 325.o., 329.o.

43　『朝日新聞』1989 年 10 月 10 日。他のヨーロッパ諸国と比較しても、大統領が外交、軍事に強力な政治的権限を持つフィンランドについては、マックス・ヤコブソン著、北詰洋一訳『フィンランドの知恵――中立国家の歩みと現実』サイマル出版会、1990 年、64-65 を参照。

44　国会決議 54/1990 の全文 (ハンガリー語) は、以下の URL を参照。
http://www.complex.hu/kzldat/o90h0054.htm/o90h0054.htm

45　Meiszter Péter, i.m., 133-139.o. 1998 年の総選挙から次の総選挙までの 4 年間のみ、反ユダヤ主義を掲げる民族主義者チュルカ (Csurka István) が党首を務めハンガリーの NATO 加盟やヨーロッパ統合に反対する極右政党「ハンガリーの正義と生活党」が国会で議席を有していた。

46　Bánlaki György, "Tiz esztendő a hatvanéves NATO-ban［60 歳の NATO における 10 年］," *Honvédségi Szemle*, 2009, 3, 5.o.

47　Georgeta V. Purchot, "NATO Enlargement and Democracy in Eastern Europe," *European Security*, Vol. 6, No. 4, Winter 1997, p. 165. 労働党の要求は政府、議会で黙殺された。

48　国会決議 27/1993 の全文 (ハンガリー語) は、以下の URL を参照。
http://www.complex.hu/kzldat/o93h0027.htm/mun_2.htm
http://www.complex.hu/kzldat/o93h0027.htm/mun_3.htm
http://www.complex.hu/kzldat/o93h0027.htm/mun_4.htm

49　Ainus Lašas, *op. cit.*, p. 71.

50　金子譲、吉崎知典、前掲書、25-26 頁。

51　Stanley R. Sloan, *Permanent Alliance?*, p. 106.

52　Magyarics Tamás, i.m., 254.o.

53　László Valki, "Hungary's Road to NATO," pp. 10-11.

54　ハンガリー・スロヴァキア基本条約の全文 (英語) は、以下の URL を参照。
http://www.htmh.hu/dokumentumok/asz-ro-e.htm
ハンガリー・ルーマニア基本条約の全文 (英語) は、以下の URL を参照。
http://www.htmh.hu/dokumentumok/asz-sk-e.htm

55 Beverly Crawford, 'The Bosnian Road to NATO Enlargement,' in Robert W. Rauchhaus, ed., *op. cit.*, p. 43.
56 Donald Blinken, *op. cit.*, p. 112.
57 Jeffrey Simon, *NATO and Poland*, pp. 68–69.
58 Longin Pastusiak, *op. cit.*, p. 55.
59 Andrew A. Michta, 'Poland: A Linchpin of Regional Security,' p. 50.
60 Jeffrey Simon, *NATO and the Czech & Slovak Republic*, p. 49; Thomas S. Szayna, 'The Czech Republic: A Small Contributor or a "Free Rider"?,' p. 139.
61 林忠行、前掲書、197–198頁。
62 Jeffrey Simon, *NATO and the Czech & Slovak Republic*, pp. 171–172.
63 László Valki, "Hungary's Road to NATO," pp. 16–17.
64 金子譲、吉崎知典、前掲書、30頁。
65 マドリッドでの3カ国拡大の決定は、Ryan C. Hendrickson, "The Enlargement of NATO: The Theory and Politics of Alliance Expansion," *European Security*, Vol. 8, No. 4, Winter 1999, pp. 90–95; Ronald D. Asmus, *op. cit.*, pp. 238–245 を参照。
66 László Kovács, "Hungary's Contribution to European Security," *NATO Review*, Vol. 45, No. 5, Sept.–Oct. 1997, pp. 9–11. 筆者は *NATO Review Web Edition*, Vol. 45, No. 5, Sept.–Oct. 1997. http://www.nato.int/docu/review/1997/9705-04.htm を参照した。
67 フォスターの類型論では、ヨーロッパ諸国の軍は、外征タイプのイギリス、フランス、領土防衛タイプのフィンランド、ギリシャ、ノルウェー、スウェーデン、トルコ、中・東欧諸国、旧ソ連諸国、後期近代タイプのベルギー、デンマーク、ドイツ、イタリア、オランダ、ポルトガル、スペイン、ポスト中立タイプのオーストリア、アイルランド、スイスの四つに分けられる。Anthony Foster, *op. cit.*, p. 44–47.
68 Jess Pilegaard, "Defense Reform in Central Europe," *European Security*, Vol. 12, No. 2, Summer 2003, pp. 125–126.
69 Rachel A. Epstein, "Nato Enlargement and the Spread of Democracy: Evidence and Expectations," *Security Studies*, Vol. 14, No. 1, January-March 2005, pp. 59–98.
70 Anthony Foster, *op. cit.*, p. 56.
71 国会決議61/2000の全文（ハンガリー語）は、以下のURLを参照。http://www.complex.hu/kzldat/o00h0061.htm/mun_2.htm
72 *Népszabadság*, 2001. szeptember 11.
73 Csabai Károly, "A Magyar Honvédség önkéntes haderővé történő átalakításának helyzete 2004.április végén［2004年4月末におけるハンガリー国防軍の志願兵制への移行の状況］," *Új Honvédségi Szemle*, 2004, 9, 12.o.
74 Pál Dunay, "The Half-Hearted Transformation of the Hungarian Military," p. 25.
75 「アーミー2012」の詳細は、Andrew A. Michta, *op. cit.*, p. 51–56 を参照。
76 Jeffrey Simon, *NATO and the Czech & Slovak Republic*, p. 74–77.
77 Timothy Edmunds, *op. cit.*, pp. 151–152.

78 Jeffrey Simon, *NATO and the Czech & Slovak Republic*, pp. 224-227.
79 *Washingtonpost.com*, November 3, 2002. http://www.washingtonpost.com/wp-dyn/articles/A59421-2002Nov2.html
80 2002年8月2日のハンガリーの全国紙『ネープサバッチャーグ』(電子版)、*Népszabadság Online*, 2002. augusztus 2. を参照。
81 Szendrák Csilla, i.m., 151.o.
82 *Washingtopost.com*, November 3, 2002. http://www.washingtonpost.com/wp-dyn/articles/A59421-2002Nov2.html を参照。
83 Celeste A. Wallander, "NATO's Price: Shape Up or Ship Out," *Foreign Affairs*, November/December 2002, pp. 2-8. オルバーンの率いるフィデスの来歴、思想的、社会的背景については、家田修「聖イシュトヴァーン王冠の復権——最近のハンガリーにおける国民意識」(林忠行、宇山智彦、帯谷知可編『スラブ・ユーラシア世界における国家とエスニシティ』JCAS Occasional Paper 国立民族博物館地域研究企画センター、第14号、2002年)、25-30頁を参照。
84 「地位法」の全文（英語）は、以下のURLを参照。
http://www.htmh.hu/law.htm
85 2002年2月23日のハンガリーの全国紙『マジャル・ヒールラップ』(電子版)、*Magyar Hírlap Online*, 2002. február 23 を参照。ドイツ南部の二州、オーストリア、ハンガリーの保守政権は、2002年3月11日にハンガリーのエステルゴムで「小ドナウ・サミット」を開催した。2002年3月12日の『ネープサバッチャーグ』(電子版)、*Népszabadság Online*, 2002.március 12 を参照。
86 *The Times*, November 18, 2002.
87 国会決議14/2004の全文（ハンガリー語）は、以下のURLを参照。
http://www.complex.hu/kzdat/o04h0014.htm/o04h0014.htm
88 Jeffrey Simon, *NATO and Poland*, p. 114.
89 Timothy Edmunds, *op. cit.*, p. 158; Wade Jacoby, 'Military Competence versus Political Loyalty,' p. 246.

第2章

米欧関係と中・東欧

　ポーランド、チェコ、ハンガリーは1999年3月にNATO加盟を実現させた。スロヴァキアなど1999年の拡大の対象から外れた他の中・東欧の国々も引き続きNATO加盟をめざした。冷戦後の中・東欧の安全保障政策の形成においては、冷戦期の西欧における安全保障・防衛政策のように、アメリカのヨーロッパへの関与が重視された。ヨーロッパ「統合」が推進される中で、安全保障について、中・東欧では「国家」の論理が色濃く残った。[1]

　実際に、中・東欧はアメリカとの同盟関係の構築つまりNATOに加盟することで、自国の平和と安全の確保をはかった。そして、1990年代の半ば以降、アメリカも中・東欧のNATO加盟を支援してきた。しかし、前章で論じたように、NATO加盟によって、中・東欧は同盟の責務の履行とそのための困難な軍の近代化を迫られた。その結果、冷戦後の中・東欧では、国によって温度差はあれども、外交・安全保障政策において対米関係に重点をおくアトランティシズムが台頭した。

　しかし、その一方で、EU加盟を意図する中・東欧にとって、西欧との関係も軽視できなかった。1999年以降、EUは独自の安全保障政策と防衛力を模索していた。武力行使の可能性をはらんだ重要な国際問題において、アメリカと西欧が歩調を合わせる限り、中・東欧のアトランティシズムは米欧協調の枠内に収まる。

　NATO加盟国によるアメリカの武力行使への責任分担（burden sharing）

について、デヴィッドソン（Jason W. Davidson）はネオクラシカル・リアリズムの理論をもとにした同盟の価値、脅威／プレステージ、国内世論の三つの変数に加え、アイデンティティ、規範などコンストラクティヴィズムの視点もまじえた理論的な枠組みを設定した[2]。具体的に、デヴィッドソンはコソヴォ、アフガニスタン、イラクにおけるアメリカの軍事行動へのイギリス、フランス、イタリアの対応とその変化の要因を分析した。いずれにせよ、アメリカの武力行使へのヨーロッパ同盟国の支援の是非は、その都度、各国の置かれた状況に応じて異なってくる。

2003年のイラク戦争では、NATO内部で結束の乱れが生じた。アメリカ、イギリスと武力行使に反対するフランス、ドイツとの対立が激しくなる中で、ポーランド、ハンガリーをはじめとする中・東欧はいっせいにアメリカ支持を打ち出した。

ハンガリーの国際関係研究者オルバーン（Orbán Anita）は国際紛争、国際危機におけるトランスアトランティックの労働分業モデルを提示した。オルバーンの分析枠組みによれば、国際的な危機管理において、アメリカないしアメリカが加わったNATOによる武力行使と西欧主導による戦後の平和維持活動、人道支援、経済支援との間に米欧間の労働分業が成立するかどうかが問題となる。米欧間での労働分業が成り立つ場合、アメリカが軍事力を行使することに正統性があるとオルバーンは捉えた[3]。オーストリアの国際関係研究者ゲルトナー（Heinz Gärtner）も同様の米欧間での労働分業について指摘した[4]。

さらに、NATO加盟を果たした後の中・東欧が、米欧間の労働分業モデルにおいて、いかに位置づけられるかが重要となる。米欧間の労働分業が成立する場合、中・東欧における対米関係重視のアトランティシズムは、NATOによるトランスアトランティックのパートナーシップと両立する。だが、その反面、米欧間の労働分業が成立しない場合、中・東欧のアトランティシズムはトランスアトランティックのパートナーシップとの間で齟齬をきたすことになる。

本章の目的は、NATO加盟後の中・東欧の国際紛争への関与を米欧関係の視点から考察することにある。分析に際して、1999年のコソヴォ紛争、

第 2 章 米欧関係と中・東欧

2001 年の 9.11 同時多発テロとアフガニスタン戦争、2003 年のイラク戦争におけるハンガリーと他のヴィシェグラード諸国の対応を検証する。そして、中・東欧の外交・安全保障政策が米欧間のパートナーシップといかなる関連性を有したのかを明らかにする。

第 1 節　コソヴォ紛争

1-1　NATO のユーゴスラヴィア空爆

　ポーランド、チェコ、ハンガリーが NATO 加盟を果たしてから 2 週間もたたない 1999 年 3 月 24 日、NATO によるユーゴスラヴィアへの空爆が始まった。1999 年 1 月から 3 月にかけてフランスのランブイエで、欧米諸国はユーゴスラヴィア（セルビア）のコソヴォにおけるセルビア人とアルバニア人の民族紛争の仲介を試みた。しかし、ユーゴスラヴィア大統領ミロシェヴィッチ（Slobodan Milošević）がランブイエでの和平案を拒否すると、NATO はロシアの反対にもかかわらずユーゴスラヴィアへの大規模な空爆「アライド・フォース作戦（Operation Allied Force）」に踏み切ったのである。

　アメリカにとってのコソヴォ空爆は、自国の安全保障上の利益が脅かされていない地域における武力行使として、多国間主義（multilateralism）の受け入れの事例であった。しかし、同時に、空爆の決定はヨーロッパの安全保障における自国のリーダーシップ維持の主張がクリントン政権内部で一時的に優位に立った結果でもあった。『バランスのリスク』の著者であるタリアフェロ（Jeffrey W. Taliaferro）も、コソヴォ空爆に際してのアメリカ政府の関心が制度としての NATO の信用よりもむしろヨーロッパにおける自国のヘゲモニーを永続させる手段としての同盟の維持にあったと論じた。タリアフェロのネオクラシカル・リアリズムにもとづいて分析すれば、アメリカが周辺部に過ぎないコソヴォでの紛争に介入したのは、放置すれば大国としてのプレステージにかかわると判断した結果となる。いずれにせよ、ロシア、中国の反対による国連安保理決議なしに NATO のコンセンサスで実施されたユーゴスラヴィア空爆は、米欧協調であると同時に、アメリカのヨー

ロッパ同盟国に対する軍事的な主導権の確保の意図を反映するものであったことも否定できない。

　NATO加盟を果たしたばかりの3カ国は、NATOの共同作戦に参加するのに十分な軍事的な能力を有していなかった。にもかかわらず、新加盟3カ国はNATOの軍事行動への支持と何らかの貢献を迫られた。3カ国にとって、ユーゴスラヴィア空爆への対応は、まさにNATOに忠誠を誓うか否かのいわば「踏み絵」となった。

　とくに、ユーゴスラヴィアと直接国境を接するハンガリーは難しい対応を迫られた。ハンガリーはユーゴスラヴィアと国境を接する唯一のNATO加盟国だった。また、ユーゴスラヴィア国内に30万人のハンガリー系住民が住んでいた。空爆がユーゴスラヴィア国内の同胞に及ぼす影響をハンガリーは懸念したのである。また、ユーゴスラヴィア軍の中には、徴兵されたハンガリー系住民も含まれていた。さらに、1991年以降、クロアチアやボスニア・ヘルツェゴヴィナを追われた50万人にものぼるセルビア人がハンガリー系住民の住むヴォイヴォディナに移住していた。紛争地を追われた好戦的なセルビア人の移住は、ヴォイヴォディナの民族構成を著しく変化させるばかりでなく、これまで比較的平穏だったヴォイヴォディナに紛争の火種を持ち込むことにもなった。[7]

　にもかかわらず、空爆が開始された当初から、ハンガリーはNATOを支持した。すでに、ハンガリーはボスニア・ヘルツェゴヴィナ紛争当時からNATOの早期警戒管制機（AWACS）の領空での活動を許可していた。ハンガリーにとって、コソヴォ紛争でも、NATOへの支持と協力が自国の安全保障に不可欠だった。

　ヴォイヴォディナに住むハンガリー人に関して、フィデスを中心とする右派・中道連立政権のオルバーン首相は加盟国の共同防衛について規定したNATOのワシントン条約第5条に言及した。オルバーンは「ヴォイヴォディナのハンガリー人問題はハンガリーの問題でなく、NATOにかかわる問題なのである」と述べた。ユーゴスラヴィア当局がヴォイヴォディナのハンガリー系住民に危害を加える場合には、NATOとして厳しく対処すべきであるとオルバーンは主張したのである。[8]

オルバーン政権はハンガリー国防軍を空爆に参加させないが、NATO軍機の自国領空の通過、南西部にあるタサール空軍基地の使用を許可することによって、NATOのユーゴスラヴィアでの武力行使に協力した。また、オルバーン政権はNATO地上軍を自国から出動させない姿勢をとっていた。しかし、ハンガリー国会では、フィデスとNATOに対して領空の通過、空港の使用を無制限に許可した1999年3月24日の国会決議20/1999の修正を求める野党の社会党との間で対立が生じていた。[9]

ハンガリーは南西部にあるタサール基地を提供することによって、NATOに貢献する機会を得た。とくに、タサール基地の使用許可は、アメリカとの友好関係に寄与した。[10]

同時に、ハンガリーはNATOのユーゴスラヴィア空爆に反対するロシアとの関係にも苦慮することになった。ロシアがユーゴスラヴィア向けの人道支援物資を送る際に、ハンガリーは陸路の通過点となったからである。1999年4月11日にハンガリーはロシア、ベラルーシからユーゴスラヴィアへ支援物資を輸送するトラックをウクライナとの国境のザーホニで検査して、経済制裁に違反する積荷を摘発した。ロシアはハンガリーの措置に反発し、駐ハンガリー大使を帰国させた。さらに、ハンガリー外相マルトニ（Martonyi János）のロシア訪問が延期となるなど、両国の関係は悪化した。[11]

次に、NATOのユーゴスラヴィア空爆に際して、他のヴィシェグラード諸国がいかに対応したのか。ハンガリーの対応と比較しながら述べる。

❏ ポーランド

NATOのユーゴスラヴィア空爆の際、ポーランドはユーゴスラヴィアと直接国境を接しているハンガリーよりも積極的にNATOに協力する姿勢を示した。ポーランド国内では、自国の軍がユーゴスラヴィアでの戦闘に参加することへの反対意見が多数を占めていた。しかしながら、ユーゴスラヴィアの隣国であるハンガリーと比較しても、自国政府によるNATOへの協力に対する支持は高かった。

ポーランドはNATOからの二つの依頼を実行した。まず、第1点はボスニア・ヘルツェゴヴィナに展開していた部隊の空路による輸送であった。そ

して、第 2 点がアルバニア系住民への人道支援物資の輸送であった。さらに、軍部は戦闘への参加に否定的であったが、ブゼク（Jerzy Buzek）を首班とする内閣は必要な場合に地上部隊を派遣することを NATO に誓約していた。[12]

❏ チェコ

コソヴォ情勢が緊迫する中で、チェコは NATO への貢献策として野戦病院への要員の派遣を検討していた。だが、政府がユーゴスラヴィアへの地上軍の派遣すら想定していたポーランドと異なり、チェコは地上軍の派遣に否定的であった。

空爆開始直後から、ハヴェル大統領は明確に NATO を支持した。チェコ政府も 4 月 2 日に NATO 軍機の領空通過、さらには 19 日に領内の基地への発着を許可した。しかし、その一方で、政府による領空通過の許可の決定に関して、下院の防衛・安全保障委員会の委員長ネチャス（Petr Nečas）が事前承認を得ていないと批判した。さらに、クラウス元首相は「空爆前に平和的解決への代替策が取られなかった」と空爆に批判的な反応を示した。また、ゼマン（Miloš Zeman）首相も 1938 年、1968 年の自国の歴史的な経緯からユーゴスラヴィアに同情的な姿勢を取っていた。ゼマンは「NATO の責務であれ、空爆がすべてを解決すると信じるほど無知な人間の立場ではない」と述べた。さらに、与党社会民主党内でも空爆に反対する声が挙がっていた。いずれにせよ、明確に NATO の空爆への支持を打ち出したのは、ハヴェルと外相カヴァン（Jan Kavan）だけだった。[13]

❏ スロヴァキア

ヴィシェグラード諸国の中で唯一、NATO の第一次拡大の対象にならなかったスロヴァキアにとって、コソヴォ紛争は今後の加盟交渉を有利に進める好機であった。ズリンダ政権は空爆開始後に NATO による自国領土、領空内での物資の輸送を認めた。さらに、スロヴァキア政府は 4 月 6 日には NATO 軍機の自国領空の通過を許可した。政府の決定に反発したのは、民族主義政党の国民党だけであった。しかし、その一方で、自国の領内に全人

口の 10% を越えるハンガリー系少数民族をかかえるスロヴァキアのコソヴォ紛争への対応には複雑な側面も存在した。スロヴァキア外相クカン（Eduard Kukan）はコソヴォの自治を支持しながらも、ユーゴスラヴィアの現国境の修正に反対していた。[14]

ユーゴスラヴィア空爆に際して、ハンガリーは NATO 軍機の領空通過や自国内の基地使用の許可以外に軍事的な貢献をしなかった。NATO 加盟直後のハンガリー国防軍に NATO に貢献できる軍事的な能力が欠如していたことに加え、ハンガリー政府にはユーゴスラヴィア国内のハンガリー系住民の立場を考慮する必要があった。他方、ポーランドは支援物資の輸送などで限定的ながらも NATO の空爆を支援した。また、ポーランドでは戦闘への参加に対する参謀本部の批判的な反応にもかかわらず、文民政治家は必要な場合、地上部隊を派遣することを表明していた。[15] チェコでは NATO 支持の必要性が認識されたにもかかわらず、国内での歴史的なセルビア人への好意もあり、ポーランドほど積極的に軍事行動に貢献する用意がなかった。スロヴァキアは 1998 年の政権交代以前よりも、NATO に好意的な姿勢に転じていた。

1-2 米欧関係と KFOR

コソヴォ問題に関する G8 合意、ミロシェヴィッチによる和平案の受託の後、1999 年 6 月に国連安全保障理事会で決議 1244 が可決された。国連安保理決議 1244 にもとづき、NATO が主体となってコソヴォでの治安維持にあたる KFOR が創設された。KFOR 派遣の目的は、以下の 3 点であった。
1. 停戦の維持とユーゴスラヴィア軍のコソヴォからの撤退の確保
2. アルバニア系住民によるコソヴォ解放軍の武装解除
3. コソヴォの治安の維持

NATO 新加盟 3 カ国は空爆停止後にコソヴォでの KFOR に参加した。1999 年 6 月 2 日、ハンガリー国会では、1998 年 5 月の総選挙で議席を獲得し NATO 加盟に反対してきた極右政党「ハンガリーの正義と生活党」を含めたすべての政党が国防軍のコソヴォでの NATO による緊急展開部隊への

参加を承認した。和平合意がなされ、国連安保理などで国際的な承認が得られた場合、150～200名の部隊をコソヴォへ派遣することで各党は合意したのである[16]。

ポーランドは6月23日にKFORに参加する800名の部隊をコソヴォに派遣した。さらに、ポーランド大統領クファシニィエフスキ（Aleksander Kwaśniewski）は必要な場合、コソヴォでのポーランド軍の増派に応じる姿勢を示していた。他方、チェコでは、当初、国防相ヴェトヒー（Vladimír Vetchý）がKFORへの経済的負担から兵員派遣に消極的だった。しかし、6月17日にチェコ議会は兵員800名をコソヴォに派遣することを承認した[17]。

NATOはアルバニア系住民の保護を目的として、コソヴォでの民族紛争に介入した。本書では、コソヴォ紛争に際しての人道的介入の是非についての議論はしない。NATOのユーゴスラヴィアへの空爆は1991年の湾岸戦争とは異なり、ロシア、中国の反対によって、国連安全保障理事会での決議にもとづくものではなかった。しかし、ユーゴスラヴィア空爆はNATO加盟国のコンセンサスのうえでなされた点において、武力行使に対して一定の正統性を有していたといえる。また、アメリカを中心とするNATOによる武力行使と停戦後のKFORに関して、先述のような米欧間での労働分業が成り立っていた。

新たにNATOに加盟した3カ国はコソヴォにおけるNATOを主体とする治安維持、復興支援活動に参加することで、米欧間の労働分業にもとづくトランスアトランティックのパートナーシップに組み入れられた。さらに、NATO加盟まもない時期に生じたNATOによるユーゴスラヴィア空爆は、中・東欧にNATOとの相互運用性の確保と加盟国としての責務の履行を促した。ポーランド、ハンガリー、チェコが軍事的能力をNATO基準に近づけることは、将来、NATOが他の中・東欧諸国への第二次拡大をはかるうえでも必要であった[18]。

さらに、ステルス攻撃機や精密誘導兵器など、軍事革命（Revolution in Military Affairs）に裏付けたれたアメリカの軍事力を背景に行われたユーゴスラヴィア空爆は、アメリカとヨーロッパの軍事的能力の違いを露呈させて、長期的にみると困難な軍の近代化に直面した新加盟国の安全保障面での

対米依存を強めさせていったのである。

第2節　9.11同時多発テロとアフガニスタン戦争

2-1　9.11同時多発テロ

　2001年9月11日のイスラム過激派組織アルカイダのニューヨークの世界貿易センタービル、ワシントンの国防総省に対する同時多発テロの直後、NATOは史上初めてワシントン条約（北大西洋条約）第5条を発動した。従来、ワシントン条約第5条はソ連および東欧による西欧への軍事侵攻に対して、一加盟国に対する攻撃を全加盟国に対する攻撃とみなしての共同防衛、つまり国連憲章第51条で認められた集団的自衛権を発動するための根拠とされてきた。冷戦の終結によってソ連の脅威は消え去り、NATOは加盟国領土の共同防衛から非第5条の域外任務へと、その役割を変えつつあった。にもかかわらず、非政府組織であるアルカイダによるアメリカ本土への大規模なテロ攻撃に対して、NATOは初めて集団的自衛権を発動したのである。

　ポーランド、チェコ、ハンガリーの3カ国は、他の加盟国とともにNATOによる第5条の発動を支持した。以下、9.11同時多発テロ以後のヴィシェグラード諸国の対応について述べる。

❏ ハンガリー

　ハンガリーでは、オルバーン政権が9月18日の声明でアメリカと連帯する意思を明らかにし、NATOによる集団的自衛権の発動を支持した[19]。さらに、国会でも、9月25日にテロの犠牲となった同盟国との連帯や第5条を発動によって生じた責務を履行する決議62/2001を採択した[20]。ハンガリー国会では、「ハンガリーの正義と生活党」のみが、同時多発テロをきっかけとするNATOによるワシントン条約第5条の発動とハンガリーの加盟国としての責務履行に公然と異議を唱えた。

　ハンガリー政府および国会のNATOの集団的自衛権発動の支持にもかか

71

わらず、1989年憲法には国防軍が1999年のNATO加盟後も第5条にもとづいて、国外での戦闘行為に参加するための法的根拠が示されていなかった。ハンガリーでは、NATO加盟後も、加盟によって生じた責務遂行のための憲法改正がなされないままとなっていた。9.11同時多発テロとそれに続くアフガニスタン戦争を機会に、ハンガリー国会ではNATOによる集団的自衛権の行使、国外派兵をめぐる憲法論議が再燃した。

9.11同時多発テロへの報復としてアメリカ、イギリスによるアフガニスタンへの攻撃が始まると、NATOの要請によって、ハンガリー国会では憲法改正が議論された。しかし、国外派兵に関して、ハンガリー国会では議席を有する六つの政党の間で憲法改正にむけた合意は形成されなかった。

❑ ポーランド

ポーランド政府は9.11同時多発テロを対米関係の強化をはかる契機とみて、他の3カ国以上に積極的な対米支持を打ち出した。後述するように、ポーランドはアメリカによるアフガニスタン攻撃への協力を申し出た。ハンガリーとは異なり、ポーランドでは国外派兵、集団的自衛権の行使に関する憲法上の制約はなかった。ワシントン条約第5条に対して忠実であることは、ポーランドにとって不可欠な政治的重要性を有していた。何故なら、ポーランドは第5条に規定された共同防衛を同盟内部の安定の軸であり、同盟の質を維持するための手段とみなしていた[21]。

さらに、NATO加盟後の課題である軍の近代化に関して、ポーランドはアメリカの世界戦略を支持する見返りとして、アメリカからの支援を通じて遂行しようとしていた。少なくとも、2001年6月のアメリカ大統領ブッシュ（George W. Bush）のポーランド訪問以来、ポーランドはアメリカのミサイル防衛（Missile Defense: MD）を支持していた[22]。さらに、前章で述べたようにポーランドはアメリカ製のF-16を48機購入すること決定した。F-16の契約に際して、アメリカはポーランド経済への60億ドルの投資、ポーランド製品の輸入増加を約束していた[23]。

❑ チェコ

　9.11同時多発テロの直後、チェコ政府、共産党を除く議会の会派はアメリカへの支持を打ち出した。9月14日には、下院の多数が必要な場合にチェコ軍を国外に派遣することを決定した[24]。

❑ スロヴァキア

　スロヴァキア政府もNATOによるワシントン条約第5条の発動を支持した。スロヴァキアにとって、9.11同時多発テロはアメリカやNATOとの関係強化をはかる絶好の機会であった。

2-2　アフガニスタン戦争と中・東欧

　2001年10月、アメリカ、イギリスによるアルカイダ幹部をかくまうアフガニスタンのタリバーン政権への攻撃が始まった。そして、ヴィシェグラード諸国はいっせいにアメリカの武力行使への支持を打ち出した。以下では、ヴィシェグラード4カ国のアフガニスタン戦争への対応を比較しながら述べる。

❑ ハンガリー

　ハンガリーのオルバーン政権はアメリカのアフガニスタン攻撃を支持したが、国防軍をアフガニスタンでの戦闘に参加させなかった。オルバーン政権はアメリカに対して外交上の支持、政治的な忠誠を示すにとどめた。

　9.11同時多発テロの後、ハンガリーのタサール空軍基地は、中・東欧においてアメリカ軍が使用する重要施設として厳しい警戒の対象となった。アメリカ軍が使用する基地をテロリストから防衛すること自体、ハンガリーにとってアメリカによるテロとの戦いへの十分な貢献であったといえる。

　2001年10月4日、マルトニ外相はアメリカからの要請にもとづいて、NATO軍機の自国の領空の通過、空港使用を認めた。そして、翌日には、ハンガリー国会がアフガニスタンでの「不朽の自由作戦（Operation Enduring Freedom）」のためにNATO軍機の領空通過、空港使用を許可する決議62/2001を採択した。決議の採決に際して、極右政党「ハンガリーの正義と

生活党」だけが反対した。[25]

しかしながら、ハンガリーはNATO軍機の領空通過、タサール基地使用の許可を除いて、NATO加盟国としてアフガニスタンでのテロとの戦いに貢献する手段を有していなかった。12月21日になって、ハンガリー国会はNATOの軍事行動への支持、ボスニア・ヘルツェゴヴィナのSFOR、コソヴォのKFORにおけるハンガリーのNATOへの貢献を強調する決議94/2001を採択した。[26] ハンガリーには、過去の平和維持活動での実績を挙げることによってNATOへの政治的な忠誠を示す以外にできることはなかったのである。

タリバーン政権の崩壊後、中・東欧は国連安全保障理事会決議1386にもとづく国際治安支援部隊（International Security Assistance Force: ISAF）[27]に参加した。ハンガリーは中・東欧の中で最後に50名の医療チームの派遣を決めた。[28]

❏ ポーランド

ポーランドでも、未曾有のテロ攻撃の対象となったアメリカへの同情や共感が強かった。にもかかわらず、ポーランドがアフガニスタンでの戦闘に参加することに対して、国内の支持は時間がたつごとに低下していった。[29]

11月23日にクファシニィエフスキは、300名の部隊、兵站支援のための艦船のインド洋派遣を決定した。ポーランドのアメリカへの軍事支援策において、とくに80名の特殊部隊GROMのアフガニスタンへの派遣は重要であった。[30] GROMは中・東欧で唯一の特殊部隊であった。

❏ チェコ

チェコはアフガニスタン戦争を通してテロとの戦いのためにチェコ軍の改革を改革する必要性を実感した。戦争が始まると、チェコ政府はNATOに対化学兵器部隊を提供すると表明した。アメリカが対化学兵器部隊のウズベキスタンへの派遣を要請すると、チェコは160名の専門家を含めた250名の要員を派遣することに同意した。また、NATOが求めれば、チェコ政府にはTu-154輸送機を派遣する用意があった。[31]

❑ スロヴァキア

　スロヴァキアも NATO 未加盟ながらアフガニスタンへの攻撃を支持し、NATO 軍機の領空通過を許可した。また、スロヴァキアは NATO に兵站への協力を申し出た[32]。

　2001 年の時点で NATO 加盟国でないスロヴァキアを除いたヴィシェグラード 3 カ国の間で、ハンガリーの NATO のアフガニスタン戦争への貢献が最も消極的であったことは否定できない。ハンガリーがテロとの戦いに十分に貢献できなかったことは、たんなる法律の未整備にとどまらなかった。むしろ、ハンガリーの NATO 加盟から 2 年以上が経過した時点において、国防軍の近代化が NATO の期待した通りに進展していないことがより重要な問題だった。確かに、ジェイコビィが指摘するように、1999 年の NATO 加盟国にとって、短期的な視野でみた場合には、NATO に忠誠を示す方が軍事的能力で貢献するよりも容易であった[33]。だが、実際には、前章で述べたように、2002 年になって NATO はハンガリーに国防軍の近代化を強く迫ったのである。

　ハンガリーと異なり、チェコは対化学兵器部隊を国外に派遣することが可能であった。ヴィシェグラード諸国の中で、ポーランドは最も積極的にアフガニスタン戦争に関与した。その結果、9.11 同時多発テロの後、アメリカ・ポーランド関係が強化された。

　9.11 同時多発テロの直後、NATO はワシントン条約第 5 条にもとづいて集団的自衛権を発動し、アメリカのアフガニスタン攻撃を支持、支援した。そして、ヨーロッパ諸国が ISAF に参加したことにより、アフガニスタン戦争においても労働分業モデルにもとづくトランスアトランティックのパートナーシップは維持された。しかしながら、アメリカは NATO からの支援の申し出を利用するのでなく、ブリュッセルの NATO の欧州連合軍最高司令部（Supreme Headquarters Allied Powers Europe: SHAPE）を回避し自国軍による作戦の立案・実施をのぞんだ。そのため、アフガニスタン戦争は 1999 年のユーゴスラヴィア空爆と比較すれば、NATO による同盟関係の枠組みよりもむしろアメリカを自発的に支持して協力を申し出る国家からなる

有志連合（coalition of the willing）の性格を有していたといえる。ブッシュ大統領はアフガニスタンでの軍事行動に際して、NATOの枠組みに縛られることを好んでいなかったのである。実際に、9.11同時多発テロ以降、アメリカの国際戦略において、NATOの役割は相対的に低下していった。他方、アメリカにとって、ポーランドはヨーロッパにおける新しい同盟のモデルともいうべき存在となった。[34]

第3節　ESDPと中・東欧

3-1　ESDPとNATO

冷戦の終結後、EUは統合を推進する中でNATOの枠組みにとらわれないヨーロッパ独自の安全保障・防衛政策を模索するようになった。最初の段階として、1992年6月にWEUは具体的な活動としてペータースベルク・タスクを採択した。ペータースベルク・タスクとして示されたのは、人道・救難活動、平和維持活動、危機管理における戦闘部隊のための任務および平和創造の3点であった。また、1992年に調印されたEUの基本法ともいうべきマーストリヒト条約において、CFSPがEUの支柱の一つとなった。また、1997年に調印されたアムステルダム条約では、CFSPの対応力の強化のために上級代表ポストが新設されて、CFSPの一部としてESDPに関する規定も明記された。

1998年12月、イギリス首相ブレア（Tony Blair）、フランス大統領シラクの両首脳はサン・マロにおける会談でEUに独自の軍事機能を持たせる意思を表明し、3万人を超える緊急対応部隊を創設することで合意した。だが、WEUをEU独自の防衛組織として機能させる場合でも、NATOの装備、インフラを活用することが現実的な方法であった。英仏首脳会談の共同宣言では、緊急対応部隊の危機管理活動において、NATO（アメリカ）との調和をはかることが不可欠である一方で、NATOが関与しない場合を想定することの重要性が盛り込まれた。

確かに、サン・マロ会談で緊急対応部隊創設について合意したシラクとブ

レアとの間には、認識の相違も存在していた。WEU の EU への統合などアメリカに頼らないヨーロッパ独自の軍事力の強化を模索するフランスに対して、ヨーロッパの安全保障・防衛は NATO の枠組みで実施されるべきだとイギリスは主張してきた。さらに、ブレアは統一通貨ユーロへの不参加による EU 内部での発言力の低下を防ぐために、安全保障・防衛政策で歩み寄ったともいえる。サン・マロ宣言そのものが立場の違う英仏間でのいわば妥協の産物であった。[35] にもかかわらず、英仏は思惑の違いを越えてヨーロッパ独自の防衛能力の強化、ESDP について同意したのである。

　1999 年 6 月の EU のケルン欧州理事会で、ペータースベルク・タスクと WEU の機能を EU に移管することが決定された。その後、2000 年 11 月、WEU の閣僚理事会は WEU のペータースベルク・タスクを EU に移管することを決定した。これによって、WEU は 1954 年の改正ブリュッセル条約第 5 条の集団防衛の任務だけを継続することになった。[36] さらに、1999 年 12 月のヘルシンキ欧州理事会で、EU はペータースベルク・タスクを実行するために、60 日以内に展開できて 1 年間持続可能な 6 万人規模の部隊を創設するヘッドライン・ゴールを決定した。[37] 目標の実現は 2003 年であった。

　EU が ESDP を推進するうえで考慮しなければならないのは、アメリカおよび NATO との関係であった。[38] アメリカはヨーロッパ諸国の軍事力の充実化と国際秩序の安定に対する軍事的負担の共有を歓迎しながらも、ESDP の推進によるヨーロッパの自立化と NATO の形骸化に警戒感をいだいていた。アメリカの国務長官オルブライト（Madeleine Albright）は ESDP の進展によって生じる米欧間での「分離（delinking）」、非 EU 加盟国への「差別（discriminating）」、NATO と EU との部隊、任務の「重複（duplicating）」に懸念を示した。[39] EU が独自の作戦を遂行するにあたり、NATO の能力、アセットを使用することをアメリカは求めたのである。現実に、軍事能力の不足した EU にとって、大規模な軍事作戦を展開するうえで、NATO の能力、アセットの利用は不可避であった。そのため、EU には NATO との関係を調整する必要があった。

　EU の NATO の能力、アセットの使用には、EU に加盟していない NATO 加盟国トルコが EU と NATO 双方の加盟国ギリシャとの対立によって 2002

年まで反対していた。トルコはキプロスをめぐってギリシャと対立関係にあった。さらに、トルコは国内の少数民族クルド人の人権問題でEUと対立していた。[40]

　他方、2002年11月のNATOのプラハ首脳会議で、加盟国はリトアニア、ラトヴィア、エストニア、ルーマニア、ブルガリア、スロヴァキア、スロヴェニアの7カ国の2004年加盟に合意した。さらに、同首脳会議では、プラハ能力コミットメント（Prague Capabilities Commitment）の構想が発表されて、軍の指揮構造の合理化がはかられた。さらに、NRFが承認された。[41] NRFは2万5000人規模の緊急展開部隊であった。

　2002年12月のEUのコペンハーゲン欧州理事会で成立したベルリン・プラス合意により、NATOとして関与しない紛争に際して、EUは独自の作戦を遂行するためにNATOの能力、アセットにアクセスできるようになった。そして、欧州理事会の指揮下において、危機管理、平和維持の役割を担うEUによる部隊の展開が可能となったのである。

　合意内容は、対立するギリシャ、トルコ双方に満足のいくものとなった。具体的には、2004年にEU加盟を予定しているキプロス、マルタはNATOのアセットを活用した軍事作戦に参加しない、そのような作戦の履行に関する決定にも参加しないことが解決策として盛り込まれた。[42]

　ベルリン・プラス合意によるNATOとの関係調整の結果、EUはNATOの能力、アセットを利用して作戦を遂行すること、NATOの支援なしに作戦を遂行することの二通りの危機管理が可能となった。しかしながら、1999年のヘルシンキ欧州理事会で示されたヘッドライン・ゴールの実現には、当初の予定よりも長い時間を要することが確実であった。また、アメリカとヨーロッパとの軍事能力のギャップから判断しても、EUにとって、超大国アメリカの軍事能力を基軸とするNATOの支援なしに独自の大規模な作戦を遂行することは不可能であった。

　最初のESDPの実践は、2003年1月に始まったボスニア・ヘルツェゴヴィナにおける警察ミッション（European Union Police Mission: EUPM）であった。その後、ESDPにおける最初の軍事ミッションとなったのが、2003年3月31日からマケドニアで行われた「コンコルディア作戦（Operation

Concordia）」であった[43]。同作戦では、ベルリン・プラス合意にもとづいて、NATOの能力、アセットが活用された。作戦司令部はブリュッセルにおけるNATOのSHAPEに設置された[44]。

3-2　ESDPと中・東欧

ポーランド、チェコ、ハンガリーは1999年にNATO加盟を果たした後も、EUには2004年まで未加盟の状態にあった。EUとヴィシェグラード3カ国などのNATO加盟国との間では、EU加盟15カ国プラス非EU・NATO加盟国6カ国による話し合いの枠組みが存在していた。にもかかわらず、ケルン欧州理事会以降にESDPが展開される状況下にあって、EU未加盟のヴィシェグラード3カ国がアウトサイダーであったことは否定できない。

以下、EUが推進するESDPに対して、ヴィシェグラード諸国はどのような姿勢を取ったのかについて述べる。

❏ ハンガリー

自国に近接するバルカン半島で民族紛争が激化するなど、冷戦後のハンガリーは安全保障上、脆弱な地理的位置にあった。実際に、ハンガリー国防軍は隣国での紛争に自力で対処する能力に欠けていた。その結果、ハンガリーはNATOへの依存を強め、共同防衛を担う同盟の役割の重要性を認識していた。当然ながら、ハンガリーにとって、ヨーロッパの安全保障に占めるアメリカの存在の大きさから、ペータースベルク・タスクに従事するESDPがNATOに代えられるようなものではなかった。しかし、その一方で、ハンガリーは安全保障におけるアメリカの役割を重視しながらも、同時に国際社会におけるヨーロッパの地位の低下を懸念していた。そのため、マジャリッチ（Magyarics Tamás）が指摘するように、ハンガリーはESDPに対してアンビバレントな立場であったといえる[45]。

❏ ポーランド

ポーランドはヴィシェグラード諸国の中で最もアメリカとの関係を重視して、NATOに加盟した当初からESDPに対して懐疑的であった。アメリカ

のヨーロッパへの関与の継続こそが自国の安全保障にとって重要であると、ポーランドはハンガリー以上に強く認識していた。ポーランドの対米関係を重視する外交・安全保障の姿勢には、西欧への歴史的に根強い不信感が背景にあった。ポーランドはEU主導の安全保障とくにESDPに懐疑的であり、ESDPを推進することでアメリカの協力が得られなくなりNATOの機能低下を招くことを警戒していた[46]。実際に、9.11同時多発テロ以降、アメリカから自国軍の近代化への支援を受けるなど、ポーランドの対米関係重視の姿勢はさらに顕著となったのである。そして、次節で述べる、2003年のイラク危機をむかえることになった。

さらに、ポーランドにとって、自国がまだEUに加盟していない段階での現加盟国によるESDPの進展は、加盟後のEU内部における差別化につながるとして避けたかったのである[47]。

❏ チェコ

1993年以降、チェコの対外政策において、アメリカが安全保障に関与するNATO、経済統合を進めるEUはそれぞれ別に扱われた。しかし、1999年からESDPが推進されると、チェコはNATO、EUを明確に分けて捉えなくなった。とくに、EU加盟の見通しが立った2002年以降、チェコは加盟後のESDPへの参加に関してEU、NATOの間で生じる問題に柔軟な解決を模索した。そのため、チェコはESDPに対してポーランド、トルコのような教条的なアプローチでのぞまず、EU・NATO間におけるベルリン・プラス合意を歓迎した[48]。しかしながら、実践面で安全保障・防衛政策を考える場合、チェコでもアメリカとの関係、アメリカが主導するNATOが重視されたことは否定できない。

❏ スロヴァキア

1999年にNATOに加盟して3カ国の間では、温度差こそあれ、安全保障政策においてアメリカが関与するNATOの優先順位が高かった。他方、1998年以降のスロヴァキアのズリンダ政権は安全保障の観点からヨーロッパのアメリカ、NATOからの自立を望まなかった[49]。NATO、EU双方への

早期の加盟をめざすスロヴァキアは、アメリカとEUを価値観、利益を共有するパートナーと捉えていた。

第4節　イラク戦争と中・東欧

4-1　イラク情勢と米欧対立

　アメリカ大統領ブッシュは2002年1月29日の一般教書演説でイラク、イラン、北朝鮮の3カ国を「悪の枢軸（axis of evil）」と述べた。これらの3カ国が大量破壊兵器を保有し、世界に脅威を与えるテロ支援国家であるとブッシュは公然と批判したのである。とりわけ、ブッシュ政権はイラクに対して先制攻撃も辞さない強硬な姿勢を示した。そして、ブッシュ政権は同年秋に武力で大統領フセイン（Saddam Hussein）を排除するために、イラクの隣国クウェートへ大規模な部隊の配備を進めた。

　冷戦の終結とソ連の崩壊後、唯一の超大国となったアメリカは国際刑事裁判所（International Criminal Court: ICC）の設置に反対するなど、国際協調の枠組みから逸脱して自国の利害を追及する単独主義の傾向をみせていた。とくに、2001年に成立したブッシュ政権は温室効果ガスの1990年比で7%の削減義務を課す京都議定書の調印を拒否した。さらに、アメリカはロシアや一部の西欧諸国の間で批判が根強いMDを推進した。

　9.11同時多発テロの後、アメリカはアフガニスタンにおけるテロとの戦いで西欧の同盟国、ロシアとの協調姿勢を維持した。しかし、アメリカはアフガニスタンのタリバーン政権を崩壊させた後でさらに単独主義の傾向を強め、テロリスト・ネットワークの破壊にとどまらず反米的な専制国家の民主化を志向するようになった。そして、1990年のクウェート侵攻と翌年の湾岸戦争以来、敵対してきたイラクのフセイン政権を軍事力で打倒するための準備を始めたのである。

　フランスとドイツはアメリカのイラクに対する武力行使に反対した。9.11同時多発テロの後、フランス、ドイツはアメリカのアフガニスタンへの攻撃とISAFに協力した。しかし、9.11同時多発テロを引き合いに出して、イラ

クへの武力行使を国際テロ組織アルカイダとの戦いの延長線上と位置づけるアメリカの姿勢に対してフランス、ドイツは異議を唱えたのである。実際に、アメリカからアルカイダとイラクのフセイン政権を結びつける明確な証拠など示されていなかった。

フランス大統領シラクはイラクへの武力行使には国連安保理の決議が必要であるとの立場を取っていた。当初、フランスは国連査察によりイラクに武装解除の機会を与えた2002年11月9日の安保理決議1441に続く、第二決議の採択をへて開戦に至ることを想定していた。フセインが査察に協力せず、最終的に戦争になる可能性が高いとフランスは判断したのである。しかしながら、アメリカが国連の査察結果にかかわりなくイラクへの攻撃を決定したとシラク政権は確信を持つようになった。[50] そして、フランスは拒否権の行使を示唆して、アメリカによるイラク攻撃を正当化するための新たな安保理決議の採択を阻止した。

フランスにとって、アメリカによるイラクへの武力行使は平和的な手段でイラクに武装解除を迫る国連に対する挑戦であり容認できなかった。また、フランスは国内に多くのイスラム教徒をかかえており、大量破壊兵器の保有の有無に関係なくフセイン政権そのものの打倒を目的とするアメリカの軍事行動を支持できなかった。[51]

ドイツ首相シュレーダー（Gerhard Schröder）は2002年9月の総選挙でイラクでの武力行使への不参加を公約に掲げるなど、一貫してアメリカの武力行使に反対していた。[52] 1990年に東西の統一を果たしたドイツは、冷戦後の国際社会の安定に自国の果たす責任とは何かを模索してきた。日本と同様に、ドイツは1991年の湾岸戦争への対応をめぐって同盟国からの批判にさらされた。その後、ドイツはボスニア・ヘルツェゴヴィナ、コソヴォ、アフガニスタンにおけるアメリカの軍事行動を支援してきた。とくに、アフガニスタン戦争では社会民主党・緑の党による連立政権の内部において深刻な対立が生じたにもかかわらず、シュレーダーはアメリカの軍事行動への支援を断行した。しかしながら、アメリカのイラクに対する武力行使が前三者とは異なる性格のものだとシュレーダー政権は明確に判断したのである。[53]

同盟国でありながらもアメリカの武力行使に反対したフランス、ドイツに

対して、イギリスは歴史的にアメリカとの特殊関係（special relationship）を維持・強化することを国益として認識していた。イラク情勢が緊迫化する中で、ブレア首相は米欧間の架け橋となって、国連安保理でイラクに関する第二の決議を採択させることによりNATO加盟国の結束の維持を試みた[54]。しかし、国連安保理での決議が採択不可能となった後、イギリスはアメリカとともに開戦に踏み切った。

2003年1月22日、アメリカ国防長官ラムズフェルド（Donald Rumsfeld）はイラクへの武力行使に反対するフランス、ドイツを「古いヨーロッパ」と批判した。ラムズフェルドによれば、ヨーロッパの新旧の違いは国の古さ、規模、地政学的なものではなく、米欧協力関係に対する姿勢にあった。イラク戦争でアメリカを支持した国は「新しいヨーロッパ」となる。

9.11同時多発テロの後、ブッシュ政権の内部では、副大統領チェイニー（Richard B. Cheney）、ラムズフェルド、国防副長官ウォルフォヴィッツ（Paul Wolfowitz）などの強硬派が、穏健派の国務長官パウエル（Colin Powell）を抑えて外交・安全保障政策において発言権を強めていた。必要な場合のみNATOの支持を取り付けるなど、彼らのヨーロッパを軽視する姿勢は、ラムズフェルドの「古いヨーロッパ」発言からも窺える。

チェイニー、ラムズフェルド、ウォルフォヴィッツが設立の声明文に署名したシンクタンクPNAC（Project for the New American Century）の創設者の1人であるケーガン（Robert Kagan）は、著書の中で「ヨーロッパがカント流の永遠平和を実現できるのは、アメリカが万人に対する万人の戦いというホッブス流の世界の掟に従って軍事力を行使し、安全を保障したときだけである[55]」と述べるなど、強大な軍事力を背景にしたアメリカによる国際秩序の正統性とヨーロッパの軍事的な脆弱さを強調した。

4-2 中・東欧のアメリカ支持

イラク情勢をめぐってアメリカとフランス、ドイツの間で溝が深まる中、2003年1月30日にイギリス、スペイン、イタリア、デンマーク、ポルトガル、ポーランド、チェコ、ハンガリーの8カ国の首脳がアメリカを支持する内容の公開書簡に署名した[56]。また、数日後にはスロヴァキア、スロヴェニ

ア、リトアニア、ラトヴィア、エストニア、ルーマニア、クロアチアなどNATO加盟候補、加盟希望10カ国（ヴィリニュス10）もアメリカへの支持を明確にした。1999年３月にNATOへの先行加盟を果たしたポーランド、チェコ、ハンガリーの３カ国のみならず、NATO加盟候補、加盟希望10カ国もいっせいにアメリカを支持したのである。

　シラクはアメリカを支持する中・東欧、とくにポーランド、ルーマニア、ブルガリアを批判した。３カ国が強くアメリカを支持しているとシラクは認識したのである。中・東欧のメディアはシラクの批判に激しく反発した。スロヴァキアの新聞は「フランス大統領がレオニード・イリッチ・ブレジネフ（Leonid Il'ich Brezhnev）ツァーリ（皇帝）のようなやり方で（EU加盟）候補国に厳しく警告した。それはもう尊大さを通り越していた」とシラクを批判した。

　冷戦終結後、ソ連の勢力圏から脱した中・東欧のNATO、EUなど西側への接近は、最も強力な大国に歩調を合わせる戦略いわば勝ち馬に乗る、バンドワゴンだといえる。さらに、イラク情勢における中・東欧の対米支持はアメリカへの屈服でなく、むしろ超大国アメリカの決定に従うことにより国益の追求を狙った結果であった。

　中・東欧の対米支持の背景には、2002年12月に終了したEUの加盟交渉で示された農業補助金や構造基金の分配、加盟後も７年にわたって課される西欧への労働力の移動に関する制限など加盟候補国の失望や不満、フランス、ドイツが牽引車となったヨーロッパ統合への反発が挙げられる。中・東欧の加盟によって、今後、EU内部におけるフランス、ドイツの主導権が相対的に弱まると考えられる。また、中・東欧の対米支持は、ヨーロッパにおけるヘゲモニーの確保を意図したアメリカの長期的な戦略の成果でもあった。アメリカはEUの外交・安全保障政策に影響力を行使する一環として、中・東欧のNATO加盟を後押ししてきたのである。

　さらに、中・東欧のアメリカ支持から、冷戦後のNATOの役割やEUの外交・安全保障政策に対する中・東欧と西欧との認識の相違がうかがえる。前章で述べたように、冷戦後のNATOは1991年、1999年の「戦略概念」で、従来の東方からの脅威に対する共同防衛から域外の紛争地域での任務へと役

割を変化させていた。すでに、西欧にとって、NATOはたんなる国家安全保障上の軍事同盟にとどまらない、地域紛争における人道的介入、停戦後の平和維持と復興支援、国際テロへの対処、大量破壊兵器の拡散防止のための国際機構となっていた。

他方、中・東欧にとって、NATOに加盟することは従来の国家安全保障の概念において重要な意味を持っていた。長年にわたってソ連の勢力圏に組み入れられてきた中・東欧は安全保障面で超大国アメリカに依存する冷戦期のいわば「古いNATO」のあり方を想定したともいえる。スロヴェニア、スロヴァキア、リトアニア、エストニア、ラトヴィア、ルーマニア、ブルガリアへのNATO拡大が、アメリカの安全保障の傘下でのただ乗りを助長させるとの指摘すら存在した[62]。

NATO加盟の後、中・東欧は同盟の責務の遂行を義務づけられ、そのための国防軍の近代化をはからねばならなかった。むしろ、中・東欧にとってのNATO加盟は、唯一の超大国であるアメリカの軍事力へ依存することに意義があった。また、先述のように、アメリカが関与しないEU主導によるESDPの危機管理の活動、戦闘任務の実践と効果に対して、ポーランドをはじめとする中・東欧はむしろ懐疑的であった。そのため、イラク情勢をめぐってアメリカとフランス、ドイツの間で対立が激しくなると、中・東欧はアメリカを支持したのである。

4-3 イラク情勢への対応

2002年11月、ハンガリー首相メジェシが訪米した。11月8日のブッシュとの会談の際、メジェシはイラク問題でアメリカのハンガリーに求める支援策のリストを受け取った。アメリカはハンガリーに戦闘部隊、兵站部隊のペルシャ湾岸地域への派遣を要請せず、イラク攻撃への支持と国内の空軍基地の使用許可を求めた。メジェシはイラクでの軍事行動に参加しない形でNATOへの貢献策、対米支援の代替策として、25〜40名のハンガリー軍兵士をアフガニスタンのISAFに参加させる意向を表明した[63]。

さらに、メジェシ政権はアメリカからの要請にもとづいて、アメリカ軍による亡命イラク人への軍事訓練のために南西部のタサール空軍基地を提供し

た[64]。ハンガリー国防軍は訓練中の基地の警護を担当することになった。

体制転換後のハンガリー外交は、ハンガリーの現代史家ロムシッチ（Romsics Ignác）が述べるように以下の三つの基本原則からなっていた[65]。

1. NATO、EUなどユーロアトランティック組織への早期加盟
2. 近隣諸国との地域協力の推進
3. 近隣諸国のハンガリー系住民の権利擁護

三つの基本原則は、体制転換後、最初に行われた1990年の総選挙後に成立したアンタル政権下ですでに国際環境の変化に応じて形成されていたといえる。とくに、基本原則の1はソヴィエト・ブロックの崩壊によって生じた中・東欧での権力の真空状態を埋めるための国際安全保障、ヨーロッパ経済統合への参加を目的とした。そして、NATO加盟の後、同盟の任務遂行を通じた国際秩序の安定への貢献、EU加盟後に域内での経済統合を速やかに進めることに転じたといえる。

基本原則の2は、1と補完関係にある。また、基本原則の3に関して、最終的には1を推進するプロセスにおいて実現可能であったといえる。

2001年の9.11同時多発テロ以降、ハンガリーがアメリカを支持することは、NATOの枠組みで対欧米協調路線を取ること、すなわち基本原則の1と矛盾していなかった。2002年11月の時点では、イラク情勢をめぐるアメリカとドイツ、フランスとの対立は深刻化しておらず、メジェシ政権はアメリカ、イギリス主導でなく、国連安保理決議ないしNATOの合意にもとづいたイラクへの武力行使を想定していた。11月21日のプラハでの首脳会議で、イラクが武装解除義務の不履行を続けていると判断し、さらなる情報開示と査察の全面受入れ求めた国連安保理決議1441への支持、イラクに同決議ならびに関連するすべての国連安保理決議を遵守するよう求めること、これらを可能にする国連の取り組みを支援するために効果的な行動をとることをNATOは表明した[66]。

しかしながら、その後、イラク情勢をめぐってアメリカとフランス、ドイツとの対立が激しくなる中で、先述の8カ国書簡で示されたように、メジェシはアメリカへの支持を表明した。その結果、ハンガリー外交は基本原則の1から逸脱した。社会党政権はNATOの枠組みよりも対米関係を重視する

姿勢を取ったのである。

　メジェシ政権のイラク情勢に関する基本姿勢は、次の3点である。まず、第1点目として、可能なかぎり平和的にイラクの武装解除を求めることだった。第2点目が、最終的な手段としてのアメリカによる武力行使を受け入れることだった。そして、第3点目が、あくまでハンガリー国防軍をイラクでの戦闘に参加させないことであった[67]。

　メジェシ政権の対米支持の要因は、体制転換以来のアメリカに対する安全保障上のシンパシーに加えて、対米関係の悪化を回避したい点にあった。1998年から2002年のオルバーン政権がナショナリズムに傾斜する中で、駐ブダペシュトのアメリカ大使ブリンカー（Nancy Goodman Brinker）は本国に警戒を促す報告をしており、アメリカから不信を招いていた。メジェシ政権はアメリカとの関係修復に着手しており、イラク情勢をめぐって再び対米関係を悪化させたくなかった[68]。メジェシ政権の政策決定は、対米関係の悪化を回避すること、能力の低い自国の軍をペルシャ湾岸に派遣しないことの両面の目的からなされたといえる。

　2003年2月4日、メジェシは国会で「ハンガリーは可能なら平和的手段でイラクの政権に武装解除に応じるよう説得することに同意する。しかしながら、平和的解決には、イラクの政権に武装解除に応じさせるような力と結束を示す必要があることは誰もがわかっている。ヨーロッパが問題の解決に関与しなければならないと、私とわれわれ政府の誰もが確信している[69]」と述べた。メジェシはアメリカを支持する8カ国書簡に署名しながらも、なおイラク問題におけるヨーロッパの結束の必要性を強調した。

　メジェシ政権がアメリカに追随する形でペルシャ湾岸に兵員を派遣すれば、世論の反発を招くことは避けられなかった。ソンダ・イプソス社が2003年2月26日に実施したハンガリー国内の世論調査では、アメリカによるイラクへの武力行使に反対、ハンガリーの武力行使への参加反対が、それぞれ62％、59％と多数を占めていた[70]。また、政府を支持してきた知識人たちは、一部のリベラル派を除いて戦争に反対した。野党に近い保守派もアメリカのイラク攻撃を支持しなかった[71]。

　さらに、野党第一党のフィデスが兵員の派遣を伴う対米支援策に激しく抵

抗することも予想された。実際に、イラク情勢が緊迫する中で、ハンガリー国会では与野党の対立が表面化した。与野党の論争の焦点は、イラクへの武力行使を目的とする米軍のハンガリー領内、領空の通過を認めるどうかであった。ブッシュ政権はハンガリー政府に対して部隊、軍需物資の鉄道による領内通過を認めるよう要請していた。ハンガリーが法的にアメリカ軍の領内、領空通過を承認するには、3分の2の賛成による国会決議が必要であった。2月16日、ユハース国防相は国会に議席を持つ四つの政党の合意による国会決議の採択を試みた。しかし、前首相オルバーンは国連安保理決議なしにアメリカによるイラクへの武力行使を支持できないと述べた。また、フィデスの前国防次官シミチコー（Simicskó István）も国連安保理決議ないしNATOのコンセンサスが得られるまで、アメリカの要請に回答すべきではないと主張した[72]。いずれにせよ、野党第一党フィデスの賛成なしに、アメリカ軍の領内、領空通過を認める国会決議を可決することは不可能だった。

　2003年2月16日にNATOは加盟国の安全が脅かされる場合に他の加盟国に支援を要請できるワシントン条約第4条にもとづき、トルコに対する軍事的支援を決定した。あくまでNATOとして共同歩調を取れるのは、アメリカ、イギリスのイラクへの武力行使開始の後で起こりうる、イラクによる攻撃からNATO加盟国のトルコを防衛することのみであった。NATOのトルコ支援決定[73]の後、2月25日にハンガリー国会は、トルコ防衛のために移送されるNATOの兵員、物資の領内、領空通過を許可する決議12/2003を採択した[74]。また、ハンガリー政府はトルコへの派兵に慎重な姿勢を取りながらも、NATO加盟国の義務としてイラクからの化学兵器による攻撃に対処するためのガス・マスクをトルコに提供した[75]。

　イラク戦争勃発の直前、ハンガリー政府は米英軍機の領空通過を許可した。外相コヴァーチが示した領空通過許可の法的根拠は、国連による大量破壊兵器の査察に協力しないイラクを空爆する際に米英空軍の領空通過を認めた1998年2月の国会決議11/1998であった[76]。フィデスはアメリカのイラクへの武力行使に反対する姿勢を崩さなかった。そのため、政府は新たな国会決議にもとづいて領空通過を許可することができなかった。

　イラク戦争が始まると、ハンガリー国会では、フィデスが政府の対応を激

しく批判した。前外務次官ネーメト（Németh Zsolt）は「軍事的にではなくとも、法的、政治的な意味において、ハンガリーは戦争をしている。ハンガリーは戦争連合の一員なのだ。そのため、政府はアメリカを支持する30カ国のリストからの削除を求めようともしない」と述べた。コヴァーチは「内閣は平和的解決を支持したが、その可能性はなくなった。イラク攻撃のためのハンガリー領空通過は、1998年2月の国会決議にもとづくものである。アメリカは領空通過、タサール基地での訓練によって、ハンガリーを対米支持国に加えたのであり、戦闘によってではない」と反論した[77]。

　アメリカのイラク攻撃支持に至るまでのハンガリー政府の対外政策は、親米・左翼（社会党主流派）が決定し、連立パートナーである西側志向の強いリベラル派（自由民主連合）が追認する形で遂行された。連立政権の親米路線の中心となったのは外相コヴァーチであった。コヴァーチはホルン政権下でも外相を務め、ハンガリーのNATO加盟を推進してきた[78]。また、首相でありながらも社会党籍を持たないメジェシに比べて、コヴァーチは社会党の党首として与党内部の意思決定においてもより重要な役割を果たした。

　イラク情勢をめぐってアメリカとフランス、ドイツとの間の亀裂が深まる中で、ハンガリーは難しい立場にあった。ハンガリーは安全保障面でアメリカとの関係強化をはかりたい一方で、2004年5月のEU加盟をひかえフランスやドイツとの関係も軽視できなかった。そのため、イラク戦争の開戦に至るまで、ハンガリー政府はフランス、ドイツとの関係に配慮する姿勢を示した。3月7日にメジェシはフランスを訪れ、関係修復のためにシラクと会談した[79]。また、3月16日にブダペシュトを訪問したドイツ外相フィッシャー（Joschka Fischer）に対して、コヴァーチはイラク情勢に対するハンガリーの立場に理解を求めた[80]。

　しかしながら、最終的に、ハンガリー政府はイラク戦争を支持した。ハンガリーの国際法学者ヴァルキ（Valki László）は、メジェシ政権のイラク戦争への対応について、戦争への支持か不支持かの選択であり、アメリカ支持かヨーロッパ支持かの選択ではなかったと述べた。実際に、メジェシやコヴァーチには、フランス、ドイツを見限ってアメリカに与するような意識はなかった。ハンガリー政府がイラクへの武力行使を支持した背景には、二度

の世界大戦、冷戦時代のヨーロッパにおけるアメリカの関与に対する評価があったとヴァルキは指摘している[81]。ハンガリー政府は安全保障面でのアメリカとの関係を優先させたのである。また、ハンガリーのみならずイラク戦争を支持した国々は、開戦前にアメリカ、イギリスが主張したイラクの大量破壊兵器の保有を信じていた。

他方、野党フィデスはイラク戦争に反対する姿勢を崩さず、アメリカのイラク攻撃を支持した政府の対応を激しく非難した。にもかかわらず、フィデスはイラク戦争に批判的な市民の支持を広げることができなかった。イラクへの武力行使には国連安保理決議またはNATOの合意が必要であると、オルバーンをはじめフィデス幹部は主張した[82]。与党時代の1999年3月、フィデスはNATOによるユーゴスラヴィア空爆を支持した。そのため、NATO内部での合意が形成されれば、イラクへの武力行使は認められるという姿勢を取らなければならなかった。

さらに、フィデスのイラク戦争批判には、多くの矛盾点が内在していた。フィデスは政府にイラク戦争の違法性を質し外交路線の転換を促すよりも、国内世論を政府批判に向けることを意図したといえる。当時、フィデスが与党であったなら、イラク戦争に反対したかどうか疑わしかった。3月25日に社会党議員団の副団長ユハース（Juhász Gábor）はフィデス幹部の過去の発言を取りあげて「オルバーンが首相で、ネーメトが外相であったならば、ハンガリーの兵士はイラクの砂漠で戦っていたであろう[83]」と反論した。ユハースが引用した発言は次のとおりである。

「われわれはイラク問題において中立でいることはできない」(オルバーン)。
「テロとの戦いの側に立つ以外、ほかの可能性はない」(ネーメト)。
「NATOまたはアメリカを中心とする連合軍が介入を望むあらゆる紛争において、ハンガリーはその力に見合ったどんな小規模な部隊であっても参加しなければならない」(シミチコー)。

ここまで、ハンガリーの開戦に至るまでのイラク情勢への対応を検証してきた。以下では、ハンガリーのイラク危機への対応と他のヴィシェグラード

諸国のそれとを比較する。

❏ ポーランド

　イラクでの戦闘行為に参加しないことを前提に対米支持に踏み切ったハンガリーのメジェシ政権とは対照的に、ポーランドのミレル（Leszek Miller）を首班とする民主左派同盟の内閣は、2002年9月の段階でアメリカのイラクに対する武力行使を支持する意思を固めていた。ポーランドの外相チモシェヴィッチは9月13日に「イラクで安全な形で武装解除に成功すれば、政治的な危機は残るにせよ、脅威は消える。…決議の受け入れと執行の遅れのために目的が達せられないなら、軍事力、武力行使の可能性や法的根拠に言及して、他の手段を伴うような新たな情勢が生まれることは疑いない。ポーランドは情勢の形成をもとに決定を下すだろう」と述べていた。[84]

　シラクが先述のイラク情勢に関する対米支持の8カ国書簡、10カ国書簡に反発すると、チモシェヴィッチや元外相ゲレメク（Bronisław Geremek）はフランスを批判した[85]。ポーランドはEU拡大後の意思決定の方式について規定したニース条約や独仏主導で進むヨーロッパ統合に反発していた。その後、ポーランドは2004年のEU加盟もEUの意思決定方式をめぐって自国に有利な方式を主張した。

　さらに、ポーランドが積極的にアメリカのイラク政策を支持した背景には、対米関係の強化が自国の安全保障のみならず、ヨーロッパにおける発言力の強化にとってプラスになると判断したことにあった。ポーランドの政治エリートたちには、アメリカが勝利する軍事行動に参加することによって、自国の国際社会での地位向上につながる可能性があると思えた[86]。実際に、アメリカとの歴史的に特殊な同盟関係にあるイギリスを除くヨーロッパ諸国の中で、イラク戦争において最も積極的にアメリカに協力したのはポーランドであった。ミレル内閣は、2003年1月後半までに国連安保理決議の採択なしに実行されるアメリカのイラク攻撃に参加することを決定していた[87]。そして、開戦前、ポーランド政府は54名のエリート特殊部隊GROM、74名の対化学兵器処理部隊、兵站支援のための艦艇をペルシャ湾岸地域に派遣した[88]。イラク戦争当時、ヴィシェグラード諸国の中で、ポーランドだけがイラ

ク南部の港湾都市ウンム・カスル制圧のための戦闘に参加した[89]。アメリカ、イギリス以外に、イラクでの戦闘に参加したのはポーランドとオーストラリアのみであった。

　安全保障以外の短期的な経済的利害の観点からみると、ポーランド政府は積極的なアメリカへの支持を打ち出すことで、イラクの戦後復興において自国の企業が優先的に工事を受注できることを希望していた。ポーランド企業には、中東地域で長く活動した実績があった。2003年2月にワシントンを訪問したミレル首相は、戦後のイラク復興事業へのポーランド企業の参加を議論していた[90]。さらに、ポーランド政府はイラク戦争でアメリカを支持することによって、ポーランド人のアメリカへの入国ヴィザが撤廃されることを期待していた。

　ドイツをはじめとする西欧諸国では、ポーランドをアメリカの「トロイの木馬」[91]ないしパートナーとしての実力を伴わない「トロイのロバ」[92]と揶揄する発言も聞かれた。ヨーロッパの東半分において、ポーランドがアメリカの重要なパートナーであり続けるには、軍の装備や安全保障戦略のさらなる近代化が不可欠であった。

❏ チェコ

　冷戦後、地理的に西に位置するチェコは他の中・東欧と比較しても旧ソ連、旧ユーゴスラヴィア地域の紛争に巻き込まれる脅威を感じなかった。にもかかわらず、1999年のNATO加盟後、防衛予算の対GDP比率を加盟国の平均である2％まで引き上げ、生物・化学兵器の処理能力の向上に努めるなど、ハンガリーよりもNATOの任務を果たすことに積極的であった。

　イラク情勢が緊迫化する中で、チェコはポーランド、ハンガリーと同様にアメリカを支持した。そして、チェコは対化学兵器部隊をクウェートのアメリカ軍基地に派遣した[93]。しかしながら、チェコのイラク戦争における対米支持と支援策には、ポーランドのそれにみられるようなアメリカとの緊密な関係を背景にして加盟後のEUでの発言力を高めようとする意図はなかった。むしろ、チェコにはイラクでの戦闘に参加する意思はなく、タサール基地をアメリカ軍に提供したことでペルシャ湾岸への派兵を免れたハンガリーに近

いアメリカ支持であったといえる。

　他方、チェコ国内では、政府の対応に批判が生じていた。首相シュピドラ（Vladimír Špidla）はアメリカを支持した。しかし、2003年3月の議会におけるイラク情勢に関する決議で、与党・社会民主党内部で対立が生じていた。また、2月末に大統領に選出されたクラウスがイラク情勢に関与することに反対を表明した[94]。

❏ スロヴァキア

　ヴィシェグラード諸国の中で、イラク戦争当時、スロヴァキアだけがまだNATO未加盟であった。NATO加盟を志向するズリンダ政権は、親米路線を鮮明にしていた。イラク戦争でも、ズリンダ政権はアメリカを強く支持した[95]。そして、スロヴァキア政府は対化学兵器部隊をクウェートに派遣した。2003年2月のイラクへの部隊派遣に関する議会の決議では、野党が反対に回り、与党・キリスト教民主運動の一部も反対した。アメリカが積極的に進めてきたNATOの第二次東方拡大を2004年にひかえて、同じく拡大の対象国となったルーマニアとともに、スロヴァキアの対米支援はハンガリー、チェコよりも積極的な意思でなされたといえる。

　しかしながら、2003年7月にスロヴァキアはICCでのアメリカの主張に反対し、EUの立場を支持した。そのため、アメリカはイラク情勢への対応に関連したスロヴァキアへの1000万ドルの軍事援助を凍結した[96]。NATOと同時に、EU加盟もひかえていたスロヴァキアにとって、ICCでEUの立場に反することはできなかった。スロヴァキアは2002年にICCの「ローマ規程」を批准していた[97]。アメリカのスロヴァキアへの支援が再開されたのは、2004年4月のスロヴァキアのNATO加盟後であった。

　武力行使を含めた国際問題への対応で米欧間の意見の相違や足並みの乱れが生じた場合、中・東欧は圧倒的な軍事力を有するアメリカを支持することがイラク情勢から明確になった。中・東欧へ拡大した後のEUがファースト・クラス（現加盟国）、セカンド・クラス（新加盟国）の国家群に分かれることを、新加盟国は受け入れられなかった。良好な対米関係の構築は、これか

らEUに加盟する中・東欧にとって、EU内部での力関係を変化させ、地位の確立とも両立しうると考えられた[98]。他方、フランス、ドイツの支持が得られない状況にあって、中・東欧からの支持がアメリカの武力行使に正当性を持たせることに寄与するとブッシュ政権は期待した[99]。

　アメリカ、イギリスは同盟国フランス、ドイツの反対にもかかわらず、有志連合の枠組みにもとづく武力行使でフセイン政権を打倒した。イラクの占領統治、復興支援もアメリカ、イギリス主導であり、フランス、ドイツは参加しなかった。そのため、イラク情勢では、米欧間での労働分業が成り立たなかった。アメリカにとって、自らの武力行使に正当性をもたせるには、西欧に代わり中・東欧をトランスアトランティックの労働分業のパートナーにしてイラクでの戦闘や復興支援に参加させることが好ましかった。だが、イラク情勢においていっせいにアメリカ支持を打ち出した中・東欧の中で、意欲と実力の両面でアメリカが期待したような役割を果たしたのはポーランドだけだった[100]。確かに、アメリカの影響力は中・東欧で強まった。しかしながら、中・東欧の対米支持は超大国へのバンドワゴニングの結果だった。アメリカにとって、軍事的、経済的な能力を伴わない同盟国であるヴィシェグラード3カ国からの支持は自国に対する政治的な忠誠に過ぎなかったのである。

註

1　広瀬佳一「NATO拡大と中・東欧」、147頁。
2　Jason W. Davidson, *op. cit.*, pp. 11-30.
3　Anita Orbán, *op. cit.*, pp. 17-19.
4　Heinz Gärtner, 'European Security and Transatlantic Relations after 9/11 and the Wars in Afghanistan and Iraq,' in Heinz Gärtner and Ian M. Cuthbertson, eds., *op. cit.*, p. 144.
5　Michael Wallack, 'From Compellence to Pre-Emption: Kosovo and Iraq as US Responses to Contested Hegemony,' in Osvaldo Croci and Amy Verdun, eds., *op. cit.*, p. 114.
6　Jeffrey W. Taliaferro, 'Neoclassical Realism: The Psychology of Great Power Intervention,' in Jennifer Sterling-Folker, ed. *Making Sense of International Relations*

Theory（Boulder, Colorado: Lynne Rienner Publishers, 2006）, p. 44.
7　Gábor Iklódy, "The Kosovo Conflict—Experiences of a New NATO Member," *Foreign Policy Review*（Budapest）, 2000. Special Issue, p. 20.
8　Jeffrey Simon, *Hungary and NATO*, p. 64.
9　*Ibid*., p. 63; Wade Jacoby, 'Military Competence versus Policy Loyalty,' p. 241. 1999年3月24日の国会決議20/1999の全文（ハンガリー語）は、以下のURLを参照。
　　http://www.complex.hu/kzldat/o99h0020.htm/o99h0020.htm
10　Anita Orbán, *op. cit*., p. 19.
11　1999年4月12日、4月20日のハンガリー外務省スポークスマンの声明は、以下のURLを参照。
　　http://www.kum.hu/Archivum/Korabbiszovivoi/1999/04/spok0412.html
　　http://www.kum.hu/Archivum/Korabbiszovivoi/1999/04/spok0420.html
12　Jeffrey Simon, *Poland and NATO*. p. 102.
13　Jeffrey Simon, *NATO and the Czech & Slovak Republics*, pp. 80-82.
14　*Ibid*., p. 203.
15　Wade Jacoby, 'Military Competence versus Policy Loyalty,' p. 240.
16　Jeffrey Simon, *Hungary and NATO*, p. 64.
17　ポーランドのKFOR参加に関しては、Jeffrey Simon, *Poland and NATO*, p. 103; David H. Dunn, *op. cit*., p. 68を参照。
18　Kerry Longhurst, *op. cit*., p. 57.
19　政府声明（英文）は、以下のURLを参照。
　　http://www.kum.hu/Archivum/Korabbiszovivoi/2001/09/spok0918.htm
20　国会決議62/2001の全文（ハンガリー語）は、以下のURLを参照。
　　http://www.complex.hu/kzldat/o01h0062.htm/o01h0062.htm
21　Olaf Osica, *op. cit*., p. 29.
22　Marcin Zaborowski and Kerry Longhurst, *op. cit*., p. 1015.
23　Janusz Bugajski and Ilona Teleki, *op. cit*., p. 94.
24　Jeffrey Simon, *NATO and the Czech & Slovak Republics*, pp. 112-113.
25　国会決議62/2001の全文（ハンガリー語）は、以下のURLを参照。
　　http://www.complex.hu/kzldat/o01h0065.htm/0o1h0065.htmを参照。
26　国会決議94/2001の全文（ハンガリー語）は、以下のURLを参照。
　　http://www.complex.hu/kzldat/o01h0094.htm/o1h0094.htm
27　当初、ISAFは有志連合による多国籍軍からなっていたが、2003年8月にNATOの指揮下に入った。2001年12月20日の国連安保理決議1386の全文（英語）は、http://www.nato.int/isaf/topics/mandate/unscr/resolution_1386.pdfを参照。
28　Anita Orbán, *op. cit*., p. 21.
29　Wade Jacoby, 'Military Competence versus Policy Loyalty,' p. 249.
30　Jeffrey Simon, *Poland and NATO*, p. 142-143; David H. Dunn, *op. cit*., p. 67.

31　Jeffrey Simon, *NATO and the Czech & Slovak Republics*, p. 114.
32　*Ibid.*, p. 230.
33　Wade Jacoby, 'Military Competence versus Policy Loyalty,' p. 249.
34　NATO 拡大後のアメリカ・ポーランド関係の強化は、David. H. Dunn, *op. cit.*, pp. 66-69 を参照。
35　金子譲「EU と NATO ── EU の緊急展開軍創設構想と米国の反応」『防衛研究所紀要』第 4 巻第 1 号、2001 年 8 月、22 頁。
36　2009 年にリスボン条約が発効すると、WEU の集団的自衛に関する条項が同条約に引き継がれた。そして、2010 年 3 月に改正ブリュッセル条約がその効力を停止した。2011 年には、WEU そのものが使命を終えることになる。
37　Alexander Moens, 'ESDP, the United States and the Atlantic Alliance,' in Jolyon Howorth and John T. S. Keeler, eds., *op. cit.*, p. 26.
38　ESDP と NATO との関係に関しては、Marec Otte, 'ESDP and Multilateral Security Organizations: Working with NATO, the UN and OSCE,' in Esther Brimmer, ed., *The EU's Search for a Strategic Role: ESDP and its Implications for Transatlantic Relations*（Washington D.C.: Center for Transatlantic Realtions, 2002), pp. 35-56; Alexander Moens, 'ESDP, the United States and the Atlantic Alliance,' in Jolyon Howorth and John T. S. Keeler, eds., *op. cit.*, pp. 25-37; Terry Terriff, 'The CJTF Concept and the Limits of European Autonomy,' in Jolyon Howorth and John T. S. Keeler, eds., *op. cit.*, pp. 39-59; Gabriele Cascone, 'ESDP Operations and NATO: Co-operation, Rivalry or Mudding-through?,' in Michael Merlingen and Rasa Ostrauskaitė, eds., *European Security and Defense Policy: An Implementation Perspective*（London: Routledge, 2008), pp. 143-158; 植田隆子「欧州連合の軍事化と米欧関係」『日本 EU 学会年報』第 20 号、2000 年、185-209 頁。広瀬佳一「EU の安全保障防衛政策と米欧関係──運命共同体から分業関係へ」『世界週報』2004 年 2 月 3 日、10-13 頁。広瀬佳一「NATO 軍事機構の『欧州化』と米欧関係」『国際安全保障』、73-92 頁。小久保康之「EU の共通防衛政策と米欧関係」『新しい米欧関係と日本』日本国際問題研究所研究報告書、2004 年 3 月、75-85 頁を参照。
39　Madeleine Albright, "The Right Balance Will Secure NATO's Future," *Financial Times*, 7 December 1998.
40　ESDP へのトルコの反応は、Antonio Missiroli, "EU-NATO Cooperation in Crisis Management: No Turkish Delight for ESDP," *Security Dialogue*, Vol. 33, No. 1, 2002, pp. 9-26 を参照。
41　Christian Tuschhof, 'NATO Cohesion from Afghanistan to Iraq,' in Heinz Gärtner and Ian M. Cuthbertson, eds., *op. cit.*, p. 153.
42　Alistair J. K. Shepherd, "The European Union's Security and Defence Policy: A Policy without Substance?," *European Security*, Vol. 12, No. 1, Spring 2003, p. 47.
43　ESDP の活動実績として、コンコルディア作戦に加え、2003 年 6 月から 9 月のコン

ゴにおけるアルテミス作戦（Operation Artemis）、NATO 主導のボスニア・ヘルツェゴヴィナに展開された SFOR から任務を引き継いだ欧州連合部隊アルテア（EUFOR Althea）、2006 年 6 月から 11 月の欧州連合部隊コンゴ民主共和国（EUFOR RD Congo）、2008 年 1 月から 2009 年 3 月の欧州連合部隊チャド・中央アフリカ（EUFOR Tchad/RCA）が挙げられる。

44　Catriona Mace, "Operation Concordia: Developing a 'European' Approach to Crisis Management?," *International Peacekeeping*, Vol. 11, No. 3, Autumn 2004, p. 482.
45　Tamás Magyarics, *op. cit.*, p. 11.
46　Andrzej Kapiszewski with Chris Davis, *op. cit.*, pp. 209-210.
47　Kerry Longhurst, 'Poland: Empowering or Undercutting EU Collective Security?,' in Sven Biscop and Johan Lembke, eds., *EU Enlargement & the Transatlantic Alliance: A Security Relationship in Flux*（Boulder, Colorado: Lynne Rienner Publishers, 2008), pp. 65-66.
48　Radek Khol, 'The Czech Republic: Serching for a Balanced Profile,' in Sven Biscop and Johan Lembke, eds., *op. cit.*, pp. 80-81.
49　Ivo Samson, 'Slovakia,' in Tom Lansford and Blagovest Tashev, eds., *op. cit.*, p. 233.
50　鳥潟優子「シラク政権の対応外交」（櫻田大造、伊藤剛編『比較外交政策——イラク戦争への対応外交』明石書店、2004 年）、126-128 頁。
51　Robert J. Pauly, Jr., 'French Security Agenda in the Post-9/11 World,' in Tom Lansford and Blagovest Tashev eds., *op. cit.*, p. 6.
52　ドイツの総選挙の結果とイラク情勢の関連性については、新谷卓「シュレーダー政権の対応外交」（櫻田大造、伊藤剛編、前掲書）、87-91 頁を参照。
53　Scott Brunstetter, 'A Changing View of Responsibility? German Security Policy in the Post-9/11 World,' in Tom Lansford and Blagovest Tashev eds., *op. cit.* pp. 31-33.
54　イギリスのイラク戦争への対応は、以下を参照。Steven Philip Kramer, "Blair's Britain after Iraq," *Foreign Affairs*, Vol. 82, No. 4, July-August 2003, pp. 90-104; Mary Troy Johnston, 'Britain and Transatlantic Security: Negotiating Two Bridges Far Apart,' in Tom Lansford and Blagovest Tashev eds., *op. cit.*, pp. 41-56. 小川浩之「ブレア政権の対応外交」（櫻田大造、伊藤剛編、前掲書）、154-192 頁。細谷雄一『倫理的な戦争——トニー・ブレアの栄光と挫折』慶應義塾大学出版会、2009 年、285-349 頁。
55　ロバート・ケーガン著、山岡洋一訳『ネオコンの論理——アメリカ新保守主義の世界戦略』光文社、2003 年、99 頁。
56　2003 年 2 月 1 日の『ネープサバッチャーグ』（電子版）を参照。*Népszabadság Online*, 2003. február 1. 公開書簡の内容は各国の主要紙に掲載された。
57　2003 年 2 月 6 日の『ネープサバッチャーグ』（電子版）を参照。*Népszabadság Online*, 2003. február 6.
58　2003 年 2 月 21 日の『マジャル・ヒールラップ』（電子版）を参照。*Magyar Hirlap Online*, 2003. február 21.

59 Thomas S. Mowle, *Allies at Odds?: The United States and the European Union* (New York: Palgrave Macmillan, 2004), p. 22. バンドワゴン理論に関しては、スティーヴン・M・ウォルト著、奥山真司訳『米国世界戦略の核心——世界は「アメリカン・パワー」を制御できるか？』五月書房、2008 年、262-269 頁を参照。

60 Lawrence S. Kaplan, *op. cit.*, p. 148.

61 Varga György, i.m., 18. o.

62 Marco Rimanelli, 'NATO's 2002 Enlargement: US-Allied Views on European Security,' in Hall Gardner ed., *NATO and the European Union: New World, New Europe, New Threat* (Hampshire: Ashgate, 2004), p. 104.

63 2002 年 11 月 22 日の『ネープサバッチャーグ』（電子版）、*Népszabadság Online*, 2002. november 22 を参照。

64 *Washingtonpost.com*, December 18, 2002. http://www.washingtonpost.com/ac2/wp-dyn?pagename=article&node=&contentId=A3956-2002Dec17&notFound=true

65 Romsics Ignác, *Magyarország története a XX. században* [20 世紀ハンガリー史] (Budapest: Osiris, 1999), 574.o.

66 国連安保理決議 1441 の全文（英語）は、以下の URL を参照。
http://daccess-dds-ny.un.org/doc/UNDOC/GEN/N02/682/26/PDF/N0268226.pdf?OpenElement
イラク情勢に関する NATO 首脳会議の声明は、以下の URL を参照。
http://www.nato.int/docu/pr/2002/p02-133e.htm を参照。

67 2003 年 3 月 16 日の外務省でのコヴァーチ外相による政府の見解表明は、以下の URL を参照。
http://www.kum.hu/szovivoi/2003/KovacsL2003/0316%20KL.htm

68 Andor László-Tálas Péter-Valki László, i.m., 268.o.

69 Uo., 271-272.o.

70 2003 年 3 月 3 日の『マジャル・ヒールラップ』（電子版）、*Magyar Hirlap Online*, 2003. március 3 を参照。

71 László Valki, 'Hungary,' p. 247.

72 2003 年 2 月 17 日の『ネープサバッチャーグ』（電子版）、*Népszabadság Online*, 2003. február 17 を参照。

73 AWACS、パトリオット・ミサイルの配備などの対トルコ支援策に関して、フランス、ドイツ、ベルギーはトルコ防衛の必要性は認めつつも、対トルコ支援がイラクに対する武力行使を予断するものになりうると反対した。対トルコ支援は 1966 年以来、フランスが参加しない防衛計画委員会で決定された。Lawrence S. Kaplan, *op. cit.*, pp. 145-146.

74 国会決議 12/2003 の全文（ハンガリー語）は、以下の URL を参照。http://www.complex.hu/external.php?url=3

75 ハンガリーのトルコ支援策は、2003 年 3 月 10 日の『マジャル・ヒールラップ』（電

子版)、*Magyar Hírlap Online*, 2003. március 10 を参照。
76 2003 年 3 月 16 日のハンガリー通信社ニュース(電子版)、*Hírek-Magyar Távirati Iroda Rt.*, 2003. március 16 を参照。1998 年 2 月 20 日の国会決議(11/1998)は、http://www.complex.hu/external.php?url=3 を参照。
77 2003 年 3 月 21 日の『ネープサバッチャーグ』(電子版)、*Népszabadság Online*, 2003. március 21 を参照。
78 コヴァーチの NATO に対する考え方は、以下で述べられている。László Kovács, *op. cit.*, p. 9-11.
79 2003 年 3 月 8 日の『マジャル・ヒールラップ』(電子版)、*Magyar Hírlap Online*, 2003. március 8 を参照。
80 3 月 11 日のハンガリー外務省スポークスマンの発表を参照。http://www.kum.hu/szovivo/2003/KovacsL2003/0311Fischer2.htm
81 László Valki, 'Hungary,' pp. 246-248.
82 3 月 21 日の『ネープサバッチャーグ』(電子版)、*Népszabadság Online*, 2003. március 21; 3 月 22 日の『ネープサバッチャーグ』(電子版)、*Népszabadság Online*, 2003. március 22 を参照。
83 2003 年 3 月 25 日のハンガリー通信社ニュース(電子版)、*Hírek-Magyar Távirati Iroda Rt.*, 2003. március 25.
84 Andor László-Tálas Péter-Valki László, i.m., 239.o.
85 Uo., 242-243.o.
86 Uo., 237.o.
87 Wade Jacoby, 'Military Competence versus Policy Loyalty,' p. 250.
88 Janusz Bugajski and Ilona Teleki, *op. cit.*, pp. 92-93.
89 2003 年 3 月 25 日の『ネープサバッチャーグ』(電子版)、*Népszabadság Online*, 2003. március 25 を参照。
90 2003 年 3 月 5 日の『フィナンシャル・タイムズ』(電子版)、*FT.com*, March 05, 2003 を参照。
91 Wade Jacoby, 'Military Competence versus Policy Loyalty,' p. 253; Andrzej Kapiszewski with Chris Davis, *op. cit.*, p. 193.
92 Janusz Bugajski and Ilona Teleki, *op. cit.*, p. 95; "Is Poland America's Donkey or Could It Become NATO's Horse," *The Economist*, May 10th 2003, pp. 41-42.
93 2003 年 2 月 8 日の『ネープサバッチャーグ』(電子版)、*Népszabadság Online*, 2003. február 8 を参照。
94 Janusz Bugajski and Ilona Teleki, *op. cit.*, pp. 154-155.
95 Ivo Samson, *op. cit.*, pp. 227-230.
96 Janusz Bugajski and Ilona Teleki, *op. cit.*, pp. 166-167.
97 ポーランド、ハンガリーはスロヴァキアより早く 2001 年に「ローマ規程」を批准した。ヴィシェグラード諸国の中で、チェコだけが 2009 年まで「ローマ規程」を批准し

ていなかった。
98 Andor László-Tálas Péter-Valki László, i.m., 217.o.
99 Anita Orbán, *op. cit.*, p. 22.
100 *Ibid.*, 23.o.

第 3 章

中・東欧の民主的な政軍関係

　1989 年の体制転換から 20 年以上が経過した。かつてソ連の勢力圏に置かれていた中・東欧は、民主化と市場経済への移行を推進して、すでに NATO および EU への加盟を果たしている。中・東欧における民主主義を考える際、議院内閣制度や法の支配の定着、基本的人権の尊重のみならず、民主的な政軍関係は重要な要素である。何故なら、社会主義体制下において、軍隊は指導的役割を有する共産党と一体化していた。民主的な政治制度を維持するうえで、文民政治家による軍のコントロールの徹底化は不可欠なのである。

　さらに、民主的な政治制度の下におけるシヴィリアン・コントロールは、中・東欧が NATO の一員として行動するうえでも不可欠な条件である。NATO は軍隊の装備や教育プログラムの近代化のみならず、新加盟国に対して民主的な政軍関係の確立を求めていた[1]。

　体制転換後の中・東欧における政軍関係の特質には、各国に共通する旧社会主義体制の負の遺産として、軍内部に残る旧共産党の影響、軍隊をコントロールする立場にある文民政治家、官僚の側の専門的知識の不足などが挙げられる。しかし、その一方で、各国の歴史的背景、政治的発展の多様性から、国によって政軍関係に異なった側面もみられる。

　ハンガリーの体制転換は、社会主義労働者党内の改革派による、いわば「上からの民主化」として始まった。ハンガリーでは、1960 年代後半から漸

進的な経済改革が実施されてきた。そして、1980年代末に政治的な民主化に至ったハンガリーの体制転換では、他国と比較して大規模なデモ、ストライキによる政治的混乱に陥ることなく、社会主義労働者党の指導的役割の放棄とソ連型社会主義体制の解体がスムーズに実現した。しかし、ハンガリーにおける政軍関係には、体制転換のプロセスで生じた問題点に加え、冷戦終結後の国際環境も少なからず影響を及ぼしていた。

　本章の目的は、ポスト共産主義時代の中・東欧における民主的な政軍関係の確立を、ハンガリーを中心に考察することにある。分析に際して、近年の中・東欧の政軍関係に関する先行研究の成果を踏まえながら、体制転換後の民主的な軍のコントロールをめぐる制度改革の問題点に焦点をあてる。

第1節　旧体制下の政軍関係

1-1　東欧諸国の共産党と軍隊

　はじめに、ソ連型社会主義体制下の東欧とくにハンガリーの政軍関係について述べる。社会主義国家の政軍関係には共通性はあったが、同時にソ連の政軍関係とは異なる東欧諸国のそれのみにみられる特徴も存在していた[2]。いずれにせよ、社会主義体制下における政軍関係は、体制転換期の中・東欧の軍の動向を論じるうえで無視できないファクターなのである。

　ソ連型社会主義体制の成立後、東欧の共産党はソ連の軍事顧問団の指導の下で段階的に自国の軍隊を体制の内部に組み入れた。ソ連と同様に、東欧の共産党による軍の掌握においても、ハンチントン（Samuel P. Huntington）が論じたような、政治主体とその政治にコントロールされる軍隊で権力を握る集団とが一体化した主観的シヴィリアン・コントロール[3]が試みられたのである。

　しかしながら、東欧の主観的シヴィリアン・コントロールは、ソ連のそれと異なる性質を持っていた。ソ連に比べて、東欧では軍が政治に関与し影響を及ぼす余地は小さかった。核兵器を含むアメリカと対峙できる強大な戦力を有するソ連軍は、巨額の軍事予算の配分をはじめ様々な分野で利益集団と

して社会主義体制内部において影響力を行使できた。他方、東欧では、治安部門の組織として、社会主義体制の維持のために、正規軍よりも秘密警察が重視された。後述するように、ソ連に従属する東欧の国々は、独自の防衛ドクトリンすら有していなかった。

ヘルスプリング（Dale R. Herspring）とヴォルジェシュ（Ivan Volgyes）は、東欧の軍隊は共産党の政権掌握に積極的に関与しておらず、むしろ東欧の共産党の幹部は、ソ連型社会主義の成立以前の体制に忠誠を誓っていた国軍の将校に対して不信感をいだいていたことを強調した。そして、東欧での共産党による一党支配体制が「体制の移行（transformation）」「体制の強化（consolidation）」「体制の維持（system maintenance）」の三つの段階をへて確立するプロセスにおいて、東欧の政軍関係が段階的に変化したとヘルスプリング、ヴォルジェシュは論じた。[4]

「体制の移行」の段階では、東欧の共産党は旧体制下の将校と共存していた。次の「体制の強化」の段階において、教育を通して軍内部の政治・イデオロギー化が試みられた。最終的な「体制の維持」の段階において、共産党と軍との一体化が進展した。共産党は段階的に軍を支配体制と一体化させていったのである。1940年代末以降のハンガリーでも、同様のプロセスをへて、権力を掌握した勤労者党第一書記ラーコシ（Rákosi Mátyás）や国防相ファルカシュ（Farkas Mihály）は一党支配体制に国防軍を組み入れた。

他方、社会主義国家の政軍関係を規定する要因が体制の成立過程におけるソ連の干渉の度合いにあるとアデルマン（Jonathan R. Adelman）は指摘した。そして、アデルマンは社会主義諸国の政軍関係の歴史的発展（historical development）モデルを提唱した。共産党がロシア革命後の内戦、干渉戦争のプロセスでかつて帝政ロシアの側にいた軍隊を掌握したソ連、共産党と一体化した軍隊が内戦や独立戦争を勝ち抜いて社会主義体制を確立したユーゴスラヴィア、中国、ヴェトナムと比較した場合、ソ連の支援なしに社会主義体制の確立が不可能であった東欧においては、軍部が政治に関与する余地は小さかったとアデルマンは論じた。[5]

さらに、東欧の軍隊は独自の国防ドクトリンを有しておらず、国民国家の軍隊としての機能を果たしていなかったとアレクシエフ（Alexander

Alexiev）は論じた。さらに、ワルシャワ条約機構を通じてソ連軍の影響下に置かれた東欧の軍内部では、自国の国民的価値や政治的アクターへの忠誠よりも、社会主義における普遍的な価値観、ソ連への忠誠が強調されていたとアレクシエフは指摘した。[6]

1956年10月、自由化を求める市民の蜂起（ハンガリー事件）が勃発した際、ハンガリー人民軍（Magyar Néphadsereg）は武力鎮圧に参加しなかった。一部の人民軍兵士は、市民の側に立ってソ連軍と戦った。ソ連の軍事介入の後で政権を掌握したハンガリー社会主義労働者党第一書記カーダール（Kádár János）は多くの将校を追放し、党中央委員会による人民軍へのコントロールを強化した。ソ連の軍事介入後の国内掌握の段階で、1957年3月まで軍内部に影響力のある1919年のハンガリー・タナーチ（ソヴィエト）政権下でスロヴァキア方面に進撃した赤軍を率いた長老ミュニッヒ（Münnich Ferenc）が国防相を務めたことを除き、カーダールは軍人の政治への関与を徹底的に排除したのである。カーダールの権力基盤の強化が進んだ1960年代初頭以来、ソ連や他の東欧諸国と比較しても、ハンガリーの将校が政治権力の中枢から排除されていた。1960年から1984年まで国防相の地位にあったチネゲ（Czinege Lajos）には、同時代のワルシャワ条約機構加盟国の国防相の中で唯一、政治局員に選出された経験がなかった。[7]

ソ連の政軍関係と東欧のそれが異なる要因として、次のような点が挙げられる。1. ソ連に従属する東欧の軍隊は、独立した主権国家の軍隊としての機能を果たしていなかった。2. 東欧の軍隊は体制内部でソ連におけるような利益集団として政治的な影響力を持っていなかった。3. 東欧の共産党にとって、社会主義体制を維持するための最終的な暴力装置は自国の軍隊でなく、自国に駐留ないし社会主義体制の危機に際して介入してくるソ連軍であった。4. ソ連共産党幹部以上に東欧の共産党幹部の軍隊に対する不信感は根強く、将校の政治参加は限定されていた。[8]

1-2　政軍関係における変化

冷戦期の米ソ二極構造の下で、ソ連は東欧の政治的な自立化の動きを抑え込んできた。にもかかわらず、時間が経過するにしたがって、東欧におい

て、政治・経済体制に多様化がみられるようになった。そして、政軍関係にも同様の動きが生じた。

　ハンガリー人民軍の内部では、社会主義イデオロギーからの脱却が進行していた。1975年の徴兵規定では、人民軍の教育において「国際主義」の価値のみならず、「国家や軍隊の伝統」も強調された。その後、1981年から1982年のセメスターから、学校や大学での軍事教育においても「社会主義の建設」「ソ連との友好」よりも「国民の価値観」「愛国主義」が重視されるようになった。[9]

　バラーニ（Zoltan D. Barany）とデアーク（Peter Deak）は共産主義時代末期の東欧諸国の政軍関係に関して、「プロフェッショナル化された（professionalized）」タイプと「政治化された（politicized）」タイプに分類した。前者として、軍隊のプロフェッショナル化が政治的教化に取って代わったハンガリー、ポーランドが挙げられた。他方、後者には、軍隊の政治化が高度な状態で維持されたブルガリア、チェコスロヴァキア、東ドイツ、ルーマニアが挙げられた。[10] 体制転換に際して、前者のポーランド、ハンガリーでは1980年代に入ると、ハンガリー人民軍がワルシャワ条約機構の軍事演習に非協力的な姿勢を示すようになった。その背景には、バラーニが指摘するように、人民軍の将軍たちの間で加盟各国の国民性を否定するソ連軍やワルシャワ条約機構に対する反感が強まっていたことが挙げられる。[11]

　1958年に自国に駐留するソ連軍を撤退させて、1960年代半ばまでにソ連の影響力を排除することによって自主外交路線を展開したルーマニアの軍隊では、他の東欧のそれとは異なる特徴がみられた。だが、アレクシエフが論じたような、東欧の軍内部での国民的な価値観への移行が、ルーマニアのみならず、長期的にみればハンガリーでも生じていたのである。

　実際に、1980年代後半になると、ハンガリー人民軍の内部で東西対立の緩和された国際情勢、経済状態の悪化を背景に兵員の削減と装備の近代化を進める必要性が認識されるようになった。1987年9月に参謀総長パチェク（Pacsek József）を団長とするハンガリー人民軍の代表団がソ連を訪問し、ソ連国防相ヤゾフ（Dmitri Timofeyevich Yazov）、参謀総長アフロメーエフ（Sergei Fyodorovich Akhromeyev）などソ連軍幹部とハンガリー人民軍

の現状について協議した。パチェクは経済的な困難を理由にSu-25攻撃機などソ連製の兵器の購入に難色を示した。会談後、ハンガリー側は、ワルシャワ条約機構の義務を強調するばかりのソ連軍幹部に反発していた。[12]

1989年の体制転換当時、バラーニ、デアークが指摘した「プロフェッショナル化された」政軍関係にあったハンガリーとポーランドにおいては、社会主義体制下の政治エリートが漸進的な自由化の試みの中で自発的に権力を放棄した。1988年5月のカーダールの退陣後、ハンガリーにおける体制転換が始まった。旧体制下の人民軍は事実上、社会主義労働者党の軍隊であった。しかし、1989年10月の党の指導的役割の放棄に至るまでの体制転換が進展するプロセスにおいて、人民軍は政治への不介入と中立を維持した。

カーダール政権の末期に台頭した社会主義労働者党内部の改革派主導による民主化のプロセスにおける人民軍の不介入の要因として、前述のようにカーダール時代から軍人が権力の中枢から排除されていたことが挙げられる。さらに、1960年代以降、ハンガリーでは経済システムの改革が試みられ、他の東欧と比較しても自由な社会が形成されていた。そのため、体制転換が進行するプロセスで、人民軍の将校は中立を守り社会主義体制を擁護しなかった。

勿論、体制転換当時のハンガリーの指導者たちは軍の動向を無視できなかった。1956年のハンガリー事件の歴史的評価の見直しを契機に体制転換への動きが加速していた1989年5月、首相ネーメトは人民軍幹部の会議において「ハンガリー人民軍が時代の要請に応じ、社会主義の成果に加えて、国家の独立、法秩序、社会の安定に寄与すると政府、住民から自信をもってみなされるような勢力を代表すると、政府は未来において確信する」と述べた。ネーメトは民主的な改革を推進するプロセスにおける軍に政治的な中立を守るよう訴えたのである。人民軍幹部たちはこぞってネーメトの発言を支持し、責任を持って法秩序を守り、国内情勢に介入する意思のないことを強調した。[13]

他方、「政治化された」政軍関係にあったチェコスロヴァキア、ブルガリア、ルーマニアにおいては、政治エリートには自発的に権力を放棄する用意がなく、社会主義体制が崩壊するか否かという緊迫化した局面で軍の動向が

重要となった[14]。

　チェコスロヴァキアでは、ビロード革命と呼ばれる体制転換のきっかけとなった1989年11月の反体制デモの最中、当時の国防相ヴァツラヴィク（Milan Vaclavik）が軍に介入の準備を命じていたことが後に明らかになった[15]。命令にもかかわらず、チェコスロヴァキアの軍は民主化を求めて街頭に繰り出した市民に銃を向けなかった。

　さらに、東欧で最も強固な独裁国家であったルーマニアでは、チャウシェスク（Nicolae Ceauşescu）大統領の政権崩壊の際、数日間の激しい市街戦が繰り広げられた。市民生活への監視と治安維持の役割を担う秘密警察セキュリターテに比べて旧体制下で冷遇されてきた国軍が市民の側に立って、チャウシェスク政権の打倒に重要な役割を果たしたのである。

第2節　体制転換後のシヴィリアン・コントロール

2-1　体制転換と国防軍の民主化

　最初に、体制転換当時のハンガリーにおける軍隊の非政治化について述べる。カーダール退陣後に体制転換が進行するプロセスで、人民軍の民主化も試みられた。軍隊の民主化における焦点として、以下の三つの点が挙げられる。

1. 人民軍を社会主義労働者党から切り離して政府の統制下に置くこと
2. 文民政治家による民主的な軍隊のコントロールの実現
3. 元首―内閣―国防相―参謀総長（ないし国軍司令官）の一元的な軍隊の指揮・命令系統の確立

　はじめに、1に関して、人民軍を社会主義労働者党から切り離して政府のコントロールの下に置くことが試みられた。1989年12月に人民軍を退役して文民となった国防相カールパーティ（Kárpáti Ferenc）によって、1990年の初頭までに党と国防省、人民軍の分離が進められた。ハンチントンが述べた政治と軍事の主体とが一体化した主観的シヴィリアン・コントロールからの脱却が進められたのである。

体制転換以前、人民軍は事実上、社会主義労働者党の軍隊であった。そのため、閣僚評議会(内閣)や議会には人民軍をコントロールする権限がなかった。さらに、社会主義労働者党は人民軍に共産主義イデオロギー教育のための政治将校を送り込み、党と軍とを密接に結びつけてきた。社会主義労働者党が指導的役割を放棄した結果、政策の立案と実施、防衛ドクトリンの作成の権限が党中央委員会から国防省に移った。そして、1990年3月にハンガリー人民軍はハンガリー国防軍に戻った。

　次に、2に関して、1989年憲法を通して、体制転換当時の国防軍改革を検証する。1949年憲法を大幅に修正する形で制定された1989年憲法では、第6条において「ハンガリー共和国は国家間紛争を解決する手段としての戦争を放棄し、他国の独立、領土的結合を脅かす武力行使や威嚇を行わない[16]」と侵略戦争の放棄が謳われた。また、国防軍の最高指揮権に関して「共和国大統領はハンガリー国防軍の最高司令官である」(第29条第2項)と明記された。

　国防軍に関する憲法上のその他の規定は、次のとおりである。軍の最高司令官は大統領と規定されているが、平時においては、政府が軍隊、警察、その他の治安組織の活動を指揮することになっている(第35条第11項h)。また、国会は、戦争状態、平和の宣言、国内外での国防軍の展開、戦時下ないし外国による攻撃の差し迫った危険のある場合に国家防衛会議を招集することを決定する権限を有している(第19条第3項g, h)。国家防衛会議が召集された場合には、国会の権限は停止される(第19条/A第1項)。国家防衛会議は国防軍の国内外での展開を決定する権限を有し、議長である大統領、国会議長、国会に議席を有する政党の党首、首相、閣僚、参謀総長で構成されると規定されている(第19条/B第2、3項)。第6条の例外としての平和維持活動、人道支援活動などでの国防軍の展開は、第19第3項jに規定されている。

　ベブラーが論じた議会による軍隊のチェック機能を検証する。先述の第19条第3項g, hで示された事柄の決定に際して、国会議員全体の3分の2の賛成が必要(第19条第4項)であり、第19第3項jに際して出席した国会議員の3分の2の賛成が必要(第19条第6項)と規定された。

さらに、ベブラーが指摘したような軍の政治的中立に関して、職業軍人の不偏不党の立場が第40条Ｂ第4項に、徴兵の政治活動への制限が第40条Ｂ第5項にそれぞれ規定されている。

　シヴィリアン・コントロールについて、憲法によって法的な枠組みを構築すれば機能するとはいえない。政軍関係は政治的、法的制度のみならず、国内外の環境に左右されやすい。デシュ（Michael C. Desch）は政軍関係の構造理論（structural theory）において、シヴィリアン・コントロールは構造的なファクター、とくに個々のリーダー、軍の組織、国家、社会に影響を及ぼす脅威によって規定されるとして、「対外的(external)」、「国内的(internal)」な「脅威(threat)」の大小の組み合わせによって生じる四つのシヴィリアン・コントロールの状態を論じている。デシュの分析によれば、シヴィリアン・コントロールのパターンは、①「対外的脅威が大、国内的脅威が小」における「良（good）」、②「対外的脅威が小、国内的脅威が小」における「混合（mixed）」、③「対外的脅威が大、国内的脅威が大」における「悪（poor）」、④「対外的脅威が小、国内的脅威が大」における「最悪（worst）」に分類される[17]。

　冷戦後のハンガリーのシヴィリアン・コントロールは、冷戦終結と民主化により対外的脅威、国内的脅威の双方が緩和された②の「混合」状態にあたる。国内外での軍事的脅威が低下した②の状態では、国内の反体制勢力からの脅威にさらされた③や④の状態に比べて軍が政治に介入してくる余地は小さい。だが、国外からの脅威にさらされて文民政治家と軍人が結束しシヴィリアン・コントロールがうまく機能する①の状態に比べて、②の状態では、対外的な緊張が緩和されることで文民政治家の軍に対するコントロールが弱まり、文民政治家同士または軍内部での結束が緩む。

　デシュは②の「混合」状態のシヴィリアン・コントロールが生じる条件として、文民指導者の経験不足、分裂した文民政治家、文民による軍のコントロールが機能しているか不確かである、分裂した軍部、軍の果たす任務の方向性が不確かである、文民政治家と軍人の間で軍に対する考え方が異なっていることの6点を挙げている[18]。冷戦後のハンガリーの政軍関係は、デシュの提示した6点のいずれにもあてはまる。体制転換の後、文民政治家の実務経

験の不足、国防軍のめざす方向性や改革をめぐって、文民政治家と軍人、文民の制度間、軍の内部で利害の不一致が生じて、文民政治家による国防軍へのコントロールが弱まったのである。

①から④に関して、提示された条件がいくつ当てはまれば、それぞれの状態が成立するのか、デシュ自身は言及していない。程度の差こそあれ、脅威が対外的か国内的か、脅威の大小の状況に応じて構造的に類似した4種類の政軍関係が生じるとデシュは述べている。しかし、②の状態について、文民政治家の軍へのコントロールが維持されている事例から文民政治家による軍へのコントロールが困難な事例まで様々なケースが存在しており、一概に同じような状況にあるとはいえない。

さらに、軍事ドクトリンが内なる敵向けか、外敵向けかによって、政軍関係は異なると考えられる。冷戦後のハンガリーに関して、あくまで国防軍は外国からの脅威への対処を目的としている。また、軍人の社会的地位の低さからも、国防軍が文民政治家のコントロールから大きく逸脱するとは考えにくい。

2-2 指揮・命令系統と制度上の問題点

前項で挙げた3の指揮・命令系統に関する体制転換当時のハンガリー国防軍の改革における制度上の問題点は、国防軍の最高指揮権の所在が不明確な状態で残されたこと、国防省と参謀本部が分離した状態に置かれたことの2点であった。具体的には、前者が大統領と内閣との権限の不明確さにあった。後者は軍政と軍令との二元的軍制であった。

国防軍の最高指揮権の所在に関して、最初に体制転換当時の大統領選出のプロセスから述べる必要がある。1989年10月に社会主義労働者党の改革派が党名変更した社会党は、敗北が予想される翌年春の民主的な総選挙の後も政治的な影響力を維持しようとして、直接選挙によって選出される外交や軍事に関する権限を有する大統領ポストの確保を意図した。社会党は党内改革派の旗手として国民の間で人気、知名度のあったポジュガイ国務相を早期に直接選挙で大統領に選出させようとした。

社会党が大統領ポストを確保しようとした背景には、当時のハンガリーを

とりまく国際環境が挙げられる。1989年10月の時点で、ハンガリーと同様に改革を志向する東欧諸国はポーランドだけであり、新思考外交により東欧の自立化を容認したソ連共産党書記長ゴルバチョフ（Mikhail Sergeevich Gorbachev）自身の命運も含めて、ソヴィエト・ブロック内部の先行きは不透明であった。そのため、民主化の後もソ連との緊密な関係を維持することが不可欠と考えられ、総選挙後に在野勢力が組閣したとしても、外交・安全保障に関する一定の発言力を確保すべきであると社会党は判断したのである。1989年の体制転換当時、統一労働者党が自主管理労組「連帯」系のマゾヴィエツキに首相ポストを譲りながらも、ヤルゼルスキ（Wojciech Jaruzelski）を大統領に選出したポーランドでも同様の措置が試みられたといえる。しかしながら、社会党の試みは、大統領と内閣との間で対立を生じさせただけでなく、文民政治家による一元的な国防軍のコントロールを妨げる要素を含んでいた。

　体制転換当時、社会主義労働者党は国民円卓会議（Nemzeti Kerekasztal）を通じた反体制派との話し合いによって憲法改正、民主的な総選挙への手続きを進めた。1989年9月18日、社会主義労働者党と反体制派は円卓会議における合意文書に署名した[19]。

　1989年当時のハンガリーの反体制派は、大きく分けて二つの潮流が存在した。まず、第1が民主フォーラムに代表される穏健な反体制派であった。第2は自由民主連合に代表される急進的な反体制派であった。当初、両者は円卓会議において反対派円卓会議（Ellenzéki Kerekasztal）として一定の結束を保っていた。

　9月18日の円卓会議の合意に際して、社会主義労働者党と反体制派との間で争点となったのは、大統領選挙を実施する時期であった。民主フォーラムは社会主義労働者党と妥協し、大統領選挙を総選挙の前に実施する合意文書に署名した。それに対して、自由民主連合、フィデスなど急進的な反体制派は、社会主義労働者党主導の合意文書に署名しなかった。そして、自由民主連合は有権者の署名を集めて、大統領選挙の時期について国民投票に訴える手続きを進めた。

　1989年11月の大統領選出の時期と方法をめぐる国民投票の結果、自由民

主連合が要求したように大統領は総選挙の後に国会議員による間接選挙で選ばれることになった。その結果、1990年3月の総選挙の後に成立した政治制度は、内閣が行政府としての政治的な権限を有する事実上の議院内閣制となった。そして、国会議員による間接選挙で選ばれる大統領の政治的権限は、社会党の思惑に反して抑えられたのである。しかしながら、先述のように憲法第29条第2項には「大統領はハンガリー国防軍の最高司令官」と規定されたままだった。

1990年7月、ハンガリー国会でゲンツが体制転換後の最初の大統領に選出された。野党第一党の自由民主連合が推したゲンツの大統領選出は、国会開会後の100日間に重要法案を通すための閣外協力の見返りとして、アンタルを首班とする政府・与党民主フォーラムが大統領ポストを自由民主連合に譲った結果であった。

大統領の国防軍に対する指揮権に関して、憲法上の規定と現実の政治制度との間での相違が、1990年10月に表面化した。同年8月のイラクのクウェート侵攻による湾岸危機に端を発した急激なガソリン価格の上昇に抗議するタクシー・ドライバーが、首都ブダペシュトでドナウ川にかかる橋を車両によるバリケードで封鎖した。その際、アンタル内閣は国防軍を動員してバリケードを撤去することを検討していた。第35条第1項hでは、平時における国防軍、警察その他の公安組織の活動を監督する権限は政府にあると規定されていた。ゲンツは政府とドライバーとの話し合いによる解決を求めた。そして、ゲンツはアンタル内閣による国防軍の動員に反対した。ゲンツは先述の憲法第29条第2項にもとづく国防軍の最高司令官の立場で動員を拒否したのである。[20] 政府、雇用者、被雇用者による話し合いによる値上げ幅で妥協が成立した結果、バリケードはドライバーによって自発的に撤去された。そのため、国防軍が出動する事態には至らなかった。だが、与野党間での政治的取引による大統領選出の結果、国防軍の指揮・命令系統の不明確な一面が浮き彫りになったのである。

バリケード事件の後、国会の防衛委員会のメンバーであるキラーイ（Király Béla）は、大統領が国防軍の最高司令官であることを認めながらも、大統領の権限は国会と内閣によって制約されると主張した。さらに、キラー

イは国防軍の指揮権に関する憲法改正の必要はないと述べながらも、大統領の統制下にある国防軍司令官ポストを廃止し司令官の権限を参謀総長に移し、参謀総長を国防相の監督下に置くことを提案した。[21]

次に、軍制・軍令の二元的軍制について述べる。体制転換当時、社会党は軍政を担う国防省と軍令を担う国防軍司令部[22]、参謀本部を分離した。国防軍司令部、参謀本部の国防省からの独立も、先述の社会党が軍の指揮・命令に権限を有する大統領ポストの確保を試みたことに原因があった。1989年当時の国防省と国防軍司令部との分離は、フィンランド・モデルと規定できる。[23] 当初、社会党は国防軍に直接権限を行使できる大統領の存在を想定していた。

ハンガリーでは体制転換のプロセスにおいて、国防省が内閣の統制下にあり、国防軍司令部、参謀本部が大統領の統制下にあるという、軍政と軍令との二元主義の状態が生じた。民主的で安定した政軍関係には、軍隊と政治指導者との間での明確な命令系統の確立が不可欠である。[24] 確かに、有事において、大統領が軍令に対する強い権限を有する考え方、制度にも一理ある。しかしながら、軍政・軍令の二元主義に関して、統帥権の独立を口実に軍部が独走した1930年代のわが国の教訓からも、健全なシヴィリアン・コントロールに問題があることは明らかである。

いずれにせよ、ハンガリーでは、前述の3で示された一元的な指揮・命令系統の確立、すなわち二元的な軍制を是正して参謀本部を国防省の監督下に置くことは容易ではなかった。体制転換の後、ハンガリー国防軍の大幅な人員削減が実行された。旧体制下の人民軍は長い徴兵期間にもとづく大規模な兵力でありながら、前近代的で貧弱な装備からなっていた。厳しい財政状況によって、過剰な人員を整理して組織のスリム化をはかることは当然だったといえる。しかしながら、民主化のプロセスにおける国防軍の上層部の入れかえは不徹底だった。上層部の入れ替えが進まなかった要因として、後述する国防省と参謀本部の分離状態により国防相に国防軍をコントロールする権限がなかったことに加え、国会の防衛委員会スタッフの軍事に関する専門的知識が欠如していたことが挙げられる。制度上の問題点のみならず、文民の側の人材不足が軍人による国防軍改革への抵抗を可能にしたのである。

第3節　民主的な政軍関係の確立

3-1　憲法における軍隊の指揮権

　1990年秋のバリケード事件後、アンタル内閣はハンガリー国防軍の指揮権の所在について憲法裁判所に審査を求めた。1991年9月26日、憲法裁判所は「軍隊の指揮は政府（内閣）の法的権限である[25]」との判決を下した。憲法裁判所の判決にもとづいて、国防軍の指揮権は大統領でなく、内閣に帰することになった。

　1998年から2002年の中道右派のフィデスを中心とするオルバーン内閣の下では、先述の憲法第19条に規定された大統領が議長を務める有事に際しての国家防衛会議とは別に国家安全保障閣議の機能強化がはかられた[26]。しかし、同閣議の機能強化は不徹底に終わった。

　ここで、大統領が軍を指揮する権限に関して、ハンガリーと他のヴィシェグラード諸国とを比較する。

❏ポーランド

　大統領の政治的権限が制限されたハンガリーに比べて、ポーランドでは直接選挙で選ばれた大統領が強い政治的権限を持っていた。新しい憲法制定までの暫定的な措置として1992年に制定された「小憲法」では、大統領の軍の指揮権に曖昧さが残ったままだった。大統領はポーランド共和国軍の最高司令官（第35条第1項）、国防相との合意のもとに参謀総長を任命、解任する、国防相の動議で参謀次長、陸海空の各軍司令官を任命、解任する（同第2項）、有事の際の国軍司令官を任命、解任できる（同第3項）と規定された。しかし、その一方で、閣僚評議会（内閣）は国家の内的、外的な安全を保障すると規定されていた[27]。

　ポーランドの正式な憲法は、1997年に制定された。1997年憲法では、大統領はポーランド共和国軍の最高司令官（第134条第1項）、平時には国防省を通じて軍を指揮する（同第2項）、法令で明記された期間に参謀総長、陸海空各軍の司令官を任命する（同第3項）と規定された[28]。1992年の「小

憲法」と比較して、大統領の軍隊の指揮に関する権限は抑えられた。軍のコントロールについての行政府のバランスは大統領から国防相（内閣）へシフトしたのである[29]。

ポーランドでも、軍事問題を含め、大統領と内閣との間で権限をめぐる対立が起きていた。1991年10月の総選挙でオルシェフスキを首班とする連立政権が成立すると、新しい憲法の制定を前提に国家安全保障会議など大統領の軍事に関する権限強化を意図する大統領ワレサとオルシェフスキが衝突した[30]。

ハンガリーとポーランドの軍隊のコントロールをめぐる大統領と内閣との対立を比較すれば、ハンガリーではバリケード事件の発生により、大統領と内閣の国防軍への統制、とくに国防軍の動員に関する権限で不明確な点が浮き彫りになった。それに対して、ポーランドでは、より強い権限の確保を狙う大統領に政府が反発する形となった。また、前者の場合、憲法裁判所が下した判決によって決着した。他方、後者の場合、大統領と内閣の対立は1992年6月にオルシェフスキ首相の辞職に至った。後述するように、ワレサの大統領時代のポーランドでは、軍隊のコントロールをめぐって、大統領と首相、国防相、議会の対立が繰り返された。

❏チェコ

ハンガリーと同様、チェコでも憲法上、大統領は軍隊の最高司令官である（第63条第1項c[31]）。しかし、大統領の権力はあくまでシンボリックなものにとどまっている。実際のチェコ共和国軍をコントロールする権限は、大統領でなく内閣と議会にある[32]。

❏スロヴァキア

チェコと分離した後のスロヴァキアの憲法でも、大統領は軍隊の最高司令官（第102条j[33]）と明記されている。しかし、大統領による戒厳令の布告や戦争状態、非常事態の宣言は、政府の勧告や議会の決定にもとづく（第102条k）。

スロヴァキアでは、政治家の間での政争がシヴィリアン・コントロールに

悪影響を及ぼしていた。1994年3月の政変で大統領コヴァーチが首相メチアルの追い落としに協力した。同年12月にメチアルが首相に返り咲いた後、両者の対立が激しくなった。1995年6月にスロヴァキア議会が「軍に関する法律」を改正し、参謀総長の任命、解任に関する権限を大統領から政府に移行させた[34]。この法改正には、大統領の権限縮小を狙うメチアルの意向が反映されていた。

スロヴァキアでは、首相が軍事以外でも大統領の政治的権限を押さえ込もうとする傾向が強い。とくに、メチアルはコヴァーチへの政治的報復のために強引な政治手法を用いた。1995年8月、コヴァーチの息子が誘拐されオーストリアに連れ去られる事件が発生した。この誘拐事件では、情報局（秘密警察）の関与が噂され、大統領と首相の関係悪化が促進された[35]。スロヴァキアでの首相と大統領との対立は、コヴァーチ、メチアルが退いた1998年以降も、ズリンダ首相とシュステル（Rudolph Schuster）大統領の間で継続した。

ハンガリーの大統領は国会で成立した法律を一度だけ国会へ差し戻す権限を有するが、スロヴァキアの大統領と比較して政治的権限は強くない。1990年代初頭、先述のバリケード事件や内閣が意図するメディア規制をめぐって、ゲンツとアンタルが対立した。しかし、1994年のホルン内閣の成立以降、大統領と首相の間で大きな衝突は起きていない。

3-2　国防省と参謀本部

先述のようなハンガリーにおける国防省と参謀本部が分離した軍政・軍令の二元化の状態では、国防相には参謀本部を通して国防軍を指揮する権限がなかった。そのため、国防相による国防軍のコントロールは困難であった。また、国防省と参謀本部との間で国防軍の指揮・命令に関する責任の所在が不明確なために、両者の間では国防軍のコントロールに関する権限をめぐって対立が生じた。とくに、軍人の幹部は国防省による国防軍の職務への干渉に反発していた[36]。

1994年1月、ハンガリー政府は国防省と参謀本部の統合を決定した[37]。民主フォーラムを中心とする連立内閣の決定にもかかわらず、同年5月の総選

挙に勝利した社会党のホルン内閣は、国防省と参謀本部の分離状態を維持した。しかしながら、1997年7月にマドリッドで開催されたNATO首脳会議でハンガリーのNATO加盟が認められると、ホルン内閣はNATO加盟国の制度に適応するよう、参謀本部の国防省への統合を迫られた。

参謀本部の国防省への統合に関して、セーケイ（Székely Sándor）は次の(A)から(C)の三つの具体的な選択肢を指摘していた。[38]セーケイが示す(A)では、参謀総長は国防省内において軍令を担当する事務次官補と位置づけられ、軍政を担当する事務次官の統制下で作戦の立案と国防軍の指揮を担当する立場となる。(B)では、参謀総長は軍令を担当する事務次官と位置づけられ、国防相の統制下で作戦の立案と国防軍の指揮を担当する立場となる。また、参謀総長は同格である軍政を担当する事務次官と協力する。(C)において、参謀総長は軍令を担当する事務次官補と位置づけられ、軍政を担当する事務次官の統制下で作戦の立案のみを担当する。国防軍の指揮は、参謀本部から独立した国防軍司令部が担当する。国防軍指令部は国防省の統制の下にある。

1998年5月の総選挙の後に成立したオルバーン内閣は、参謀本部を国防省に統合する改革に着手した。1999年12月の政府の決定では、参謀本部を国防省内部に統合して、参謀総長が国防軍を、陸軍、空軍の参謀長がそれぞれの軍隊を指揮することになった。[39]

オルバーン内閣の下で実施された参謀本部の国防省への統合は、セーケイが想定した(B)であった。当初、国防相が防衛事務次官を通じて参謀総長を統制する(A)と同様の統合案をオルバーン内閣は示していた。(A)の場合、参謀本部は軍政を担当する事務次官の統制下にあり、省内での参謀総長の権限は比較的小さくなる。(B)の場合、軍令を担当する事務次官である参謀総長の省内での権限は大きくなる。(C)の場合、参謀総長は国防軍を指揮する立場になく、(A)よりも省内での権限が小さくなる。

オルバーン内閣が示した統合案に対して、参謀総長ヴェーグ（Végh Ferenc）は国防軍の独立性や陸・空・兵站の三軍の作戦面での能力維持のために合同軍司令部の設置を求めていた。[40]1999年8月、ヴェーグはオルバーン内閣の統合案を拒否して辞任した。さらに、後任のフォドル（Fodor Lajos）

117

も統合案に反対するなど、参謀本部は頑強に抵抗した[41]。その結果、統合後も参謀本部は文民政治家、官僚による省内の軍政部門からの独立性を維持することになった。問題を残しながらも、2001年に参謀本部が国防省の内部に統合された[42]。ようやく制度上の指揮・命令系統の一本化および軍政・軍令の一元化が実現したのである。

次に、他のヴィシェグラード諸国における国防省と参謀本部との関係について述べる。

❏ポーランド

1989年以前のポーランドにおいて、参謀本部は国防省内の6部局の一つであり、参謀総長も7人の次官の1人であった。体制転換後も、1992年には参謀本部が国防省に統合されていた。しかしながら、1990年代前半のポーランドの国軍改革は大統領と議会との対立の影響を受けることになった。両者の対立によって、シヴィリアン・コントロールが緩んだ。その結果、1992年から1995年にかけて参謀本部に指揮・立案機能が集中した。当時のポーランドの軍部では、参謀総長ヴィレツキ（Tadeusz Wilecki）が指導力を発揮した。ヴィレツキはポーランド軍の近代化、NATO加盟に貢献した。ヴィレツキの指導下で、参謀本部は文民政治家たちの政治闘争の場にならなくなった[43]。

1995年12月にクファシニィエフスキが大統領に就任すると、ワレサ時代からの軌道修正がはかられた。国軍の指揮・命令に関する大統領の権限を強めようとしたワレサに対し、クファシニィエフスキは内閣による軍のコントロールを重視した。1996年2月に「国防省に関する法律」が制定され、国防省の権限が強化され、参謀本部は同省に完全に統合された。この法律によって、明確に参謀本部が国防省の監督下に置かれ、国防相が参謀本部を通して軍隊を統制する指揮・命令系統が確立した[44]。

「国防省に関する法律」には、ヴィレツキから軍内部における権力を奪う意図があったことはいうまでもない。ヴィレツキを参謀総長に推したのは、国軍に対するコントロールの権限をめぐって議会や国防相との対立を繰り返したワレサであった。1996年に事実上、失脚した後、ヴィレツキはNATO

加盟交渉の最終段階である1997年3月まで参謀総長の地位にとどまっていた。

❑チェコ

　チェコでは、1993年の時点で、すでに参謀本部は国防省に統合されていた。参謀本部は制度的に弱く、省内で分離した状態に置かれていた。そのため、国防相の人事担当部門と参謀本部のJ-1局などで職務に重複がみられるなど、省内部でのコミュニケーション不足が生じていた[45]。また、スロヴァキアと分離した後、軍の組織の編成をめぐって国防省と参謀本部との間で対立もあった[46]。

❑スロヴァキア

　独立後のスロヴァキアでは新設の国防省が首都ブラチスラヴァに、参謀本部（1994年に参謀本部が軍司令部を統合）がトレンチーンにそれぞれ置かれており、国防相による軍のコントロールは困難であった。排外的なナショナリズムと非民主的な政治手法でスロヴァキアを国際的に孤立させたメチアルの退陣後、ズリンダ内閣はスロヴァキア軍の改革に着手し、1999年に国防省と参謀本部との統合を決定した[47]。

　ポーランドで最も顕著であったが、行政府と参謀本部との対立はハンガリー以外の中・東欧でも存在した。ハンガリーでの国防省と参謀本部の統合は、他のヴィシェグラード諸国よりも遅れて2001年になって実現した。にもかかわらず、文民政治家、官僚の軍事に関する専門的知識の欠如、文民政治家の間での党派対立、文民政治家の政治的思惑と改革の先送りなどによって、文民国防相による十分な参謀本部に対するコントロールの強化につながっていないのが現状である。

3-3　議会による軍隊のコントロール

　ハンガリー国防軍に関する1989年憲法の不明確な規定は、最高指揮権の所在にとどまらなかった。国防軍の活動に関する詳細は、1993年12月に制定された国防法[48]で補完された。しかしながら、将来のNATO加盟を想定し

た場合、共同防衛などの加盟国の責務を履行するための法的根拠が存在しない状態だった。

　ここで、ハンガリー国会による国防軍のコントロールの問題点について検証する。1996年5月、ホルン政権下で国防相ケレティ（Keleti György）が国会の承認なしにMig29戦闘機をポーランドで行なわれた軍事演習に参加させた。国会では、野党がケレティの政治責任を問う声を挙げた[49]。ケレティは元陸軍大佐で、国防省のスポークスマンを勤めた。「背広の将軍」ともいうべきケレティの国防相就任を契機として、旧体制下の職業軍人が国防省に招聘され、文民官僚に代わり事務次官補などの重要なポストに就いた。旧人民軍幹部の登用は、民主的な政軍関係への流れに逆行していた。ドゥナイが指摘したように、1990-1994年、1998-2002年のアンタル、オルバーンの保守政権下で国防省の文民化が進行したのに対して、1994-1998年、2002年以降のホルン、メジェシ、ジュルチャーニ（Gyurcsány Ferenc）の左翼・リベラル政権時代は国防省の再軍事化の過程と特徴づけられた[50]。

　しかしながら、同時に、ホルン政権下での退役軍人の国防省復帰は、アンタル政権における文民政治家、官僚の軍事問題に関する専門的知識や実務経験の乏しさの教訓を踏まえた結果でもあった。1994年の総選挙での社会党の過半数を制する地すべり的な勝利の要因は、実務能力のある政府への期待であった。そのため、当時、ケレティやその他の元人民軍幹部の国防省復帰を批判する声は小さかった。

　ケレティの国防相就任の背景には、ベッツが論じたように、文民国防相の人材不足、国防軍改革への関心の低さ、文民官僚の専門的知識の不足が反映されていたのである。さらに、与党が国会の防衛委員会の委員長ポストを確保している状況で、野党はケレティを辞任に追い込めなかった。

　さらに、ハンガリー国会による国防軍の国外派遣に関するコントロールの問題点を考える。1989年憲法には、ハンガリー国防軍の国外での活動について何も明記されていなかった。そのため、国防軍が平和維持活動に参加する際、国外に赴く法的根拠として国会決議が必要であった。とくに、NATOによるユーゴスラヴィア空爆のような域外における紛争への介入、またはワシントン条約第5条に明記された集団的自衛権が発動された場合、

ハンガリーがNATOの責務を果たすためには憲法上の根拠が不可欠だった。

1994年から1998年のホルンを首班とする社会党・自由民主連合の連立政権下では、新憲法制定の議論がなされた。また、NATO加盟を翌年にひかえた1998年12月の国会決議94/1998「ハンガリー共和国の安全保障と防衛政策の基本原則[51]」において、ハンガリー共和国の安全保障の主な目的の一つとして「北大西洋同盟（NATO）加盟の実現と同盟の安全保障への貢献」が明記された。さらに、国会決議94/1998では「ハンガリーは同盟の政治・軍事構造の統合された一部として、共同防衛から生じる任務を遂行する」と述べられた。ハンガリーがNATOの一員として行動する際、とくに域外の任務に参加するには、憲法改正を視野に入れる必要があった。にもかかわらず、1998年5月の総選挙で連立与党が敗北すると、新憲法制定の論議は立ち消えとなった。

前章でも述べたように、2001年9月11日の同時多発テロ直後、NATO史上初めてワシントン条約第5条が発動され、加盟国はアメリカのアフガニスタン攻撃を支援した。当時、NATOの勧告にもとづいて、ハンガリー国会では憲法改正が議論された。ハンガリーがNATOの域外へ国防軍を派遣する場合、憲法改正の手続きが必要であった。しかし、国外派兵を可能にする改憲案をめぐって、ハンガリー国会で議席を有する政党間でのコンセンサスは形成されなかった。そのため、ハンガリーはアメリカ軍機の領空通過、国内の基地使用の許可を除いて、NATO加盟国としてアフガニスタンでの戦いに貢献できなかった。

さらに、2003年のイラク戦争の後、国連安保理、NATOの主導でない同国の復興支援活動にハンガリー国防軍を参加させることは、なし崩し的な国外派兵につながる危険性があった。とくに、今後もアメリカがテロ支援国家への軍事行動を繰り返し、ハンガリーが支持を続けるならば、憲法上、国防軍の国外派遣に明確な基準を設ける必要があった。2003年5月14日、国会に議席を持つ四つの政党は、NATOの責務を果たすための憲法改正にようやく基本合意した[52]。

2003年12月8日、ハンガリー国会は憲法第40条C第1項を改正した。もとの条文には、ハンガリー軍の自国領土、領空の防衛に関する任務のみが

記されていた。新たな条文では「(1) ハンガリー軍および外国軍による武力行使は、北大西洋理事会の決定にもとづく場合に認められる。(2) ハンガリー軍および外国軍による他の部隊での活動は、NATO の決定にもとづく場合に認められる[53]」と明記された。ハンガリー国防軍の国外での武力行使、平和維持などの部隊の活動は、憲法改正によって NATO の責務の遂行目的に限定されたのである。

次に、他のヴィシェグラード諸国の国防省、議会による軍隊のコントロールを検証し、ハンガリーとの比較を試みる。

❏ポーランド

ポーランドでは、1995 年に国防相の人事をめぐって大統領と議会の対立が生じた。1992 年「小憲法」の第 61 条には、首相は国防相、内相、外相の任命に関して大統領と協議する必要があると明記されていた。事実上、大統領がこれらの閣僚を選択できると、ワレサはこの条文を解釈した。ポーランド議会は大統領の権限強化を図るワレサに激しく反発し、一時、外相、国防相のポストが空白になるなどの政治的対立に発展した[54]。ポーランドの場合、強い権限を求める行政府に対して立法府が抵抗する対立の構図がハンガリーよりも色濃く反映された。

❏チェコ

チェコの議会による軍のコントロールに関して、議会の防衛委員会が安全保障政策の方向性の議論、軍の活動の監督を行なっている。防衛委員会に加え、必要に応じて、議会は軍事に関する調査委員会を設置する。また、議会は戦争状態の宣言、軍隊の国外派遣、外国軍の国内駐留の是非について決定する。さらに、チェコでは、議会の軍に対するコントロールで軍事予算の監督機能が最も重視されている。具体的には、議会が監査をつうじて国家予算の執行を監視する際、非軍事分野から軍事への予算の隠れた転用を阻止することにある[55]。

前章で述べたように、チェコ議会では、1999 年春の NATO によるユーゴスラヴィア空爆の際、防衛委員長ネチャスなど野党議員からゼマン政権によ

る領空通過の許可などの対応を批判する声が挙がった。だが、概してハンガリーよりも、議会の軍に対するチェックが機能している。

❑スロヴァキア

メチアル政権下のスロヴァキアでは、1997年2月までに議会の軍の諜報機関のための委員会に野党のメンバーがいなくなり、EUやヨーロッパ議会の関連委員会から批判された。1998年のズリンダ政権の成立後に改善が進み、議長ポストを含め野党議員が委員会のメンバーになった。[56]

3-4 国防相の問題点

最後に、ヴィシェグラード諸国の国防相の問題点を挙げる。先述の退役軍人ケレティは、歴史家で軍歴のない前任者ヒュルよりも専門的知識、実務能力を有していた。しかし、その反面、ケレティは省内で元同僚の圧力に弱かった。オルバーン政権下では、独立小農業者党の国防相サボー（Szabó János）とフィデスの国防次官ヴァヒシュレル（Wachsler Tamás）との間で対立が起こった。[57]

ケレティ以外に、体制転換後のヴィシェグラード諸国で退役軍人が国防相に就任したケースは、ポーランドのパヴラク（Waldemar Pawlak）内閣（1993-1995年）でのコロジエチク（Piotr Kolodziejczyk）、チェコのゼマン内閣（1998-2002年）でのトヴルジク（Jaroslav Tvrdik）、スロヴァキアのメチアル内閣（1993年）でのアンドレイチャク（Imrich Andrejčak）が挙げられる。トヴルジクは国防省内の元同僚の圧力に屈しなかったまれなケースであった。[58]

第1章で述べたように、メジェシ政権はオルバーン政権下でまとめられた近代化プログラムに代わる新たな国防軍改革の指針をまとめた。繰り返しになるが、国防軍改革の指針の主な内容は、以下の3点にあった。

1. 兵員の削減、国防軍の基地、空港の統廃合や老朽化した兵器の廃棄による近代化の促進
2. NATOの域外任務や国連平和維持活動に貢献するための兵站部門の能力向上

3. 徴兵制度の廃止とプロフェッショナリズムが確立した軍隊への移行

さらに、メジェシ内閣は NATO からの防衛予算の増額要求にもとづいて、2003 年 8 月の閣議において防衛費を GDP の 2% まで引き上げること決定した[59]。

プログラムの見直しで役割を果たしたのは、国防相ユハースであった。ユハースはホルン政権のケレティと異なり、文民政治家であった。

2004 年 9 月にメジェシに代わり首相に就任したジュルチャーニが、短期的に GDP 比 1.81% の防衛予算を 1.27% まで削減する方針を打ち出した[60]。一時的ながらも防衛費を大幅に引き下げることは、NATO 加盟前の防衛費の水準に戻ることを意味した。一方的な予算の削減に対して、NATO が反発したのはいうまでもない。にもかかわらず、2006 年 4 月に総選挙をひかえたジュルチャーニは、厳しい財政事情のみならず、自らの政権の維持を意図した内閣支持率の上昇のために不人気な防衛費の削減を一方的に決定したのである。

ジュルチャーニは行動力のある反面、失言など素行に問題のある政治家である。現実に、2006 年 9 月中旬、ジュルチャーニが同年 5 月末の社会党議員団非公開協議の席上で、4 月の総選挙に勝利するために嘘をついたと発言していたことが発覚した。ジュルチャーニは政権を維持するために、なりふりかまわぬ姿勢で 4 月の総選挙にのぞんだことを非公開の場ながら吐露したのである。ジュルチャーニの発言映像は、9 月になってインターネットを通じて流出した。その結果、9 月 18 日の夜、国会議事堂前のコシュート広場での抗議集会に参加していた極右が暴徒化し、自由広場にあるハンガリー国営テレビを襲撃する事件が発生した[61]。この事件がターニング・ポイントとなり、ハンガリーでは極右の活動が活発化した。反対に、社会党を含めた左翼・リベラル勢力が急速に力を失った。極右勢力はハンガリー事件から 50 周年にあたる 2006 年 10 月 23 日、翌年 3 月 15 日の 1848 年革命の記念日にも街頭で暴れて警官隊と衝突した。

参謀総長セネシュ（Szenes Zoltán）はジュルチャーニによる防衛予算削減の決定に反対し、2005 年 1 月に辞任した[62]。セネシュは兵站部門の専門家として、国防軍改革を推進していた。先述のメジェシ政権による国防軍の近代

化の指針では、NATOの域外任務への貢献において兵站部門が重視された[63]。ユハースはジュルチャーニと参謀本部との間での利害の調整に指導力を発揮できなかった。

次に、他のヴィシェグラード諸国の国防相の問題点について述べる。

❏ ポーランド

文民の国防相が過度に権限を行使しようとした事例として、1991年から1992年のポーランドの国防相パリス（Jan Parys）が挙げられる。社会主義体制下で自主管理労組「連帯」の活動に参加し弾圧された経験のあるパリスは、ポーランド軍の古参将校を追放しようとした。パリスの人事は軍内部の反発を招いた。さらに、パリスはヴィレツキを次期参謀総長に推すワレサと対立した。1992年5月、パリスは更迭された[64]。

パリスの人事権の濫用には、彼自身の報復的な意図のみならず、先述のワレサとオルシェフスキの対立が背景にあった。パリスは大統領と国防省、軍隊とのつながりを切断しようと試みたのである[65]。

さらに、ポーランドの将校が国防相に抵抗した例として、1994年9月のドラウスコ事件が挙げられる。ドラウスコ・ポモルスキ訓練施設でワレサと会談した将軍たちが、国防相コロジエチクの解任を求めていたことが発覚した。上院国家防衛委員会は将軍たちの行動を調査する小委員会を設立し事件を解決しようとした。ワレサはコロジエチクを留任させるべきという委員会の勧奨を無視して、同年10月にパヴラク首相の要請を受けてコロジエチクを解任した。同年11月に下院の防衛委員会に提出された調査報告書には、国防相に忠誠を示さなかった将軍たち、民主的なシヴィリアン・コントロールに違反したワレサへの批判が述べられていた[66]。ドラウスコ事件は、体制転換後のポーランドの政軍関係において最大のスキャンダルとなった。

❏ チェコ

チェコでは、スロヴァキアとの分離後、キリスト教民主連合・人民党が国防省内における主導権を握った。その結果、大量の文民官僚が省内に流入してきた。また、国防相バウディシュ（Antonin Baudyš）は能力のなさと軍

125

人への復讐心を露呈させた。バウディシュは1989年の体制転換以前から勤務するあらゆる軍人を「裏切り者」と呼んだ[67]。さらに、バウディシュによる軍組織の再編と混乱、人員削減で生活基盤を脅かされた将校団の不信感を増幅させた。

1997年10月の汚職事件によるクラウス首相の退陣後、翌年7月までのトショフスキー（Josef Tošovsky）による選挙管理内閣、1998年総選挙後のゼマンによる少数内閣と、ハンガリーと比較しても政治的に不安定な状態が続いた。しかし、軍のコントロールをめぐって、ハンガリーやポーランドにおけるような大統領、首相、国防相、議会の間で大きな対立は生じなかった。クラウスの首相時代、軍内部の人事、兵器の購入をめぐってクラウスと国防相ホラン（Vilem Holan）との間で軋轢があった。1995年9月にクラウスが市民民主党のネチャスを第一国防次官に就けると、省内で市民民主党とホランの属するキリスト教民主連合・人民党による政治的な緊張関係が生じた[68]。

❏スロヴァキア

スロヴァキアでは、ズリンダ政権で国防相に就任したカニス（Pavol Kanis）が省内でリーダーシップを発揮しようとした。しかし、カニスは自身の汚職への関与に加え、スロヴァキアのNATOへの統合の障害であると認識されるようになった。最終的に、カニスは2001年1月に辞任に追い込まれた[69]。

ポーランドにおけるパリスやコロジエチク、チェコにおけるバウディシュ、スロヴァキアにおけるカニスのような軍に強い権限を行使しようとした国防相の事例と比較して、ハンガリーでは歴代の国防相の国防軍に対するコントロールは弱い状態である。いずれにせよ、ハンガリーを含めたヴィシェグラード諸国では、軍のコントロールをめぐる文民政治家の間での主導権争い、国防相や文民官僚の能力不足など各国特有の政治的な事情をかかえつつも、NATO加盟へ向けた民主的な政軍関係の確立のための制度改革が遂行されたのである。

第 3 章　中・東欧の民主的な政軍関係

註

1　Thomas S. Szayna, *NATO Enlargement 2000-2015*, p. 16.
2　ソ連を対象とした政軍関係の分析アプローチとして、共産党と軍隊の利害対立に焦点をあてたコルコヴィッチ（Roman Kolkowicz）の「利益集団（interest-group）モデル」、共産党と軍隊の利害の一致と共生を強調するオダム（William E. Odom）の「制度適合（institutional congruence）モデル」、共産党と軍隊の組織間での人的な相互浸透を重視するコルトン（Timothy J. Colton）の「参加（participatory）モデル」の三つが挙げられる。三者のソ連共産党とソ連軍との関係に関する分析には異なる点が多い。また、三者の分析モデルにはそれぞれ一長一短あり、いずれが最も正確にソ連の政軍関係を論じているか判断することは困難である。だが、共産党の軍に対する優位が維持された点において、三者の見方は基本的には一致している。Roman Kolkowicz, 'Interest Group in Soviet Politics: The Case of Military,' in Dale R. Herspring and Ivan Volgyes, eds., *Civil-Military Relations in Communist Systems* (Boulder, CO: Westview Press, 1978), pp. 2-27; Roman Kolkowicz, 'Toward a Theory of Civil-Military Relations in Communist (Hegemonial) Systems,' in Roman Kolkowicz and Andrzej Korbonski, eds., *Soldiers, Peasants and Bureaucrats* (London: Allen&Unwin, 1982), pp. 231-251; William E. Odom, 'The Party-Military Connection: A Critique,' in Dale R. Herspring and Ivan Volgyes, *op. cit.*, pp. 27-53; Timothy J. Colton, 'The Party-Military Connection: A Participatory Model,' in Dale R. Herspring and Ivan Volgyes, eds., *op. cit.*, pp. 53-79.
3　政治体制と軍隊の一体化により軍隊の政治への介入を防止する主観的シヴィリアン・コントロールに対して、軍隊のプロフェッショナリズムを極大化することで政治と軍隊との分離を徹底し、将校の関心を軍事問題に集中させて政治への介入を防止する客観的シヴィリアン・コントロールをハンチントンは提唱した。Samuel P. Huntington, *The Soldiers and the State: The Theory and Politics of Civil-Military Relations* (Cambridge, Mass: Harvard University Press, 1957). 日本語訳として、サミュエル・ハンチントン著、市川良一訳『軍人と国家　上・下』原書房、1978年、1979年。
4　Dale R. Herspring and Ivan Volgyes, "The Military as an Agent of Political Socialization in Eastern Europe," *Armed Forces and Society*, Vol. 3, No. 2, Winter 1977, pp. 249-269.
5　Jonathan R. Adelman, 'Toward a Typology of Communist Civil-Military Relations,' in Jonathan R. Adelman, ed., *Communist Armies in Politics* (Boulder, CO: Westview Press, 1982), pp. 1-15.
6　Alexander Alexiev, 'Party-Military Relations in Eastern Europe: The Case of Romania,' in Roman Kolkowicz and Andrzej Korbonski, eds., *op. cit.*, pp. 199-231.
7　チネゲの経歴に関しては、Ács Tibor, Balogh Gyula, Bencze László, Hegedűs Zoltán,

Liptai Ervin, Móricz Lajos, Szakály Sándor, *Honvédelmi miniszterek 1848-1994*［国防相 1848 - 1994］(Budapest: Zrínyi Kiadó, 1994), 146-147.o. を参照。

8 冷戦期の東欧における特殊な事例として、1968年から国防相を務めて、1981年10月に統一労働者党第一書記に就任したヤルゼルスキ将軍が、1981年12月に自主管理労組「連帯」の活動家と「連帯」を支える知識人を弾圧するために戒厳令を布告して軍政を敷いたポーランドが挙げられる。

9 Zoltan D. Barany, *Soldiers and Politics in Eastern Europe, 1945-90: The Case of Hungary* (New York: St. Martin's Press, 1993), p. 97, p. 101.

10 Zoltan D. Barany and Peter Deak, 'The Civil-Military Nexus in Postcommunist Hungary,' in Constantine P. Danopoulos and Daniel Zirker, eds., *The Military and Society in the Former Eastern Bloc* (Boulder, Colorado: Westview Press, 1999), p. 34.

11 Zoltan D. Barany, *op. cit.*, pp. 109-110.

12 ソ連・ハンガリー間の協議に関しては、当時の国防相カールパーティの回想録、Kárpáti Ferenc, *Puskalövés nélkül...*［発砲することなしに…］(Budapest:Duna International, 2011), 198-209.o. を参照。

13 ネーメトと人民軍幹部とのやり取りは、uo., 146-148.o. を参照。

14 Zoltan D. Barany and Peter Deak, *op. cit.*, p. 34.

15 Thomas S. Szayna, 'The Czech Republic: A Small Contributor or a "Free Rider"?,' p. 131.

16 ハンガリーの憲法の条文（英語訳）は、以下のURLを参照。http://www.mkab.hu/index.php?id=constitution

17 Michael C. Desch, *Civilian Control of the Military: The Changing Security Environment* (Baltimore: The Johns Hopkins University Press, 1999), pp. 11-21. デシュが挙げた①の「良」の事例は、アメリカ（1941-1945年、1948-1989年）、ソ連（1955-1986年）、日本（1945年）、ブラジル（1982年～）、アルゼンチン（1982年～）。②の「混合」の事例は、ロシア（1991年～）、アメリカ（1945-1947年、1989年～）、アルゼンチン（1955-1956年）、ブラジル（1961-1964年、1974-1982年）、チリ（1970-1973年、1978年～）、日本（1922-1932年）。③の「悪」の事例は、ソ連（1986-1991年）、ドイツ（1914-1918年）、フランス（1954-1962年）、日本（1932-1945年）。④の「最悪」の事例は、アルゼンチン（1966-1972年、1976-1982年）、ブラジル（1964-1974年）、チリ（1973-1978年）。

18 *Ibid.*,pp. 16-17.

19 1989年当時の円卓会議の議事録、合意文書は、Főszerkesztő: Bozóki András. *A rendszerváltás forgatókönyve: Kerekasztal-tárgyalások 1989-ben negyedik kötet*［体制転換のシナリオ—— 1989年円卓会議の議事録　第4巻］(Budapest: Magvető, 1999), 492-507.o., 516-519.o. を参照。円卓会議には、社会主義労働者党、反体制派に加え、第三者として、旧体制下で社会主義労働者党の傘下団体であった愛国人民戦線、労働組合全国評議会なども参加していた。

20　1990年10月27日の『ネープサバッチャーグ』、*Népszabadság*, 1990.október 27 を参照。
21　Szabó János, "A Magyar Honvédség kormányzati kontrolljának fejlődése（1989-1997）［政府によるハンガリー国防軍のコントロールの展開（1989-1997）］," *Valóság*, 1997, 12, 75.o.
22　1992年12月11日の憲法裁判所の判決63/1992にもとづき、事実上、参謀総長が国防軍司令官となった。後に国防軍司令部は参謀本部に統合された。憲法裁判所の判決63/1992は、次のURLから検索、閲覧が可能。

http://www.mkab.hu/hu/frisshat.htm

憲法裁判所に審査を求めたのは国防相フュルであり、大統領の国防軍に対する政治的権限を縮小する狙いがあった。国防軍司令部が最終的に廃止されたのは、2期10年の任期を終えたゲンツに代わりマードル（Mádl Ferenc）が大統領に選出された後の2000年10月であった。Jeffrey Simon, *Hungary and NATO*, p. 78.
23　Zoltán Szenes, 'The Implications of NATO Expansion for Civil-Military Relations in Hungary,' in David Betz and John Löwenhardt, eds., *Army and State in Postcommunist Europe*（London: Frank Cass, 2001）, p. 83.
24　Szabó József, "A honvédelem reformjának egyes kérdései［国防軍改革の諸問題］," *Hadtudomány*, 2001, 1, 10.o.
25　1991年9月26日の憲法裁判所の判決48/1991は、次のURLから検索、閲覧が可能。
http://www.mkab.hu/hu/frisshat.htm
26　Jeffrey Simon, *Hungary and NATO*, p. 94.
27　ポーランドの「小憲法」（英語訳）は、以下のURLを参照。
http://www.oefre.unibe.ch/law/icl/pl02000_.html
28　1997年憲法（英語訳）は、以下のURLを参照。
http://www.oefre.unibe.ch/law/icl/pl00000_.html
29　Paul Latawski, 'The Transformation of Postcommunist Civil-Military Relations in Poland,' p. 35.
30　Jeffrey Simon, *Poland and NATO*, pp. 16-17; ヤヌシュ・オニシキエヴィッチ「ポーランドにおけるシビリアン・コントロールへの道程」（L. ダイアモンド、M. F. プラットナー編、中道寿一監訳『シビリアン・コントロールとデモクラシー』刀水書房、2006年）、170頁。
31　チェコの憲法（英語訳）は、以下のURLを参照。
http://www.hrad.cz/en/czech-republic/constitution-of-the-cr.shtml
32　Tomas Zipfel, 'The Politics and Finance of Civil-Military Reform in the Czech Republic,' in David Betz and John Löwenhardt, eds., *op. cit.*, p. 102.
33　スロヴァキアの憲法（英語訳）は、以下のURLを参照。
http://www.servat.unibe.ch/icl/lo00000_.html
34　Jeffrey Simon, *NATO and the Czech & Slovak Republics*, pp. 158-159.
35　南塚信吾編『ドナウ・ヨーロッパ史』山川出版社、1999年、405頁。

36 Szabó József, i.m., 4.o.
37 Jeffrey Simon, *Hungary and NATO*, p. 21.
38 Székely Sándor, "A Honvédelmi Minisztérium és a Honvéd Vezérkar integrációjának néhány időszerű kérdés [国防省と参謀本部の統合における現在の諸問題]," *Új Honvédségi Szemle*, 1999, 8, 107-109.o.
39 Czoller Ernő, "Az euroatlanti integráció hatása a magyar haderőstruktúrára [ユーロアトランティック統合のハンガリー軍構造への影響]," *Hadtudomány*, 2001,1, 29.o.
40 Végh Ferenc, "A haderőreform folytatásának koncepciója az ezredfolrduló után [新千年紀における軍改革の継続性の概念]," *Hadtudomány*, 1999, 1, 30.o., 34.o.
41 Zoltán Szenes, *op. cit.*, pp. 84-85.
42 Pál Dunay, 'Civil-Military Relations in Hungary,' pp. 73-75; Szabó János, *Haderőváltás Magyarországon 1989-2001* [ハンガリーにおける軍の変革 1989-2001] (Budapest: PolgART, 2003), 87.o, 94.o., 219-225.o.
43 Andrew A. Michta, *The Solider-Citizen*, pp. 85-86.
44 Elizabeth P. Coughlan, *op. cit.*, pp. 528-529; Andrew A. Michta, *The Solider-Citizen*, p. 58.
45 Jeffrey Simon, *NATO and the Czech & Slovak Republics*, p. 87-88.
46 Tomas Zipfel, *op. cit.*, p. 103.
47 Marybeth Peterson Ulrich, "Developing Mature National Security Systems in Post-Communist States," pp. 414-416.
48 Szerk.: Gazdag Ferenc, *Magyar biztonság és védelem politikai dokumentumok 1989-1998 2* [ハンガリーの安全保障・防衛政策資料集 1989-1998 2巻] (Budapest: HM Stratétegiai és Védelmi Kutató Hivatal, 2002), 367-460.o. (以下、*Magyar biztonság és védelem politikai dokumentumok* と略記。)
49 Szabó János, *Haderőváltás Magyarországon 1989－2001*, 99.o.
50 Pál Dunay, "The Half-Hearted Transformation of the Hungarian Military," p. 21.
51 *Magyar biztonság és védelem politikai dokumentumok 1*, 53-57.o.
52 2003年5月14日のハンガリー通信社ニュース（電子版）、*Hírek-Magyar Távirati Iroda Rt.*, 2003. május 14 を参照。
53 改正された条文（ハンガリー語）については、以下の URL を参照。http://www.complex.hu/external.php?url=3
54 Elizabeth P. Coughlan, *op. cit.*, p. 526.
55 Tomas Zipfel, *op. cit.*, p. 103.
56 Jeffrey Simon, *NATO and the Czech & Slovak Republics*, p. 168, p. 215.
57 Jeffery Simon, *Hungary and NATO*, p. 95.
58 Jeffrey Simon, *NATO and the Czech & Slovak Republics*, p. 137.
59 2002年8月9日の『ネープサバッチャーグ』（電子版）、*Népszabadság Online*, 2002. augusztus 9 を参照。

60 2004年12月9日の『ネープサバッチャーグ』（電子版）、*Népszabadság Online*, 2004. december 9 を参照。

61 2006年9月19日の『ネープサバッチャーグ』、*Népszabadság*, 2006. szeptember 19 を参照。ハンガリーで起きた暴動とその背景については、拙稿「ハンガリーの2006年暴動——ヨーロッパ統合とナショナリズム」『法と政治』第58巻2号、2007年6月、105-143頁を参照。

62 2005年1月7日の『ネープサバッチャーグ』（電子版）、*Népszabadság Online*, 2005. januar 7 を参照。

63 1995年12月以来、ハンガリー国防軍はNATO加盟国を中心とするボスニア・ヘルツェゴヴィナでのIFOR、SFORに参加し、補給の任務で実績を挙げていた。Haris T. Csaba, "A miisszió öt éve [5年間の任務]," *Új Honvédségi Szemle*, 2001, 4, 2-4.o.

64 Paul Latawski, 'Domestic Control of Armed Forces in Postcommunist Poland,' pp. 28-29.

65 ヤヌシュ・オニシキエヴィッチ、前掲書、170頁。

66 Jeffery Simon, *Poland and NATO*, pp. 37-39. ヤヌシュ・オニシキエヴィッチ、前掲書、175頁。

67 Tomas Zipfel, *op. cit.*, p. 103.

68 Jeffrey Simon, *NATO and the Czech & Slovak Republics*, p. 138.

69 *Ibid.*, pp. 214-215.

第4章

NATO三次元レーダー基地問題

　中・東欧にとって、NATO加盟によって生じた責務の履行は、国家安全保障や次章で詳しく述べる国際貢献の観点から国内での支持を得やすく、軍隊の社会における名声の回復に寄与するものだと考えられた。しかし、国防軍と社会との関係に関して、ハンガリーでは、NATOが加盟に際して建設を義務づけた三次元レーダーの基地をめぐって新たな問題が生じた。

　三次元レーダー基地の建設に関して、同盟の責務の履行を優先する政府、国防省と建設予定地周辺の自然環境の保護を訴える地元住民、市民団体との認識の隔たりが大きかった。当初、政府は反対派の意見を尊重して建設候補地を変更した。にもかかわらず、代替地においても、地元住民から建設反対運動が起こった。

　本章の目的は、ポスト共産主義時代のハンガリーでの社会による国防軍のコントロールのあり方を考察することにある。分析に際して、NATO加盟後の国防軍と地域社会との関係に着目し、政府、国防省と市民団体、地元住民との対立が続いたハンガリー南西部のバラニャ県における防空レーダー基地の問題に焦点をあてる。

第1節　軍隊と社会

1-1　中・東欧における軍隊と社会との歴史的関係

　三次元レーダー基地建設の問題について論じる前に、ハンガリーを含めた中・東欧における軍隊と社会との歴史的な関係について考察する。ソ連型社会主義の時代に一党独裁体制と強く結びついてきた軍隊にとって、体制転換後の民主化された社会において国民の信用を回復することは重要な課題であった。その一方で、社会において軍隊がいかに位置づけられるのかは、それぞれの国家の歴史的経緯をふまえて分析する必要がある。以下、ハンガリーにおける軍隊と社会との歴史的な関係について、他のヴィシェグラード諸国と比較しながら論じる。

　1526年のモハーチの戦いでオスマン・トルコに敗北して以来、戦争に負けた体験しかないハンガリーでは、歴史的に軍の社会における名声は低かった。例外的な時期として、オーストリア皇帝がハンガリー国王を兼任するオーストリア・ハンガリー二重帝国時代においてのみ、ハンガリー国防軍は共通の国民的経験、国益や価値観をシンボリックな形で体現する役割を果たしていた。1867年のハプスブルク家とのアウスグライヒ（妥協）に際して、ハンガリーの有力貴族たちは自立した国家の象徴としての独自の軍隊を持つことを要求した。その結果、オーストリア・ハンガリー共通の陸軍以外に専ら国内の治安維持を担当する国防軍が設置された。[1]

　戦間期のハンガリーでは、元海軍提督ホルティ（Horthy Miklós）が国王の権限を代行する摂政であった。だが、クン（Kun Béla）によるハンガリーのタナーチ政権が崩壊した直後の秩序回復の時期を除き、軍の政治への関与は抑制されていた。

　さらに、社会主義時代を通して、人民軍はナショナル・セキュリティー、ネーション・ビルダーの役割を果たすことなく、むしろ国民の間ではソ連型社会主義の体制を擁護するための存在であるとみなされていた。また、冷戦時代、ワルシャワ条約機構の南軍管区に属するハンガリーの戦略的な重要性は東ドイツ、ポーランド、チェコスロヴァキアに比べて低く、ハンガリー人

民軍はソ連軍をサポートする役割にとどまっていた[2]。また、カーダールは職業軍人を権力の中枢から排除するよう努めてきた。前章で述べたように、カーダールの権力基盤が強化された 1960 年代初頭以降、国防相が社会主義労働者党の政治局員に選出されることはなかった。

　1956 年のハンガリー事件の後、社会主義体制を維持する手段としてのソ連駐留軍の存在を前提としながらも、カーダールは蜂起の再発防止と国内の安定のために経済的な自由化を志向する内政上の路線転換を進めた。1960 年代半ば以降、ハンガリーでは、他の東欧諸国と比較しても緩やかな言論統制が敷かれるようになった。市民が社会主義労働者党の支配体制に反旗を翻さない見返りとして、カーダール政権は生活水準の向上、市民生活への不干渉を保証してきた。そのため、カーダール時代には軍需部門への投資が抑えられ、消費財の生産に重点が置かれた。ハンガリー事件を教訓にした「グヤーシュ（グラーシュ）・コミュニズム」などと称された、カーダール政権下でのハンガリー独自の社会主義路線の確立であった[3]。カーダール政権下において、ハンガリー人民軍は社会主義労働者党指導部からも社会主義体制を維持するための最も重要な手段とは認識されなかった。

　社会主義体制の時代以来、ハンガリーでは、軍人は経済的な側面からも魅力のある仕事とみなされなかった。現実に、職業軍人は 1968 年の新経済メカニズムの実施以降に拡大した国家統制の及ばない第二経済（second economy）から排除された存在であった。1970 年代以降、労働者の 3 人に 2 人が第二経済からの副業収入を得る状況において、軍人は職業としても魅力を失っていた[4]。

　ハンガリーと比較すれば、ポーランドでは、歴史的に軍人の社会的地位、名声が高かった。1794 年の近隣列強によるポーランド分割に抵抗する蜂起軍を指揮したコシチューシコ（Tadeusz Kościuszko）、第一次世界大戦後の独立で役割を果たし後にクーデターで権力を掌握したピウスツキ（Józef Piłsudski）など、ポーランドには、近現代史上、政治的な危機に際して軍人が政治に介入する伝統があった[5]。

　社会主義体制下においても、他の東欧諸国に比べてポーランド軍人の社会的な地位は高かった。1980 年代初頭の自主管理労組「連帯」と統一労働者党・

政府との対立による政治的混乱に際して、1981年2月に首相、同年10月に統一労働者党第一書記に就任したヤルゼルスキ将軍が、同年12月13日に戒厳令を敷いて、「連帯」幹部の逮捕、投獄に踏み切った。戒厳令は「連帯」の活動の急進化に対して、ソ連や他の東欧諸国から軍事介入の可能性を示唆した強い政治的圧力を受けての非常事態における措置であった。にもかかわらず、社会主義体制下の東欧において、職業軍人が党・国家の最高ポストに就いたケースはヤルゼルスキだけであった。

チェコでは、オーストリア・ハンガリー二重帝国（ハプスブルク帝国）時代および共産主義政権時代の軍隊は社会から抑圧者とみなされた。チェコ人は帝国内部で有力な民族グループであり、産業革命の始まりとともに帝国の最先進地域に住む民族として経済的な実力をつけつつあった。にもかかわらず、チェコ人はアウスグライヒ以後にハンガリー人と同様の支配民族の地位を得ることができなかった。そのため、ハプスブルクの支配下で、チェコ人は独自の軍隊を持つことはなかった。

第一次世界大戦当時、オーストリア・ハンガリー帝国軍に徴兵されたチェコ人兵士の士気は低かった。とくに、ロシア戦線では、多くのチェコ人兵士が捕虜となった。そして、チェコ人兵士の救出問題が列強によるロシア革命後の内戦への軍事介入の口実になったのである。

1918年の初代大統領マサリク（Tomáš G. Masaryk）によるチェコスロヴァキア建国の後、チェコ人にとって、軍隊は国家主権を擁護する役割を果たす存在であった[6]。しかし、1938年のナチス・ドイツによるズデーテンラント割譲と翌年のチェコスロヴァキア国家の解体、さらに1968年のワルシャワ条約機構軍の介入に直面し、軍隊は国家、国民を守らないという認識が強まった。

体制転換の後、チェコと分離することで初めて国民国家を形成したスロヴァキア人にとって、軍隊と社会との歴史的な関係は他のヴィシェグラード諸国と比べても複雑だといえる。軍隊に対する肯定的な評価として、独自の軍隊の創設が民族の独立のアイデンティティを体現する役割を果たすと考えられる。

1939年のチェコスロヴァキアの解体後、聖職者であったティソ（Josef

Tiso）を指導者とするスロヴァキア国家が存在した。ティソのスロヴァキア国家は事実上、ナチス・ドイツの傀儡政権であり、現在のスロヴァキアとの連続性などない。とはいえ、歴史上初めて自民族を防衛するための軍隊が存在していたと、スロヴァキア人には認識できる。また、1944年8月のナチス・ドイツに対するスロヴァキア人蜂起の歴史的な経験が挙げられる。しかし、その一方で、チェコの場合と同様に、1968年のワルシャワ条約機構の軍事介入に抵抗することなく屈した記憶は自国の軍隊への否定的な評価に直結する[7]。

1-2 体制転換後のハンガリー国防軍と社会

　冷戦の終結後、国家間での戦争の減少、経済のグローバリゼーションと国際社会における主権国家の相対的な地位の低下の中で、欧米諸国における軍隊の文化、価値観、役割の変化を論じる政軍関係の研究がなされてきた。その際、ポストモダン時代の軍隊と社会との関係、徴兵制度の変容などに焦点があてられてきた[8]。

　しかしながら、欧米諸国のみならず、ハンガリーや他の中・東欧諸国も、軍隊の内部での価値観の変化、徴兵制度の廃止を求める世論の動きと決して無縁ではなかった。むしろ、体制転換後の政治、経済の激しい変動は、中・東欧の軍隊と社会との関係にも少なからず影響を及ぼしたのである。

　体制転換の後、国防軍の近代化は民主化と同様、ハンガリーが国際社会とくに欧米において発言権を有するために重要な課題であった。にもかかわらず、当初、ハンガリー社会において国防軍は無益でコストのかかる存在だとみなされた。無論、体制転換後の中・東欧における軍隊の社会的信用、名声は、各国それぞれの国内事情によって異なる。ハンガリーでは、市民の国防軍に対する信頼の高さが軍人の社会的名声の高さとは一致しないとネルソン（Daniel N. Nelson）は指摘している[9]。

　国防軍の社会的な名声の回復において、1999年3月のNATO加盟は、同盟の責務としてのヨーロッパの安全保障への貢献、紛争地域における国際任務への参加を通して国防軍の社会的な名声を高める契機になると考えられた。にもかかわらず、次節以下で述べるように、NATO加盟の後にハンガ

リーでは加盟国の責務の遂行をめぐって、地域社会と国防軍との間で対立が生じたのである。

第2節　ゼンゲー

2-1　NATOのレーダー基地問題

　NATO加盟によって、ハンガリーは自国と周辺国の空域をカヴァーできる三次元レーダーの基地を国内3カ所に建設することを義務づけられた。建設予定地として、南東部のベーケーシュチャバ、北部のバーンクート、南西部のゼンゲーが選ばれた。3カ所のうち、バラニャ県のゼンゲーでは、2003年以来、周辺の住民がレーダー基地建設に反対の声を挙げていた。

　ゼンゲーの建設予定地は海抜682mの山の頂にあり、ハンガリーのトランス・ドナウ地方から中央部の領空をカヴァーできる三次元レーダーを設置するのには最適な場所であった。しかしながら、ゼンゲーはドナウ・ドラーヴァ国立公園の一部にあたり、メチェク山地の行楽地であった。そのため、ゼンゲー周辺の自治体であるペーチヴァーラド、ホッスーヘテーニの人々の間では、レーダー基地の建設がメチェク山地の自然環境の破壊につながるとの不安が広がった。

　2003年7月には、レーダー基地の建設反対を訴えて結成された市民団体「ゼンゲーのための市民運動」のリーダーであるヘルベルト（Herbert Tamás）が、6300人分の建設に反対する住民の署名を持って国会議長シリ（Szili Katalin）を訪問した。[10]

　1990年代の後半以降、NATOは拡大した地域における防空能力強化のため、ハンガリー政府に対して2006年末までに国内に三次元レーダーの基地を建設するよう求めていた。ゼンゲーにおけるレーダー基地建設をめぐって、ハンガリー政府、国防省は安全保障、NATO加盟国としての責務と地域社会における環境保護との間でジレンマに陥ったのである。

　ハンガリーでは、地域住民によるシングル・イシューの運動が、他の中・東欧諸国と比較しても盛んであった。1960年代以降、社会主義労働者党が

共産主義イデオロギーに異議を唱えないかぎりにおいて市民的な自由を保証した結果、自然環境など地域社会の利害にかかわる問題で住民の団結や組織化が容易であったといえる。実際に、社会主義体制末期の1980年代半ばの段階では、非合法ながら環境保護を訴える市民運動が組織されていた。とくに、1977年にハンガリーと当時のチェコスロヴァキアとの間で建設に関する合意が成立していたドナウ川の水力発電所ガプチーコヴォ＝ナジマロシュ・ダムに対する反対運動では、ドナウ・サークルが中心的な役割を果たした。ダム建設への反対運動の高まりを無視できなくなったハンガリー政府は、チェコスロヴァキア政府の反発にもかかわらず1989年に建設工事の中止を決定した[11]。ガプチーコヴォ＝ナジマロシュ・ダムを建設中止に追い込んだ環境保護運動は、当時の社会主義労働者党内の改革派による「上からの民主化」を突き動かすことになった。ドナウ・サークルが果たした役割は、まさに地域社会による「下からの民主化」の動きであった。

当初、ハンガリー政府、国防省はゼンゲーの自然環境の保護を訴える市民団体に譲歩する姿勢を示さなかった。2004年3月、国防省の報道副部長ボチカイ（Bocskai István）はレーダー基地の建設予定地を変更しないと述べた[12]。

速やかに基地建設を進めたい国防省に対して、ハンガリー政府の内部には反対運動に配慮する動きもあった。3月25日に「ゼンゲーのための市民運動」、グリーンピースなどのNGOは共同で環境保護・水利相ペルシャーニ（Persányi Miklós）に建設予定地の変更を訴える書簡を送った。同日、ペルシャーニはデブレツェンで環境保護団体の代表と会談した際に、市民のレーダー問題での訴えに理解を示していた[13]。

国防軍にとって、ゼンゲーでレーダー基地の建設を強行することは、社会的信頼の回復に何ら寄与しなかった。前章で述べたように、歴史的にみて、ハンガリーでは軍隊の社会的名声が低かった。とくに、社会主義体制下でのハンガリー人民軍は自国民の生命と財産を守るための組織とは認識されなかった。体制転換後の国防軍にとって、社会における信頼回復は必要不可欠となっていた。

自然環境の保護を訴える「ゼンゲーのための市民運動」による基地建設の中止を要求する活動が活発化する中で、ハンガリー政府は2004年の春に工

事の中断を決定した。

2-2　ゼンゲー委員会

　建設工事が中断された後、2004年6月17日にラーング（Láng István）を座長とする9名の法律、環境保護、軍事、NATO問題の専門家からなる「ハンガリーの空域コントロールを保障するレーダー基地建設の可能性に関する調査委員会（ゼンゲー委員会）」が設置された。[14] ゼンゲー委員会では、政府への答申を目的として、当初の予定通りにゼンゲーに基地を建設するか、ゼンゲーの代替地を探すかの検討を始めた。はじめに、同委員会はゼンゲーに加え、ハールマシュ山、ヤカブ山の2カ所を建設候補地として調査した。[15] ハールマシュ山、ヤカブ山はゼンゲーと同様、メチェク山地にあった。

　ハンガリー政府にとって、ゼンゲー以外の場所にトランス・ドナウ地方と中央部をカヴァーできるレーダー基地を建設するには、NATOとの間で交わした契約の内容を修正する必要があった。もしレーダーに関するNATOとの契約内容が履行されなければ、ハンガリー政府は建設コストの負担の増加を受け入れなければならなかった。さらに、レーダー基地建設が中止または予定より遅れることで、NATO内部におけるハンガリーの立場が悪くなる可能性もあった。

　実際に、NATOの内部には、1999年の加盟実現以降、ハンガリーが国防軍の近代化などの面で加盟国としての義務を果たしていないという批判が根強く存在していた。第1章で指摘したように、2002年のメジェシ政権の成立直後、NATO事務総長ロバートソンが国防相ユハースに対してハンガリー国防軍の装備の近代化の公約を果たすよう強く求めていた。

　体制転換後のハンガリーの政策課題において、軍事力の整備は世論の広範なコンセンサスが得られず、低い優先順位であった。しかし、その一方で、ハンガリーはNATOから他の加盟国との人的、物的な相互運用性の確保を迫られていた。[16] 国内でレーダー基地の建設が不可能となった場合、ハンガリーがNATO内部でさらに厳しい批判にさらされることを国防省は懸念したのである。

　2004年3月に「ゼンゲーのための市民運動」はNATO事務総長デ・ホー

プ・スヘッフェル（Jaap de Hoop Scheffer）に書簡を送り、ゼンゲーでの基地建設の中止を訴えた。[17]しかし、NATOは他の加盟国にも同様の三次元レーダーの基地を建設しており、ハンガリーでの環境問題による建設計画の見直しに消極的であった。とくに、デ・ホープ・スヘッフェルはゼンゲーを最適な基地建設の候補地と認識しており、同年3月にハンガリー政府に早期の工事の開始を促していた。[18]

ゼンゲー委員会はゼンゲー、ハールマシュ山（海抜604 m）、テンケシュ山（海抜409 m）の3ヵ所を、三次元レーダー基地としての機能、自然環境への影響、工事に関する法的手続き、NATOとの契約内容の修正で生じるコスト、反対運動で生じる社会的緊張の面から調査した。2004年10月12日、ゼンゲー委員会はゼンゲーとその代替候補地に関する報告書をまとめた。[19]

ゼンゲー委員会の報告書における3ヵ所の調査結果は、以下のとおりであった。

- ゼンゲー
  設置できるレーダーの機能、NATOとの契約履行によるコストの面でメリットがあった。しかし、自然環境への影響、反対運動の激しさがデメリットであった。
- ハールマシュ山
  自然環境に及ぼす影響の小ささ、建設のためのインフラ面でのメリットはあった。だが、NATOとの契約内容の修正による220〜360億フォリントにのぼるコストがデメリットとなった。
- テンケシュ山
  自然環境に及ぼす影響が3ヵ所の中で最も小さかった。しかし、設置可能なレーダーの機能、NATOとの契約内容の修正で生じる220〜360億フォリントのコストなどの面でデメリットが大きかった。

ゼンゲー委員会の報告書からは、レーダー建設に最適な場所が明確に示されなかった。ゼンゲーと比較しても、ハールマシュ山、テンケシュ山が適切な建設候補地でないと同委員会は判断していた。

ゼンゲー委員会の報告書が示された後、首相ジュルチャーニはラーングに

防空と環境保護の双方の利益を満たせる解決策を探るよう調査の継続を求めた。ラーングに宛てた書簡において、ジュルチャーニは山の頂でなく平地にレーダーを設置する可能性に言及していた[20]。ジュルチャーニからの書簡をもとに、ゼンゲー委員会は自然環境保護の観点から、山の頂ではなく平地ないし低い山地におけるレーダー建設の可能性についての調査を開始した。

2004年12月8日にゼンゲー委員会は二度目の報告書をまとめた[21]。同委員会は、以下の四つの可能性について調査した。

1. バーンクート、ベーケーシュチャバと現在も機能しているユタ、クプ、メディナの3カ所のレーダーを活用する。第3の三次元レーダーを設置しない。
2. バーンクート、ベーケーシュチャバと現在も機能しているユタ、クプ、メディナの3カ所のレーダーを活用する。移動式レーダーで基地の機能を補完するが、第3の三次元レーダーを設置しない。
3. バーンクート、ベーケーシュチャバに加えて、モーラージに第3の三次元レーダー基地を建設する。
4. バーンクート、ベーケーシュチャバに加えて、リソーに第3の三次元レーダー基地を建設する。

すでにレーダー基地として機能しているユタ、クプ、メディナはトランス・ドナウ地方に位置し、それぞれ海抜204 m、206 m、210 mであった。また、モーラージ、リソーもトランス・ドナウ地方に位置し、それぞれ海抜296 m、247 mであった。モーラージはメチェク山地のやや東方にあり、リソーはバラニャ県よりショモジ県を挟んでさらに西方に位置するザラ県であった。

報告書にまとめられた1から4の調査結果では、1について、メリットとして、新たに自然環境に及ぼす影響がないことが挙げられた。しかし、現在、機能しているレーダーでは、NATOの要求を満たすことができないと指摘された。

2に関しても、自然環境に及ぼす影響が小さいことが、メリットして挙げられていた。しかし、1と同様、2もNATOの要求を満たすことはできなかった。さらに、新たな設備の建設には、370〜410億フォリントのコスト

がかかると指摘された。

　新たに三次元レーダーの基地建設が検討された候補地の調査に関して、3のモーラージでは、ドナウ流域、ドナウ・ティサ川間および南部の国境地帯の空域のコントロールが可能であり、自然環境への影響も小さかった。しかし、低地に設置されたレーダーでは、ハンガリー中央部全域のカヴァーが困難であり、建設には220～260億フォリントのコストがかかり、NATOとの契約内容の修正も必要であった。さらに、レーダーが周囲の通信システムの機能に影響を及ぼすことが指摘された。

　4のリソーでは、自然環境に及ぼす影響が小さいことがメリットとして挙げられた。だが、低地に設置されたレーダーでは、ハンガリーの中心部のカヴァーが不十分であった。さらに、バラニャ県より西方のザラ県というロケーションから、南東部の国境地帯の一部もコントロールできなかった。さらに、建設には270～310億フォリントのコストがかかり、NATOとの契約内容の修正も必要であった。

　12月8日のゼンゲー委員会の報告書の内容からは、自然環境に与える影響が小さい場所で、広範囲の空域をカヴァーできるレーダーを設置することは困難であった。ゼンゲーの代替地として調査の対象となった山頂でない低地において、NATOの基準に適合したレーダー基地を建設することは不可能だったのである。

　しかしながら、ハンガリー政府は市民団体、ゼンゲー周辺住民の建設反対の声を無視することができなかった。2004年12月29日に「ゼンゲーのための市民運動」はジュルチャーニ首相に書簡を送り、ゼンゲー以外の場所での基地建設を訴えた。[22] また、大統領ショーヨム（Sólyom László）は地元住民の意見を尊重し、環境保護の立場からゼンゲーでの基地建設に批判的な姿勢を取っていた。[23] さらに、2005年1月にユハース国防相はレーダー基地の建設場所について、2005年の春まで政府の結論を持ち越すと述べた。[24]

　2005年5月、ハンガリー政府はゼンゲー以外にレーダー基地の建設場所を探すことを決定した。[25] そして、遅くとも2006年最初の四半期までに、新たな建設予定地を決定する方針が示された。そして、2005年10月3日には、ユハースがゼンゲーに基地を建設しないことを明言した文書に署名し

た[26]。

　ゼンゲーでのレーダー基地建設の計画は、環境破壊を危惧する市民団体、周辺住民の反対によって、工事の中止と建設予定地の変更にいたった。「ゼンゲーのための市民運動」が求めたのは、基地建設そのものの中止でなく、メチェク山地の環境保護の立場からゼンゲー以外の場所への建設予定地の変更であった。

　ドネリー(Chris Donnelly)は体制転換の後にNATO加盟を目標とした中・東欧の民主化と軍隊の改革に着目し、軍民の相互理解と協力の必要性を説いた。とくに、ドネリーは民主的なシヴィリアン・コントロールを軍隊と社会との共生であると主張した[27]。

　ゼンゲー問題を通じて、建設工事の中止と代替地を探すことを決定した政府、国防省と「ゼンゲーのための市民運動」などのNGOとの間で、ドネリーが提唱したような軍民による相互理解が進展したとは言い難い。にもかかわらず、NGOや地域社会の抗議行動が、レーダー基地の建設を強行しようとする政府、国防省の動きに歯止めをかけた点においては、モルナールが主張したような市民社会による軍隊の水平的なシヴィリアン・コントロールの一端が垣間見られたのである。

第3節　トゥベシュ

3-1　新たな建設予定地

　2005年11月23日、ジュルチャーニはゼンゲーに替わるレーダー基地建設地をトゥベシュとして、2007年12月31日までに建設することを決定した[28]。トゥベシュはゼンゲーと同様、メチェク山地に位置する海抜611mの山の頂であった。ゼンゲー委員会の調査から、ゼンゲー以外に、NATOの基準を満たすトランス・ドナウ地方、中央部をカヴァーできる三次元レーダーを設置できる場所がトゥベシュのみであると国防省は判断したのである。ゼンゲーの代替地をトゥベシュとすることには、ショーヨムも同意した。

　しかしながら、トゥベシュはバラニャ県の中心都市であるペーチの市内に

あった。そのため、決定後まもなく、ペーチにおいても地元住民の間から反対運動が起こった。12月17日には、次回の総選挙（2006年4月）に野党フィデスから立候補を予定していたホルヒディ（Horhidi Attila）を中心とする約100名の反対派住民が、トゥベシュ山頂のヤーノシュ展望台の前で抗議集会を開いた[29]。

ハンガリーでの三次元レーダーの基地建設は、2007年の春以降にアメリカのブッシュ政権が配備を進めたMDに関連する施設の受け入れをめぐって国内で激しい反対運動が展開されたポーランド、チェコとは異なり、NATOの東方拡大に伴う防空レーダー網の整備の一環であった。ポーランド、チェコでのミサイル防衛関連施設の建設に関して、ロシアが激しく反発した。さらに、ロシアとの関係に配慮するフランスやドイツが、アメリカによる強引なMDの配備に批判的であった。そのため、ヨーロッパの国際関係に及ぼす影響が大きかった。プラハでは、2007年5月にMDの受け入れに反対する国際会議が開催されていた[30]。

2008年当時、チェコのトポラーネク（Mirek Topolánek）政権の外相シュヴァルツェンベルク（Karel Schwarzenberg）は国内世論の激しい反対にもかかわらず、アメリカが計画したミサイル防衛システムのレーダー基地を受け入れる方針であった[31]。

ポーランドでは、2007年11月に徹底した親米路線をとった右派政党「法と正義」のカチンスキ（Jarosław Kaczyński）に代わり、リベラル派政党・市民プラットフォームのトゥスク（Donald Tusk）が首相に就任した。トゥスク政権はイラク駐留軍の撤退など前政権の親米路線の修正を模索していた。だが、トゥスク政権にもアメリカのMD関連施設を受け入れる用意があった[32]。

余談ながら、ここでヨーロッパにおけるMD計画のその後の経過について述べておく。ロシアの激しい反発にもかかわらず前政権が配備しようとしたMDに関して、2009年9月17日にアメリカ大統領オバマ（Barack Obama）は現行のシステムによるポーランド、チェコへの配備を中止すると発表した[33]。その後、NATOが欧州のMD計画を推進する方向で、ロシアにも参加を促していくことになった。2010年11月のリスボンにおける首脳会議で、

NATOとロシアは欧州一体のMDで連携することで合意した[34]。

しかしながら、欧州のMDをめぐる米ロ間での認識の相違は依然として存在していた。2011年7月のNATO・ロシア理事会で、NATO事務総長ラスムセン（Anders Fogh Rasmussen）とロシア大統領メドヴェージェフ（Dmitry Medvedev）はNATO・ロシアの連携方式で合意に至らなかった[35]。また、チェコはMD計画の中で自国の担う役割が限定的なことに不満を持っていた。2011年6月にチェコ国防相ヴォンドラ（Alexandr Vondra）は、アメリカが進める欧州MD計画からの脱退の意向を表明した[36]。チェコの脱退表明には、アメリカを揺さぶる狙いがあるとみられる。

2011年9月には、アメリカとルーマニアとの間で、ルーマニア南部にMD施設を建設する合意が成立した。ロシアは自国の核戦力を低下させる狙いだと、ルーマニアへのMD配備に反発している[37]。

ハンガリーのNATOレーダー基地の反対運動に話を戻せば、ゼンゲーでの反対運動は反戦・平和の主張と強く結びついた全国規模での運動には至らなかった。ゼンゲーでレーダー基地の建設反対を訴えた市民たちは、国内でのNATOのレーダー建設そのものを否定していたのではなかった。確かに、ハンガリーでの抗議行動にも、グリーンピースなどの過激なNGOが名を連ねていた。だが、建設予定地が周囲の自然環境に深刻な影響を及ぼす可能性のない場所に変更されれば、ゼンゲーでの反対運動は収束に向かうと考えられた。実際に、自然環境への深刻な影響が指摘されたゼンゲー以外の他の2カ所の予定地であるべーケーシュチャバ、バーンクートにおいては、反対運動が組織されなかった。

体制転換の後、良心的兵役拒否、徴兵制廃止を支持するアルバ・サークルに代表される国防軍への圧力団体が現れた。これらのNGOには、特定の政治的な立場から、または関心のあるシングル・イシューに焦点をあてて防衛問題を論じる傾向があった。アルバ・サークルはハンガリーのNATO加盟にも反対してきた。国防省は困難ながらも、そのような圧力団体との対話を行ってきたと1998年から2002年の国防相サボーは主張する[38]。

ハンガリーのレーダー基地建設は東方拡大に伴うNATOによる防空システムの整備であると同時に、自国の安全保障にとっても不可欠であった。第

第 4 章　NATO 三次元レーダー基地問題

1 章で述べたように、1991 年のクロアチアにおける民族紛争の際、ユーゴスラヴィア連邦空軍機によるハンガリー領空の侵犯行為が頻発した。ハンガリー国防軍はユーゴスラヴィアの領空侵犯に対処できず、防空能力の欠如を露呈させたのである。

とくに、ユーゴスラヴィア連邦軍機が誤って爆弾を投下する事件が発生したクロアチア国境に近い都市バルチは、バラニャ県に隣接するショモジ県であり、ペーチからも近い位置にあった。バラニャ県などハンガリー南西部に暮らす人々にとって、1990 年代に旧ユーゴスラヴィアで発生した民族紛争は、自国の安全保障を考えるうえで最も重大な関心事であったことは明らかである。いずれにせよ、ハンガリー国内では、NATO の防空レーダー基地を建設すること自体への反発は生じていなかった。

しかしながら、代替地として選ばれたトゥベシュは、ゼンゲーと同じくメチェク山地の行楽地であった。さらに、ペーチ市内に位置するトゥベシュは、ゼンゲーよりも市街地に近かった。トゥベシュへの建設予定地の変更後、ハンガリー政府内では地域住民との対話の継続をはかりたい環境保護・水利省よりも、NATO の責務の履行を優先しようとする国防省の意向が反映されるようになった。

トゥベシュを代替地とする政府の決定に対して、環境保護団体のみならず地元住民もいたく失望した。その後、反対運動はトゥベシュのみならず、メチェク山地一体でのレーダー基地建設に反対する方針で展開されていくことになった。

2005 年 12 月にボチカイは、トゥベシュでのレーダー基地の建設について「周辺住民の健康や環境に影響を与えることはない[39]」と述べた。しかし、「ゼンゲーのための市民運動」やグリーンピースはボチカイの説明に納得しなかった。ヘルベルトは国防省事務次官イヴァーンチク（Iváncsik Imre）と面会し、トゥベシュでの基地工事に関する情報の開示を求めた[40]。

「ゼンゲーのための市民運動」を引き継ぐ形となった「メチェクのための市民運動」は基地建設による自然環境の破壊のみならず、三次元レーダー基地から発せられる電磁波の周辺住民に及ぼす影響についても指摘するようになった。さらに、トゥベシュでのレーダー基地建設の決定に関して、地元

ペーチ市議会の各会派も反発した。

　2006年5月に「メチェクのための市民運動」をはじめとする市民団体はNATOに書簡を送り、レーダー建設予定地としてのトゥベシュの適正を調査するよう要請した。他方、5月15日にユハースは「NATOはレーダー基地の建設地としてトゥベシュを受け入れた」と発表した。7月のNATOからの市民団体への返信には「レーダー建設地の選定はハンガリーの内政問題である」としか記されていなかった。[41]

3-2　住民投票

　トゥベシュへのレーダー基地建設予定地の変更後、政府と周辺の住民、市民運動との対立が先鋭化する中で、反対派は住民投票による建設の中止を意図するようになった。2006年9月、社会党のペーチ市長候補タシュナーディ（Tasnádi Péter）は「（政府、国防省は）地元住民の意思に反することをすべきではない」と述べた。そして、タシュナーディは建設の是非を問う住民投票を実施することを主張した。[42] 翌月には「メチェクのための市民運動」の代表者であるヴェンツェ（Vencze Csilla）が、住民投票の実施に必要な1万3700人の署名を集めたと発表した。[43]

　「メチェクのための市民運動」のイニシアティヴによる住民投票への手続きが進む中で、2006年11月13日の夜にテレビで国防相セケレシュ（Szekeres Imre）が「3カ所のレーダー建設の建設はハンガリーの国益である」[44]と述べた。セケレシュはレーダー建設の決定をハンガリーの内政問題であると指摘しながらも、NATO加盟国として、トゥベシュへのレーダー設置の必要性を強調した。政治家、国防軍が国益と判断したNATOの責務履行が、環境保護を求める地域社会の利害に優先するという政府の見解が、セケレシュの発言から示されたのである。

　体制転換以降の歴代の国防相と比較しても、セケレシュは軍事問題の専門家ではなかった。だが、セケレシュは社会党議員団長、党首代行などを歴任した与党内部において影響力を持つ実力者であった。トゥベシュ問題に関して、セケレシュが国防省内部における地域住民の声を軽視して基地建設を強行しようとする意見に一方的に引きずられたとは考えにくい。国防省内部に

おいて、政治家、文民官僚、軍人の間では、早期の基地建設で目的がすでに一致していた。

2007年3月4日に実施されたレーダー基地建設の是非を問う住民投票の結果は、有効投票数4万1328で、建設反対が3万8870票（94.3％）、賛成が2343票（5.7％）だった[45]。投票所に足を運んだペーチ市民の圧倒的多数は、トゥベシュにレーダー基地を建設することに反対の意思を示した。

しかしながら、投票率が32.51％にとどまったため、住民投票そのものが無効となった。住民投票の結果が法的拘束力を持つためには、50％以上の投票率が必要であった。

住民投票が無効に終わった後、基地建設の動きに弾みをつけようとする政府、国防省と建設反対の姿勢を崩さない地域社会との対決姿勢がより鮮明になった。

実際に、住民投票の直後、国防省は「有権者の大多数はレーダー基地建設を障害であると認識していない[46]」との見解を示した。そして、4月21日には国防省がついにトゥベシュでの基地建設の第1段階の許可を出した[47]。

さらに、国防省はNATOとの交渉を軌道に乗せることで、地元での反対運動の動きを牽制しようとした。国防省はトゥベシュへの基地建設でNATOとの話し合いに入ると発表した。さらに、国防省は外交ルートを通じて、NATOにトゥベシュに基地を建設することを伝えた[48]。

「メチェクのための市民運動」のヴェンツェは、住民投票の直後から「投票した有権者の多くは建設に反対であった[49]」と国防省の見解に反論していた。さらに、4月に「メチェクのための市民運動」はNATO本部へ書簡を送り、ハンガリー政府に対してトゥベシュに基地を建設させないよう求めた[50]。

ペーチ市議会では、野党・フィデスの議員団長レーヴェース（Révész Mária）が「（反対と投票した）3万9000名の反対意見を考慮すべき[51]」と述べた。しかしながら、ペーチ市議会においては、与党・社会党、自由民主連合と野党・フィデスの対立から、市議会として基地建設の禁止を求める決議を採択することができなかった。国政レベルでも与党である社会党、自由民主連合は、フィデスが提出した建設中止を求める決議に反対票を投じた。セ

ケレシュはペーチ市長タシュナーディに書簡を送り、市議会において賛成に傾く与党を抑えようとした[52]。ペーチ市議会での足並みの乱れに乗じるかのように、国防省が6月20日に基地建設のための第2段階の許可を出した。

3-3 裁判と建設中止

住民投票後に進展をみせた基地建設の動きに対して、「メチェクのための市民運動」は国防省による建設許可の違法性を訴え、法廷で許可の取り消しを求める戦術に出た[53]。「メチェクのための市民運動」は政府、国防省との対話でなく、裁判によるトゥベシュ問題の決着を求めたのである。

トゥベシュ問題が法廷闘争に至ったにもかかわらず、ハンガリー政府はあくまでトゥベシュに基地を建設する姿勢を崩さなかった。専門家で構成された委員会による代替地の選定と反対派との対立の回避に努めたゼンゲーとは異なり、政府はトゥベシュ以外にもはやオルタナティヴはないとの立場であった。

2007年10月15日の建設許可の許可をめぐる一審判決の直前には、市民団体のよびかけに応じて、レーダー基地建設に反対する1000人規模のデモがペーチで行われた。しかし、一審判決では、国防省が出した建設許可の無効を求める「メチェクのための市民運動」の訴えが退けられた[54]。

一審判決の後、地元では基地建設を強行しようとする政府、国防省への反発が強まっていた。11月22日、バラニャ県議会が裁判の判決の確定までトゥベシュに計画中のレーダー建設を始めないよう政府に要求する決議を採択した[55]。

12月20日には、ペーチ市議会がペーチの市域に軍隊のレーダーの設置を禁止するための建設条例の改正を行った。それに対して、ボチカイはペーチ市議会の条例改正に関して、レーダー基地の建設を妨げるものではないと述べた[56]。

さらに、地域住民の間でも、レーダー建設工事に対する反発、懸念が強まっていた。2008年2月には、4600のペーチやその周辺に不動産を所有する市民がトゥベシュでのレーダーの建設に対して、国に補償を求める裁判を起こした[57]。訴えを起こした市民は、「メチェクのための市民運動」の支援を

第 4 章　NATO 三次元レーダー基地問題

受けていた。

　2008 年 3 月 3 日、二審の首都裁判所は判決まで国防省によるトゥベシュでの基地建設許可の執行の停止を命じた[58]。無効に終わった住民投票から約 1 年、トゥベシュにおけるレーダー基地の建設工事はいったん中断を余儀なくされた。

　二審の判断は、トゥベシュでの基地建設を進めてきた政府、国防省には厳しいものであった。裁判所の決定に反発する国防省は、2007 年 12 月のペーチ市議会による建設禁止の条例改正を不当だと批判した[59]。さらに、4 月 17 日のハンガリー国会の環境保護委員会において、国防省事務次官フュレディ（Füredi Károly）は「ヨーロッパの都市に隣接するトゥベシュに類似した NATO のレーダー基地は、（他国に）4 カ所あるが機能している[60]」と述べて、環境破壊を引き起こすことはないと主張した。

　首都裁判所でのトゥベシュ問題の審議は、2008 年 5 月 9 日に始まった[61]。首都裁判所での審議の間、国会によって任命されたオンブズマンによってハールマシュ山などトゥベシュ以外の建設候補地探しによる解決が模索された。また、トゥベシュ問題が長期化する中で、国会議長シリが建設反対の立場に転じていた[62]。

　2009 年 11 月 27 日の控訴審判決において、トゥベシュへの三次元レーダー基地建設の中止を求める市民の要求は退けられた[63]。二審判決の後、2009 年にペーチ市長に当選したパーヴァ（Páva Zsolt）も加わった現地での反対運動はさらに激しくなった。

　2010 年 1 月 25 日、ハンガリーの最高裁は首都裁判所（二審）が下したトゥベシュへの三次元レーダー基地建設許可の執行を中断するよう命じた[64]。ここで、ペーチ周辺で建設反対運動が激しくなった 2010 年前半の国内政治の状況について述べる。同年 4 月、ハンガリーでは総選挙が実施されることになっていた。総選挙の前哨戦ともいえる 2009 年 6 月の欧州議会選挙で、与党・社会党は野党第一党のフィデスに大敗していた[65]。その後も社会党の退潮に歯止めがかからなかった。建設反対運動に理解を示すフィデスの総選挙での圧勝が確実視される状況において、トゥベシュに三次元レーダー基地を建設することは非常に難しくなっていた。

151

さらに、ハンガリー南西部への三次元レーダー基地建設が計画された時点において、ハンガリーの南に位置する隣国はNATOに加盟していなかった。加盟当初、ハンガリーは他の加盟国と国境を接していない、いわばNATO域内において孤島状態にあった。しかし、その後、2004年にスロヴェニア、2009年にクロアチアがNATOに加盟した。1990年代末から2000年代初頭とは状況が異なり、NATOにとってのハンガリー南西部の戦略的な重要性は失われた。すでに、NATOには、トゥベシュの建設代替地をスロヴェニアやクロアチアに求めることも可能であった。

　2008年2月にフィデスの政治家イッレーシュ（Illés Zoltán）はNATOの三次元レーダー問題の解決策として、建設地をハンガリー国内でなくスロヴェニアに変更することを提案していた[66]。実際に、2004年2月当時、ハンガリー国内での反対運動によってNATOレーダー基地の建設が不可能になった場合、NATOの側からは、同年4月に加盟を予定していたスロヴェニアに変更するとの見方も存在したのである[67]。

　2010年3月17日に最高裁は二審判決に反して国防省にレーダー基地問題で新たな手続きを義務づけた[68]。最高裁の決定によって、トゥベシュへの基地建設は事実上、不可能になった。そして、ハンガリー南西部における三次元レーダーの問題は、新しい候補地探しの振り出しに戻った。

　オルバーン政権は2013年末までにトルナ県のメディナへの建設の可能性を模索している[69]。先述の2004年12月にラーングを座長としてまとめられたゼンゲー委員会の報告書の時点において、すでにメディナはNATOにとって満足できるレーダー基地として低地であると指摘されていた。にもかかわらず、政権の内部には、NATOが最終的にメディナへの基地建設に不本意ながらも同意するとの見方が存在する[70]。

　本書の脱稿の時点で、メディナへのレーダー基地の建設工事は2012年に始まる見込みである[71]。

　本来、恒久的なナショナル・セキュリティーの手段とみなされたNATO加盟によって義務づけられた装備の近代化、相互運用性の確保は、中・東欧諸国にとって重い財政負担であるにもかかわらず、国内世論の理解を得やすいものであった。実際、ドネリーが述べたような中・東欧諸国における社会

第 4 章　NATO 三次元レーダー基地問題

と軍隊との相互プロセスにおいて、NATO の責務の履行は不可欠な課題であった。

　一連のトランス・ドナウ地方におけるレーダー問題は、今後、ハンガリー国内での国防省関連施設の移転や基地の統廃合をめぐる国防軍と地域社会との関係にも影響を及ぼす可能性がある。トゥベシュにおけるレーダー問題を通して、モルナールが提唱したハンガリーにおける地域社会、NGO などによる国防軍の水平的なコントロールの確立は、ゼンゲー、トゥベシュでの NATO レーダー基地の建設問題によって大きく後退したのである。

註

1　大津留厚『ハプスブルクの実験――多文化共存を目指して』春風社、2007 年、69 頁。
2　Pál Dunay, 'Civil-Military Relations in Hungary,' p. 66.
3　カーダール時代の概要については、拙稿「カーダールの功罪――ハンガリー事件から体制転換まで」（羽場久美子編『ハンガリーを知るための 47 章――ドナウの宝石』明石書店、2002 年）、95-101 頁を参照。
4　Zoltan D. Barany, op. cit., p. 104.
5　Paul Latawski, 'The Polish Armed Forces and Society,' pp. 26-27.
6　Marie Vlachová, op. cit., p. 42.
7　Marybeth Peterson Ulrich, 'Armed Forces and Society in Slovakia,' p. 60.
8　ポストモダン時代の軍隊に関して、Charles C. Moskos, John Allen Williams and David R. Segal, eds., *The Postmodern Military: Armed Forces after the Cold War* (Oxford: Oxford University Press, 2000) を参照。ヨーロッパ諸国の徴兵制度の変容に関して、Pertti Joenniemi, ed., *The Changing Face of European Conscription* (Hampshire: Ashgate, 2006) を参照。
9　Daniel N. Nelson, "Civil Armies, Civil Societies, and NATO's Enlargement," *Armed Forces & Society*, Vol. 25, No. 1, fall 1998, p. 151.
10　2003 年 7 月 30 日の『ネープサバッチャーグ』（電子版）、*Népszabadság Online*, 2003. július 30 を参照。
11　ダム建設反対運動に関しては、真下俊樹「ガブチコヴォ＝ナジマロシュ・ダム――市民運動が計画の根本的見直し迫る」（『シリーズ東欧革命』編集委員会・編『東欧革命　①』緑風出版、1990 年）、215-216 頁を参照。なお、ハンガリーはダム建設を中止したが、体制転換後にスロヴァキアは工事を継続した。そのため、ガブチーコヴォ＝ナジマロシュ・ダム問題は、その後もハンガリー・スロヴァキア間の係争点として残った。ハン

ガリー側の見解（邦訳）は、ガーボル・サボー、長典　進訳「ドナウは生きている：ハンガリー側の見解」『季刊　Quo』第6号、1992/93年、8-14頁を参照。1997年9月のハーグ国際司法裁判所の判決でもダム問題は解決しなかった。Romsics Ignác, i.m., 578. o. その後も、ダム問題では断続的に二国間の協議が行われた。

12　2004年3月18日の『ネープサバッチャーグ』（電子版）、*Népszabadság Online*, 2004. március 18を参照。

13　2004年3月25日の『マジャル・ヒールラップ』（電子版）、*Magyar Hírlap Online*, 2004. március 25; 2004年3月26日の『ネープサバッチャーグ』（電子版）、*Népszabadság Online*, 2004. március 26を参照。

14　2004年6月17日のハンガリー首相府の発表、http://www.meh.hu/szolgaltatasok/kozlemenyek/zengo20040617.htmlを参照。

15　2004年7月13日の『ネープサバッチャーグ』（電子版）、*Népszabadság Online*, 2004. július 13を参照。

16　Pál Dunay, 'Building Professional Competence in Hungary's Defence: Slow Motion,' in Anthony Foster, Timothy Edmunds and Andrew Cottey, eds., *The Challenge of Military Reform in Postcommunist Europe: Building Professional Armed Forces*（New York: Palgrave Macmillan, 2002）, pp. 66-67.

17　2004年3月3日の『ネープサバッチャーグ』（電子版）、*Népszabadság Online*, 2004. március 3を参照。

18　2004年3月2日の『ネープサバッチャーグ』（電子版）、*Népszabadság Online*, 2004. március 2を参照。

19　ゼンゲー委員会の報告書は、以下のハンガリー首相府のHPにおけるURL、http://www.meh.hu/tevekenyseg/hatteranyagok/20041025.htmlにリンクされた、*A Magyar Légtérellenőrzést Biztosító Lokátorállomás Telepítési Lehetőségeit Vizsgáló Bizottág közbülső jelentése*［ハンガリーの空域コントロールを保証するレーダー基地建設の可能性に関する調査委員会による報告書］で閲覧が可能である。

20　ジュルチャーニがラーングに宛てた書簡は、以下のURLを参照。
http://www.meh.hu/tevekenyseg/tevekhirek/zengolevele20041012.htlm

21　ゼンゲー委員会の報告書は、以下のURLを参照。
http://misc.meh.hu/binary/6603_zengobizottsag_jelentese_041208.pdf

22　2004年12月30日の『ネープサバッチャーグ』（電子版）、*Népszabadság Online*, 2004. december 30を参照。

23　2005年6月22日の『ネープサバッチャーグ』（電子版）、*Népszabadság Online*, 2005. június 22を参照。

24　2005年1月13日の『ネープサバッチャーグ』（電子版）、*Népszabadság Online*, 2005. január 13を参照。

25　2005年7月20日の『ネープサバッチャーグ』（電子版）、*Népszabadság Online*, 2005. július 20を参照。

26　2005年10月19日の『ネープサバッチャーグ』（電子版）、*Népszabadság Online*, 2005. október 19を参照。
27　Chris Donnelly, *Nations, Alliances and Security* (Budapest: Akadémiai Kiadó, 2004), pp. 22-42.
28　2005年11月23日の『ネープサバッチャーグ』（電子版）、*Népszabadság Online*, 2005. november 23を参照。
29　2005年12月17日のハンガリー通信社ニュース（電子版）、http://hirek.mti.hu/cikk/108141/を参照。
30　MDシステムの受け入れに反対する平和団体の国際会議におけるプラハ宣言は、チェコのNGO「ノン・ベース・イニシアティヴ」のホームページを参照。http://www.prague-declaration.org/index.php
31　Jan Cienski, "Czechs to Host US Missile Shield amid Public Opposition," *FT.com*, May 23, 2008. http://www.ft.com/cms/s/0/695106e4-2876-11dd-8f1e-000077b07658.html
32　Jan Cienski and Demetri Sevastopulo, "Poland Demands US Air Defense System," *FT.com*, November 20, 2007. http://www.ft.com/intl/cms/s/0/d654e628-970a-11dc-b2da-0000779fd2ac.html#axzz1MlutI000
33　9月17日のMDに関するオバマのスピーチは、同日の『フィナンシャル・タイムズ』（電子版）*FT.com*, September 17, 2009を参照。http://www.ft.com/intl/cms/s/0/e2c8a482-a3c7-11de-9fed-00144feabdc0.html#axzz1MlutI000
34　James Blitz and Peter Spiegel, "Russia to Co-operate on Missile Shield," *FT.com*, November 20, 2010. http://www.ft.com/intl/cms/s/0/8b7b8fd4-f4f0-11df-a809-00144feab49a.html#axzz1TrOzIChX；『朝日新聞』2010年11月22日。
35　Charles Clover, "Western Bid to Ally Russia's Missile Concerns," *FT.com*, July 5, 2011. http://www.ft.com/intl/cms/s/0/8b7b8fd4-f4f0-11df-a809-00144feab49a.html#axzz1TrOzIChX
36　『朝日新聞』2011年6月17日。
37　『朝日新聞』2011年9月15日。
38　János Szabó, 'Transforming the Defense Sector in a New Democracy: Civil-Military Relations in Hungary—Facts and Tendencies,' in Jürgen Kuhlmann and Jean Callaghan, eds. *Military and Society in 21st Century Europe: A Comparative Analysis* (New Brunswick: Transaction Publishers, 2000), p. 126.
39　2005年12月19日の『ネープサバッチャーグ』（電子版）、*Népszabadság Online*, 2005. december 19を参照。
40　2005年12月20日の『ネープサバッチャーグ』（電子版）、*Népszabadság Online*, 2005. december 20を参照。
41　ユハースの発言、ペーチの市民団体とNATOとの書簡のやり取りは、「メチェクのための市民運動」のHPのトゥベシュ問題に関する年表、http://www.cmm.hu/?cat=szov&id=10を参照。

42 2006 年 9 月 12 日の『ネープサバッチャーグ』（電子版）、*Népszabadság Online*, 2006. szeptember 12 を参照。

43 2006 年 10 月 26 日の『ネープサバッチャーグ』（電子版）、*Népszabadság Online*, 2006. október 26 を参照。

44 2006 年 11 月 14 日の『ネープサバッチャーグ』（電子版）、*Népszabadság Online*, 2006. november 14 を参照。

45 2007 年 3 月 5 日の『ネープサバッチャーグ』（電子版）、*Népszabadság Online*, 2007. március 5 を参照。

46 2007 年 3 月 5 日の『ネープサバッチャーグ』（電子版）、*Népszabadság Online*, 2007. március 5 を参照。

47 2007 年 4 月 22 日の『ネープサバッチャーグ』（電子版）、*Népszabadság Online*, 2007. április 22 を参照。

48 2007 年 3 月 14 日の『ネープサバッチャーグ』（電子版）、*Népszabadság Online*, 2007. március 14 を参照。

49 2007 年 3 月 5 日の『ネープサバッチャーグ』（電子版）、*Népszabadság Online*, 2007. március 5 を参照。

50 2007 年 4 月 4 日の『ネープサバッチャーグ』（電子版）、*Népszabadság Online*, 2007. április 4 を参照。

51 2007 年 3 月 6 日の『マジャル・ヒールラップ』（電子版）、*Magyar Hírlap Online*, 2007. március 6 を参照。

52 2007 年 6 月 7 日の『ネープサバッチャーグ』（電子版）、*Népszabadság Online*, 2007. június 7 を参照。

53 2007 年 6 月 26 日の『ネープサバッチャーグ』（電子版）、*Népszabadság Online*, 2007. június 26 を参照。

54 2007 年 10 月 17 日の『ネープサバッチャーグ』（電子版）、*Népszabadság Online*, 2007. október 17 を参照。

55 2007 年 11 月 22 日の『ネープサバッチャーグ』（電子版）、*Népszabadság Online*, 2007. november 22 を参照。

56 2007 年 12 月 20 日の『ネープサバッチャーグ』（電子版）、*Népszabadság Online*, 2007. december 20 を参照。

57 2008 年 2 月 22 日の『ネープサバッチャーグ』（電子版）、*Népszabadság Online*, 2008. február 22 を参照。

58 2008 年 3 月 3 日の『ネープサバッチャーグ』（電子版）、*Népszabadság Online*, 2008. március 3 を参照。

59 2008 年 3 月 27 日のハンガリー国防省 HP のニュース、http://www.honvedelem.hu/cikk/0/10652/tubes.html を参照。

60 2008 年 4 月 17 日のハンガリー国防省 HP のニュース、http://www.honvedelem.hu/cikk/0/10920/hmtubes.html を参照。

61　2008 年 5 月 9 日の『ネープサバッチャーグ』（電子版）、*Népszabadság Online*, 2008. május 9 を参照。
62　2009 年にシリはタシュナーディ病死後のペーチ市長選挙にも立候補していたが、フィデスの候補パーヴァに敗れた。また、2009 年夏にシリは国会議長を辞職した。さらに、2010 年の総選挙の後で、シリは社会党を離党した。
63　2009 年 11 月 27 日の『ネープサバッチャーグ』（電子版）、*Népszabadság Online*, 2009.november 27 を参照。
64　2010 年 1 月 25 日の『ネープサバッチャーグ』（電子版）、*Népszabadság Online*, 2010. januá 25 を参照。
65　ハンガリーにおける欧州議会選挙の結果は、http://www.europarl.europa.eu/parliament/archive/staticDisplay.do?id=212&pageRank=17&language=EN#result_party を参照。フィデス・キリスト教民主人民党が得票率 56.36％で全議席 22 のうち 14 議席を獲得したのに対して、社会党はわずか得票率 17.37％で 4 議席にとどまった。
66　2008 年 2 月 29 日の『ネープサバッチャーグ』（電子版）、*Népszabadság Online*, 2008. február 29 を参照。
67　ボチカイはハンガリー自身の防空の必要性から国内 3 ヶ所にレーダー基地が必要であると述べて、国外への建設地変更の可能性を否定していた。2004 年 2 月 13 日の『ネープサバッチャーグ』（電子版）、*Népszabadság Online*, 2004. február 13 を参照。
68　2010 年 3 月 17 日の『ネープサバッチャーグ』（電子版）、*Népszabadság Online*, 2010. március 17 を参照。
69　2011 年 3 月 10 日の『ネープサバッチャーグ』（電子版）、*Népszabadság Online*, 2011. március 10 を参照。
70　2011 年 3 月 22 日の『ネープサバッチャーグ』（電子版）、*Népszabadság Online*, 2011. március 22 を参照。
71　2011 年 8 月 1 日の『ネープサバッチャーグ』（電子版）、*Népszabadság Online*, 2011. augusztus 1 を参照。

第5章

国際任務と平和構築

　第3章において、体制転換後の中・東欧の政軍関係に関して、ハンガリーを中心に共産主義政党と軍隊との分離、大統領と内閣との軍隊の指揮・命令における権限や責任の所在、参謀本部の国防省への統合、国防省の文民化、議会による軍隊のチェック機能など政治制度上の問題点を考察した。2001年のハンガリーにおける参謀本部の国防省への統合にみられるように、21世紀初頭までにヴィシェグラード諸国での民主的な政軍関係へ向けた制度改革は一応の完成をみた。

　しかしながら、体制転換後の中・東欧における民主的な政軍関係を論じるうえで、軍隊と社会との関係を考察することも不可欠である。かつて東欧の軍隊は、国民にとって一党独裁体制を擁護する存在であった。また、社会主義体制の下でソ連に従属していた東欧の軍隊は、ネーション・ビルダーとしての役割を果たしていなかった。ソ連型社会主義崩壊後の中・東欧において、軍隊が市民社会において正統性を有することが、民主主義体制の安定には不可欠であると筆者は認識している。具体的には、文民政治家のみならず社会が旧体制下で共産主義政党と一体化していた軍隊をコントロールすることが求められているのである。にもかかわらず、前章で論じたように、ハンガリーではNATOの三次元レーダー基地建設をめぐり地域社会と国防軍との深刻な対立が生じた。

　本章の目的は、民主化が進行した段階における中・東欧の軍隊の社会的役

割を考察することにある。分析に際して、近年の先行研究におけるアプローチと成果を踏まえながら、ハンガリーを中心に、ポスト共産主義時代の中・東欧における軍隊と社会との関係を検証する。とくに、本章ではNATO加盟後の中・東欧の軍隊の新たな役割として、紛争地域における国際任務への参加、平和構築のための文民組織との民軍協力（civil-military cooperation: CIMIC）に着目する。そして、中・東欧の軍隊の国際貢献を通じた市民社会におけるレーゾンデートルを論じる。

第1節　中・東欧における軍隊の役割

1-1　軍隊の役割の変化

　他のヴィシェグラード諸国と比較しても、ハンガリーにおける軍人の社会的地位、名声は決して高いとはいえない。さらに、社会主義体制下おける人民軍の社会的な名声や信用の低さが、体制転換後のハンガリー国防軍と社会との関係にも影響を及ぼしてきた。1956年以降のカーダール時代には軍事部門への投資が抑えられ、民生部門の生産拡大に重点が置かれた。そのような軍事を軽視する傾向は、体制転換以降も続いていた。社会の軍に対するコントロールが有効に機能するためには、市民社会が軍隊を有益な存在であると認識する必要がある。にもかかわらず、多くの政治家や市民は国防軍を有益であるよりも、むしろ経済的にコストのかかる存在であるとみなしていた。[1]

　1999年のNATO加盟によって、ハンガリーでは外国からの軍事的な脅威がかつてないほどに減少した。NATOの共同防衛の能力が維持される限り、今後、ハンガリーが外国から侵略される可能性は極めて低いことはいうまでもない。しかし、同時に、今後の国防軍が従来のナショナル・セキュリティーの役割のみでレーゾンデートルを見出すことは難しくなった。さらに、体制転換後の民主化に伴う社会における価値観の変化、多様化によって、国防軍がナショナル・アイデンティティ形成の担い手となることも不可能になった。実際に、かつて徴兵制度は国民国家の形成期において、ネー

ション・ビルダーの役割を果たしてきた。だが、体制転換の後、徴兵制度の廃止を求める声がハンガリー社会で高まっていた。そのため、徴兵制度は2004年に廃止となったのである。

しかし、その一方で、国防軍が社会における新たな正統性を確立するうえで、フォスターが論じた国内におけるドメスティック・ミリタリー・アシスタンス、対外的なミリタリー・ディプロマシーの役割にもとづく「再接続」に着目すべきである。ハンガリー国防軍にとって、国内では平和で民主的な体制の擁護者、対外的にはハンガリーの国際的な地位の向上のために重要な役割を果たす存在であると認知されることが、市民社会において正統性を確立するうえで不可欠だった。

まず、ドメスティック・ミリタリー・アシスタンスの事例として、軍隊による災害救助が挙げられる。ハンガリーにおいて歴史的に繰り返し発生した自然災害は、ドナウ川やその支流であるティサ川の氾濫によって起こる洪水である。温暖化など地球環境の変化によるとみられる異常気象が指摘される近年、ドナウ川、ティサ川の洪水がたびたび起きている。とくに、2002年8月にはハンガリーを含めたドナウ川の沿岸諸国で記録的な水位の上昇を記録した。ハンガリー国防軍は危険水域に達したドナウ川で土嚢を積むなどの文民当局への協力によって、社会から支持を得ることができた。しかしながら、自然災害の救助活動による貢献のみでは、軍隊の社会における名声の回復と正統性の確立には自ずと限界がある。

1-2　国際任務と民軍の価値観の共有

従来の政軍関係研究にみられる政軍分離の制度論における問題点を指摘するシフ（Rebecca L. Schiff）は、一致理論（concordance theory）において軍隊、政治指導者、市民の三者に影響を及ぼす制度的、文化的な条件を説明した[2]。そして、シフは三者の間での価値観の共有、目的の一致によって、軍の政治への介入を防止できると主張した。シフの分析視角においては、将校団の構成、政策決定のプロセス、軍人のリクルート方法、対外的使命と内部の精神構造にもとづく軍のスタイルが挙げられた。なお、シフは一致理論のケース・スタディとして、イスラエルとインドを例に挙げて、軍隊、政治

家、市民の一致にもとづく軍の政治への不介入の要因を分析した。

シフの一致理論をもとに、体制転換後のハンガリーにおける政軍関係について以下のように分析する。

1. 将校団の構成　党と軍との分離、様々な階層からなる将校団への移行
2. 政策決定過程　内閣による国防軍の防衛ドクトリン、予算案の作成と国会によるチェック機能
3. 新兵募集方法　徴兵制から志願兵制への移行
4. 軍のスタイル　国防軍の士気、使命感の低下

1から4の視点において国防軍、文民政治家、市民の間での合意形成には、それぞれ1で国防軍の民主化、2で文民政治家の指導力による軍の情報開示と組織の効率化、3で軍の近代化とプロフェッショナリズム、4で対外的任務による国防軍の士気、使命感の高まりがそれぞれ求められる。とくに、三者の間での価値観や目的の共有、対話、協力の推進には、NATOの国際任務の遂行が重要であった。

さらに、フォスターが指摘するミリタリー・ディプロマシーの事例として、国際平和への貢献が挙げられる。ドゥナイは体制転換後のハンガリーにおける新たな国防軍と社会との関係を構築するうえで平和維持活動などの国際任務の重要性を指摘した[3]。実際に、民族対立によって紛争が多発する冷戦後の国際社会の現状に対して、先述のように冷戦後のNATOは域外における非第5条任務へと役割を変えていた。民族紛争が多発する今日の国際社会における平和構築に関して、ハンガリーや他のヴィシェグラード諸国も無縁ではいられなかった。脆弱国家の平和は国際社会の安定に不可欠であり、NATOに加盟した中・東欧にも責任を果たす必要があった。

いずれにせよ、NATO拡大は加盟を希望する国家の軍内部の改革や価値観の変化を促すことになった。そして、1999年のNATO加盟によって伝統的なナショナル・セキュリティーのみならず、紛争地域における平和構築への貢献を通して、国防軍が市民社会との価値観を共有することによって信用を回復する可能性がでてきたのである。

冷戦の終結後の国家間戦争に代わる旧ユーゴスラヴィア地域、ルワンダ、ハイチ、ソマリア、シェラレオネ、コンゴなどで発生した地域紛争、民族紛

争は、民主国家における軍隊と社会との関係にも影響を及ぼしつつある。紛争地域における平和構築に関して、国連、国際機関、支援国の省庁、NGOと軍隊によるCIMICの重要性が指摘されてきた[4]。とくに、冷戦後、紛争地域で復興支援を行なう国家の政府組織は現地でのプロジェクトの実施に関して下請けとしてのNGOに依存するようになっている[5]。長期にわたる紛争で分裂状態に陥った地域社会の和解を促進するうえで、NGOによる草の根レベルでの活動が重要となるのである。

復興支援活動におけるCIMICのアプローチとして、治安、政務、開発に関連した3D（defense, diplomacy, development）が重要であるとの指摘がある[6]。軍隊、政府組織、国際機関、NGOなど3Dを推進するアクターの間で問題となるのが、優先順位、運用法、CIMICへの認識、活動領域を重ね合わせるための努力、計画と時間設定、組織間の調整である。

2001年9月11日の同時多発テロ後のアフガニスタン戦争、それに続くアフガニスタンの復興支援を契機として、CIMICの研究は従来の平和維持活動とは異なる新たな段階に入った[7]。何故なら、反政府武装勢力タリバーンとの非対称戦争が続くアフガニスタンにおいて、欧米諸国の軍人、外交官、復興・開発の専門家の連携による地方復興支援チーム(Provincial Reconstruction Team: PRT)は、今後のCIMICのあり方にも影響を及ぼすと考えられる。具体的な事例として、オランダのアフガニスタンにおけるPRTに焦点をあてた地元参加アプローチが挙げられる[8]。地元参加アプローチにおいて、地域社会による統治能力の育成、復興・開発に対する地元の当事者意識、復興・開発への持続性、治安の強化、地元とPRTとの認識の一致が重要となる。

次節以降において、旧ユーゴスラヴィア地域、イラク、アフガニスタンでの復興支援の任務に焦点をあてて、ハンガリー国防軍の新たな役割を考察する。

第2節　紛争地域での国際任務

2-1　旧ユーゴスラヴィア地域

　1995年11月のデイトン合意にもとづくボスニア・ヘルツェゴヴィナの平和維持活動・および復興支援に際して、第1章ですでに述べたように、ハンガリーはIFORの活動のための兵站基地を提供した。とくに、南西部のタサール空軍基地は、その後のアメリカの旧ユーゴスラヴィア地域における軍事行動でも重要な役割を果たした。ハンガリー国防軍のボスニア・ヘルツェゴヴィナでの活動は、1996年1月に工作部隊426名の派遣で始まった。そして、ハンガリーの部隊は2002年4月30日までに28の橋梁、65キロメートルの鉄道を建設した。[9]

　IFORがSFORに引き継がれた後も、ハンガリーはNATOへのタサール基地の提供を継続した。そして、ハンガリーはSFORにも部隊を派遣した。さらに、ハンガリーは2004年12月からSFORの任務を引き継いだEU主導による欧州連合部隊アルテア（EUFOR Althea）にも参加した。

　第2章で述べたように、1999年3月に始まったNATOによるコソヴォの民族紛争への軍事介入は、ユーゴスラヴィア大統領ミロシェヴィッチのNATO関与による国連主導の平和維持部隊の受け入れによって終結した。そして、同年6月の国連安保理決議1244にもとづいて、NATOが主体となってコソヴォでの平和維持や復興にあたるKFORが創設された。[10]

　ハンガリー政府は6月16日の54/1999国会決議にもとづいてコソヴォでの平和維持活動に参加した。[11] コソヴォへの部隊派遣の目的は、文民の行政、自治機構の創設、人道支援活動の組織化、インフラ再建の支援、派遣地域での人権の保障であった。ハンガリーは320人の部隊をKFORに派遣した。ハンガリー国防軍の活動地域は、プリズレンを中心とする南西部（リーダー国はイタリア）である。さらに、国防軍から国連とKFORとの連絡要員1名が派遣された。[12]

　ボスニア・ヘルツェゴヴィナ、コソヴォにおける平和維持活動、復興支援活動に関して、ヴィシェグラード諸国は足並みをそろえて参加した。NATO

およびEU主導による部隊派遣に対して、国内での支持が得られたのである。KFORに関して、ポーランドはウロシェヴァツを中心とする東部（リーダー国はアメリカ）、チェコ、スロヴァキアはプリシュティナを中心とする中央部（リーダー国はチェコ）でそれぞれ任務に従事した。

　ボスニア・ヘルツェゴヴィナ、コソヴォへの部隊派遣は、ハンガリー国防軍にとって、国際社会の安定に貢献することで社会における正統性を高めようとする、まさにミリタリー・ディプロマシーであった。同時に、旧ユーゴスラヴィア地域の安定が自国の平和と安全保障にも密接に関係することを、多くのハンガリー国民は理解していた。

2-2　イラクの復興支援活動

　2003年3月のイラク戦争の開戦前、アメリカ、イギリスが準備したイラクへの武力行使を認める国連安全保障理事会決議案にフランス、ドイツが反対した。にもかかわらず、アメリカ、イギリスは安保理決議の採択なしにイラクを攻撃した。その結果、NATO内部において深刻な対立が生じた。イラク戦争とその後のイラク国内の復興支援は、アメリカを自発的に支持する国家による有志連合の枠組みにもとづいていた。そのため、ハンガリー国防軍にとって、イラク復興支援への参加によって国内で幅広い支持を得ることは非常に困難であった。

　アメリカ、イギリスの武力行使によってフセイン大統領の体制が崩壊した後、ハンガリー首相メジェシは治安維持に従事する部隊300名をイラクに派遣することを意図した。しかし、野党フィデスは国連安保理での決議またはNATO加盟国のコンセンサスにもとづかないイラクでの復興支援活動への参加に反対した。最終的に、イラクへの経済制裁の解除、連合国暫定当局（Coalition Provisional Authority: CPA）に国連安保理の占領軍としての特別の権限を与えた2003年5月の国連安保理決議1483の採択後、6月にハンガリー国会がイラクの民主化、復興、安定化に協力するための補給部隊300名を派遣（期限は2004年12月31日）する決議65/2003を可決した。[13]ハンガリー政府は世論の反発と野党の反対により、現地で戦闘を伴う任務に従事する治安部隊を派遣できなかった。同年8月に国防軍の補給部隊がイラクへ派遣さ

れた。

　イラクに到着したハンガリー国防軍は、北部地域を管轄するポーランド軍の指揮下で補給の任務に就いた。フセイン政権崩壊後のイラクは三つの地域に分けられ、アメリカ、イギリス、ポーランドの３カ国がそれぞれの地域で展開する部隊を主導することになっていた。イラク戦争でアメリカを支持した中・東欧の中で、復興支援活動においてポーランドの果たす役割、発言力がひときわ大きくなっていた。

　アメリカ、イギリスによる占領統治下のイラクでは、武装勢力のテロによる治安の悪化に歯止めがかからなかった。また、武力行使の根拠とされた大量破壊兵器もイラク国内で発見されなかった。さらに、2004年3月11日の首都マドリッドで発生した列車爆破テロの直後に行われたスペインの総選挙では、イラクからの自国軍の撤退を公約に掲げた野党の社会労働党が勝利した。総選挙の後、次期首相に決まった同党書記長サパテロ（José Luis Rodríguez Zapatero）はスペイン軍を早期に撤退させることを確認した。スペインの撤退によって、同国とともにイラクで復興支援活動していたラテン・アメリカ諸国も部隊を撤退させた。

　スペインの総選挙の後、野党のフィデスは国防軍のイラクからの撤退を主張するようになった。だが、社会党と自由民主連合の連立よるハンガリー政府には2003年6月の国会決議65/2003で明記されたイラク派遣の期限である2004年12月31日よりも早く国防軍を撤退させる用意はなかった。2004年4月20日、アメリカを訪問中の外相コヴァーチがワシントンで安全保障担当の大統領補佐官ライス（Condoleezza Rice）と会談した。会談の際、コヴァーチは「ハンガリー政府は部隊の任務期間の短縮を意図していない」[14]とライスに伝えた。

　しかしながら、アメリカ主導のイラク復興支援への協力は、ハンガリー国内における国防軍の正統性を確立するためのミリタリー・ディプロマシーには結びつかなかった。2004年5月、駐留アメリカ軍によるイラク人虐待が明るみにでると、ハンガリー国内でもアメリカ主導のイラク占領統治への批判が高まった。さらに、同年6月半ばには、補給任務に就いていたハンガリー国防軍の兵士の中から犠牲者が出た[15]。

第 5 章　国際任務と平和構築

　2004 年 6 月 28 日に CPA からイラクの暫定政府に主権が移譲された後、アメリカ主導の有志連合のイラク駐留軍は国連による多国籍軍となった。しかし、イラク国内の治安に改善に兆しはみられなかった。

　2004 年 3 月後半の時点において、国防相ユハースはイラク派遣の期間の延長を想定していた。[16] 6 月のメジェシの訪米、7 月のアメリカ国務長官パウエルのハンガリー訪問の際、アメリカ側がハンガリーに派遣期間の延長を要請したことは間違いない。しかしながら、期間延長のための国会決議には 3 分の 2 の賛成が必要であり、イラクからの撤退を強く主張する野党フィデスの賛成を得るのは困難であった。訪米中、メジェシは年末までイラクに部隊をとどめることを確約しながらも、駐留期間の延長についての言及を避けていた。[17] 社会党政権は国内世論に配慮して、国防軍の撤退も含めたイラクでの復興支援の見直しを検討するようになった。

　2004 年当時、ハンガリー国内ではメジェシ政権が苦境に立たされていた。EU 加盟後、ハンガリーでは連立与党の支持率が低下していた。同年 6 月、ハンガリーで初めての欧州議会選挙が行われ、連立与党は敗北した。定数 24 議席の選挙結果は、フィデスが 47.41％の得票率で 12 議席、社会党が 34.31％で 9 議席、自由民主連合が 7.72％で 2 議席、民主フォーラムが 5.33％で 1 議席であった。[18]

　欧州議会選挙で惨敗した社会党では、コヴァーチが 2004 年秋に外相および党首を辞任し、EU 委員としてブリュッセルに赴いた。欧州議会敗北後の連立与党内部の混乱は、コヴァーチの辞任にとどまらず、8 月にはメジェシが経済相チッラグ（Csillag István）の更迭をめぐる連立与党内部の対立で事実上の退陣に追い込まれた。内閣への支持率が低下する中で、社会党の党籍を持たない経済・金融のテクノクラートであるメジェシは、与党における基盤の脆弱さを露呈したのである。

　2004 年 11 月のアメリカ大統領選挙でブッシュが再選を果たして、アメリカのイラク政策の継続性が明らかになった。同年 9 月にメジェシに代わり首相に就任したジュルチャーニは、アメリカ大統領選挙の結果を踏まえて補給部隊のイラクでの任務を 3 カ月だけ延長する方針を固めた。[19] ジュルチャーニは不人気なイラクでの復興支援活動をさらに 1 年間延長することを避けて、

167

イラクの総選挙の終了を見届けて部隊を撤退させることを選択した。

しかしながら、2004年11月15日にハンガリー国会で、翌年3月末までの任務の延長を求めた与党による決議案がフィデスの反対で否決された[20]。その結果、12月末までにイラクに派遣された国防軍の補給部隊300名が撤退した。イラクの復興支援活動はもはや与野党間の政争の具と化していた。

ハンガリーと同様、ポーランド、チェコ、スロヴァキアもアメリカによる武力行使を支持し、その後の復興支援に参加した。しかし、NATO主導によるボスニア・ヘルツェゴヴィナ、コソヴォにおけるIFOR、SFOR、KFORへの参加と比較して、ヴィシェグラード諸国のイラクの復興支援活動への関与は異なっていた。

以下、他のヴィシェグラード3カ国のイラク復興支援への対応を述べる。

❑ポーランド

外交・安全保障政策においてアメリカとの同盟関係を最も重視するポーランドは2003年3月にイラク南部での戦闘に参加し、フセイン政権の崩壊後にイラク中南部の占領統治を担当した。ポーランドは2500名の兵士をイラクへ派遣した[21]。

フセイン元大統領が逮捕された後もイラク国内の治安の回復が進まず、開戦の根拠とされた大量破壊兵器が発見されない状況にあって、ポーランドでも自国軍のイラク派遣を継続することへの批判が高まった。国民の間での親米感情にかかわりなく、イラクへの部隊派遣の正統性そのものが問題となりはじめていた。2004年3月18日、クファシニィエフスキ大統領はイラクで大量破壊兵器が発見されていない状況に関して「われわれはだまされた」[22]と述べて、アメリカを批判した。

2004年5月のスペイン軍撤退の後、ウクライナをはじめ多くの国が撤退の意思を表明する中で、2004年10月に国防相シュマイジンスキ（Jerzy Szmajdzinski）が「2005年末にポーランド軍をイラクから撤退させる」[23]と述べた。さらに、2005年4月12日、約1700人のポーランドの部隊に関して、シュマイジンスキが2005年末をもって任務を完了し、2006年の初めには全面撤退させる方針を明らかにした[24]。

しかしながら、2005年9月に行われた総選挙に勝利したカチンスキが率いる保守政党「法と正義」を中心とする親米・右派政権の成立によって、左派政権が検討していたポーランド軍のイラクからの撤退方針に変化が生じた。首相に就任したマルチンキェヴィチ（Kazimierz Marcinkiewicz）はポーランド軍のイラク派遣を延長することを決定した。[25]

結局、2007年12月の国連決議にもとづく撤退期限を2カ月後にひかえた2008年10月末までポーランド軍のイラク駐留は継続した。イラクへの派遣期間中、23名のポーランド軍兵士が死亡していた。

❑チェコ

チェコもアメリカ、イギリスのイラク攻撃を支持し、スロヴァキアとともに開戦前から対化学兵器部隊をクウェートの米軍基地に派遣した。さらに、チェコは2003年7月から11月まで野戦病院で任務にあたる要員320名を派遣した。さらに、チェコ政府は100名の憲兵隊をイラクへ派遣して、イラクの警察組織の再建に協力した。最終的に、チェコ軍はアメリカ以外の国の部隊が撤退する予定であった2008年までイラクに駐留した。その間、チェコ軍兵士の犠牲者は1名であった。

❑スロヴァキア

2004年にNATO加盟をひかえたスロヴァキアのズリンダ政権はアメリカを支持して、約100名の部隊をイラクへ派遣した。しかし、2006年6月の総選挙で勝利したフィツォ（Robert Fico）を首班とするスロヴァキア国民党も加わった民族主義的な色彩の濃い連立内閣は、スロヴァキア軍をイラクから撤退させる方針を打ち出した。そして、2007年1月にスロヴァキア軍のイラクからの撤退が完了した。スメル（指針）、国民党、民主スロヴァキア運動の三つの政党からなる連立政権は、イラクで自国兵士が犠牲になるのをもはや容認できなかったのである。イラクにおける復興支援活動で、スロヴァキア軍は4名の犠牲者を出していた。

ハンガリーを含めたヴィシェグラード4カ国はアメリカを支持し、イラク

復興支援のための部隊を派遣した。とりわけ、歴史的な経緯から親米感情の強いポーランドは他の3カ国と比較しても大規模な部隊をイラクへ派遣するなど、積極的にアメリカを支持した。しかしながら、アメリカ、イギリスによる正統性に欠けるイラクへの武力行使とその後の復興支援活動に対して、4カ国とも国内での反発が根強く、部隊派遣の支持を得るのが困難であった。とくに、イラクの復興支援への参加に対して、自国の兵士の中から犠牲者が出ることに各国政府は神経を尖らせていた。そのため、1名の兵士が死亡した後、ハンガリーは他の3カ国よりも早くイラクからの部隊の撤退を検討し始めた。

さらに、中・東欧にとって、イラク情勢に対する対米支持で期待した外交的な成果が不十分であった。とくに、ポーランドは自国軍のイラク派遣に際して、具体的な見返りとして自国民に対するアメリカ入国へのヴィザ免除、イラク復興支援事業でのポーランド企業の優先的な受注などを期待していた。イラク戦争の開戦前から国防軍の派遣に及び腰であったハンガリーとは対照的に、積極的にアメリカに協力していたポーランドでさえ、2007年10月の総選挙の後に成立したトゥスクを首班とするリベラル派・市民プラットフォームの政権が、イラクからの自国軍の撤退を本格的に検討するようになった。最終的に、2008年にはアメリカを除くすべての多国籍軍がイラクから撤退することになった。そして、同年10月には、ポーランド軍もイラクから撤退したのである。

第3節　アフガニスタンのISAFとPRT

3-1　PRTとCIMIC

冷戦後の紛争地域における平和構築では、従来の軍隊が中心となった平和維持活動に加え、国連、国際機関、支援国の外務省や開発支援に関連する省庁、人道支援活動に従事するNGOとの連携によるCIMICが重視されるようになった。とくに、後述するアフガニスタンでの治安維持と復興支援にかかわるPRTでは、CIMICの重要性が強調された。

しかしながら、1995年12月に最初のCIMICが行なわれたボスニア・ヘルツェゴヴィナのIFORで、NATOはデイトン和平合意の軍事的側面と文民的側面を峻別する方針を示していた。NATOが本格的にCIMICの活動に取り組むのは、IFORからSFORに変わった1996年12月以降である。NATOが危機対処作戦に積極姿勢に転じた結果、CIMICは次第に地理的、内容的に拡大した。[26]

1999年4月のNATO「戦略概念」において、CIMICについて「同盟軍と同盟軍が行動する環境での（政府と非政府双方の）文民との相互作用は、作戦の成功にとって重要である。民軍協力は相互依存的、つまり軍の資産の活用がますます文民組織の支援のために求められ、同時に軍事作戦への文民の支援が兵站、通信、医療、公務のために重要である。従って同盟軍と文民組織との間での協力は不可欠となるだろう」と記された。その後、「民軍協力に関するNATOの軍事政策」MC411/1では、非第5条任務の人道支援における軍隊のアセットの重要性が指摘された。さらに、NATOは2003年に詳細な「CIMICドクトリン」AJP-9を採択した。[27]

CIMICにおいて、軍隊、人道支援にかかわる文民組織、ホスト国の三者の連携が不可欠であることはいうまでもない。とくに重要なのは、軍隊の能力が人道支援組織のニーズを満たすことである。多くの人道支援組織は、道路の補修や通行の安全を必要としており、物資の輸送で軍隊の支援を受けることになる。[28]

ハンガリーにおけるCIMICは国防軍と文民組織との関係の側面と同時に、NATO加盟国としてのプログラム、責務の履行として捉えられる傾向がある。[29] 具体的な国防軍のCIMICの能力形成は、2000年10月に始まった。第1段階で、参謀本部作戦部隊司令部へのCIMIC課の設置、陸軍参謀部と空軍参謀部へのCIMIC部門の設置、陸軍参謀部所属旅団にCIMICの専門将校1名の配置が行なわれた。第2段階では、陸軍のすべての旅団、連隊にCIMICに関する専門将校1名の配置、加えて大隊にCIMICの任務遂行のための人員の配置が実施された。[30]

現在、NATO加盟国を中心とするアフガニスタン復興支援は、軍人、外交官、復興・開発の専門家からなるPRTによって進められている。当初、

アフガニスタンの PRT はアメリカ軍主導の「不朽の自由作戦」の一部として始まった。2003 年 10 月 13 日の国連安全保障理事会決議 1510 によって、NATO 主導で治安維持にあたる ISAF の役割を首都カブールの外へと拡大することが承認された[31]。その結果、ISAF は九つの PRT を設立した。その後、PRT は 2004 年にアフガニスタン北部、西部、2005 年には南部へと拡大していった[32]。

　2005 年以降、治安が悪化する中で、安全の確保と地元住民への支援のための軍隊と文民組織との連携が不可欠となった。また、アフガニスタンの PRT では、麻薬の製造に対する闘争と代替農作物の増産が重要な課題であった[33]。

3-2　ハンガリーの CIMIC

　ハンガリー国防軍はアフガニスタンにおける復興支援活動への参加を通して、国際貢献による社会での正統性の確立に努めていた。2002 年 12 月 18 日の国会決議 111/2002 にもとづいて、ハンガリーは 50 名の国防軍の医療チームを ISAF に参加させた[34]。ISAF への参加承認に関する国会の審議では、野党のフィデス、民主フォーラムがアフガニスタンへの兵員の派遣に反対していた。

　その後、反政府武装勢力タリバーンの攻勢が強まる中での NATO 軍の増派に合わせて、ハンガリーはアフガニスタンでの任務へのさらなる貢献を求められ、250 名の部隊を派遣した。さらに、ハンガリーは 360 名まで部隊を増派させた[35]。

　2006 年以降、ハンガリーは南部タリンコウト州へ移ったオランダに代わり、ドイツ陸軍が統率する北部方面司令部に属するバグラーン州での PRT に従事した。アフガニスタンに派遣されたハンガリー国防軍はタリバーンのゲリラ攻撃に対して極めて脆弱で、治安の確保のための十分な能力を有していなかった。当初、国防軍には空軍機、戦車の支援はなく、ソ連製の装甲兵員輸送車 BTR-80A が最も重要な装備であった[36]。

　バグラーン州を含めたアフガニスタン北部の PRT で最も重要な任務は現地の警察への支援である。冷戦後の紛争地域の復興支援において、紛争地域

の政治体制よりもそこに住む人々の安全に焦点をあてた治安支援の形式として警察組織など治安部門改革（Security Sector Reform: SSR）の役割が重視されている。アフガニスタンのSSRは2002年春のジュネーヴでのG8によるドナー会議を契機に始まった[37]。SSRと同時に、国連開発計画、アジア開発銀行、世界銀行の参加による文民プログラムの地方行政の改革に対する支援も重要であった[38]。

アフガニスタンにおけるPRTは、ハンガリーにとって国防軍によるdefense、外務省によるdiplomacy、農業・地域振興省、厚生省などの省庁やNGOによるdevelopmentのまさに3Dの実践となった。ハンガリー政府は国防軍に加えて、外務省から政治顧問団（Political Advisors: POLAD）をバグラーン州へ派遣した。POLADは現地で実施される開発プロジェクトのための情報収集や地元との調整にあたった。さらに、教育省から学校の建設、法務・保安省から文民警察、農業・地域振興省から農業復興、自治省から行政サービス、経済・交通省から炭鉱開発のための調査、厚生省から医療に関する専門家がそれぞれ派遣された[39]。

ハンガリー国防軍は現地住民のPRTに対する警戒を和らげるよう配慮しながら活動している。具体的には、CIMICのプロジェクトである井戸の掘削、道路の補修、橋の修復に加え、モスクへの絨毯の購入、現地で発行されるパシュトゥン語、ダーリ語の新聞での部隊の活動に関する広報、学校への学用品の配布などが挙げられる[40]。

紛争地域において活動するNGOの役割は、人道支援の活動、人権状況の監視、紛争解決の促進の三つのタイプに分けられる[41]。しかし、アフガニスタンのような武装勢力による攻撃が繰り返される地域で、三者を明確に区別することは難しい。アフガニスタンでは、多くのNGOが難民、開発、医療、人権、対人地雷の除去などの「人間の安全保障」にかかわる問題で活動してきた[42]。

2002年以降、インターチャーチ・エイドとバプティスト援助という二つのハンガリーのキリスト教系NGOが、アフガニスタンで学校建設などの復興プログラムに従事していた。2006年には、タリバーンによる外国のNGOやアフガニスタンの人道支援従事者への攻撃が繰り返された。さらに、学校に対する攻撃も増加していた。治安の悪化に伴って、バグラーン州に派遣さ

れた国防軍兵士の半数の160〜170名がPRT要員の護衛にあたるようになった[43]。

ハンガリーのPRTに関して、ランデス（Landesz Tamás）、タカーチ（Takács Judit）、ターラシュは、多国籍、小規模、人道支援の領域に重きを置くイギリス・モデルが望ましいと論じた[44]。彼らが三つのモデル・ケースとしてイギリス、アメリカ、ドイツのPRTを対比させながら、とくにイギリスのPRTを評価した要因の一つは、アフガニスタンにおけるイギリス軍とNGOとの良好な関係にあった。

体制転換後、国防軍とハンガリーのCSO、NGOとは良心的兵役拒否の奨励、前章で述べたNATOの防空レーダー基地建設などの問題で対立することが多かった。アフガニスタンのPRTが国防軍とNGOとの間の真空状態を埋めて、両者の共生、協調の実現の試みとなることが期待される。その際、とくに重要となるのは、ハンガリーのNGOの利害とPRTの目的との調和こそがハンガリーの国益であり、国防軍とNGOの連携の強化が相互の責任であるとの認識を共有することである[45]。さらに、アフガニスタンのPRTの活動を通じたNGOと国防軍とのCIMICが、両者の間での目的や価値観の共有を促し、今後のハンガリーにおける国防軍と社会との関係を変化させる可能性もある。

しかしながら、CIMICが今後も有効に機能するかどうか多くの点で疑問が残る。まず、冷戦後の紛争地域のCIMICにおけるNGOと軍隊との協力、調整の困難さが、多くの先行研究でソマリアやコソヴォにおける活動などの事例を挙げて指摘されてきた。とくに、軍隊とNGOとの組織の構造や文化の違いが論じられてきた[46]。軍隊が垂直的な指揮・命令系統にもとづくトップダウン構造であるのに対して、NGOは水平的な組織間のつながりや現場での経験、アイデアを活動、組織の活動方針に反映させることが重視されるボトムアップ構造である。

両者の文化的な相違は、たびたび相互の不信感や誤解を招く要因となった。また、紛争地域に住む人々との緊密な関係構築を志向するNGOは、軍隊との協力を躊躇する傾向がある。NGOにとって、武装して治安の維持を担当する軍隊との協力は自らの活動における不偏性や中立性を損なうとの認

識が根強いのである[47]。

　次に、アフガニスタンの PRT に関して、PRT を選択した政策判断に対する批判も存在している。PRT の復興支援には、人道援助の原則や中・長期的な開発を無視した短期的な視点から「即効プロジェクト」に陥る傾向があると指摘される。また、創設当初のアメリカ軍の PRT などでは、軍事要員が構成員の 95％ を占めて、国務省、国際開発庁など文民部門の陣容が手薄で、現地住民のニーズ調査、プロジェクト案件の発掘・形成にあたったのが民事担当の軍事要員であった。これでは、援助の素人が援助活動の指揮をする状態で、プロジェクトを展開する際に必要な際に、様々な配慮が欠けることが懸念された[48]。さらに、技術的な側面からも、軍隊と NGO との間での情報の共有の困難な点が指摘されている[49]。

　以上のような CIMIC における問題点は、今後、ハンガリーがバグラーン州で展開する PRT でも表面化する可能性は十分にある。

3-3　ISAF への国内の支持

　さらに、アフガニスタンにおける ISAF が長期化する中で、ハンガリー国内で国防軍の国際任務に対する批判が高まる可能性がある。現実に、NATO 加盟各国ではアフガニスタン任務に対する厭戦気分が高まっていた。イラク、バルカン、アフリカでの平和維持活動に従事してきた NATO 加盟国にとって、当初からアフガニスタンへの新たな部隊を派遣するのは困難な状態であった[50]。2010 年 8 月 1 日、オランダはアフガニスタンから部隊の撤退を開始した。オランダ軍は 4 年間のアフガニスタン任務で 24 名の犠牲者を出していた。また、カナダ、ポーランドも 2011 年以降にアフガニスタンからの部隊の撤退を表明している[51]。

　2008 年 6 月から 7 月にかけて、PRT に派遣されたハンガリー国防軍の兵士 2 名が爆発物の処理中に死亡した[52]。その後、2010 年 8 月には移動中の部隊がタリバーンに攻撃され、女性兵士 1 名が死亡し、3 名が重傷を負った。重傷者のうちの 1 名は、翌月に病院で死亡した[53]。

　ハンガリー以外のヴィシェグラード諸国も、アフガニスタンでの ISAF に兵員を派遣した。以下、他のヴィシェグラード諸国の ISAF の状況について

述べる。

❑ポーランド

　ポーランドは他のヴィシェグラード諸国と比較しても、当初から大規模な1130名の部隊をアフガニスタンへ派遣した。その後、ポーランドの部隊は2630名に増派されて、アメリカ軍とともに東部ガズニー州のPRTで活動している[54]。ポーランド軍にとって、国際秩序の安定への貢献を通して国内での支持を広げることが重要であった。さらに、ポーランドがアフガニスタンへの派兵に前向きな姿勢を取ったのは、イラクの場合と同様にアメリカとの関係を重視したからであった。

　2006年9月には、ISAFへの対応をめぐって、連立与党内部に亀裂が生じた。レッペル（Andrzej Lepper）率いる民族主義色の強い農民政党「自衛」が自国軍の増派に反対した。その結果、「自衛」は一時的ながらも連立から離脱した[55]。治安の悪化するアフガニスタンへのさらなる部隊の派遣が自国の国益に適っているなどと、「自衛」は認識しなかったのである。カチンスキ首相は政権内部に深刻な対立をかかえながらも、アフガニスタンで積極的な役割を果たそうとした。

　しかしながら、アメリカ、イギリス主導のイラクの復興支援活動と異なり、ISAFはNATO主導であるにもかかわらず、ポーランド国内で当初から不人気であった。タリバーン勢力への掃討作戦が長期化するアフガニスタンにおける任務には、イラクでの任務以上に終わりがみえなかったのである。とくに、2007年12月には、ポーランドの部隊がアフガニスタン市民を殺害したという戦争犯罪の容疑が浮上した[56]。そのような状況下において、アフガニスタンでの任務の継続は、専ら対米関係への配慮にすぎないとポーランド国内では受けとめられたのである。

❑チェコ

　チェコはハンガリーを上回る500名の部隊をアフガニスタンに派遣した。また、チェコはアフガニスタン東部のローガル州でPRTの活動に従事している[57]。テロとの戦いのために治安部隊をアフガニスタンへ派遣することは、

チェコ国内で支持を得ていた。小規模ながらも志願兵からなる能力の高い部隊への移行、そのような部隊が国際秩序の安定に寄与することが、チェコ国内での軍隊の名声を高めることはいうまでもない。実際に、ハンガリーと比較しても、チェコは生物・化学兵器の処理など、国外任務に従事する部隊の能力の向上に努めてきた。しかしながら、欧米諸国と同様、自国の兵士の犠牲者がアフガニスタンで増加することによって、チェコ国内においても厭戦ムードが強まることが懸念される。

❏スロヴァキア

　スロヴァキアも 300 名の部隊を ISAF に参加させた。2010 年の総選挙の前、偏狭な民族主義をふりかざす国民党を連立パートナーに加えたフィツォ内閣が、危険で不人気なアフガニスタンの任務からの一方的な撤収に踏み切るかもしれなかった。同年の総選挙の結果、フィツォ内閣はラディチョヴァー（Iveta Radičová）を首班とする中道右派の連立内閣に交代した。にもかかわらず、スロヴァキアでは、今後も連立与党内部の対立や主導権争いがアフガニスタンからの部隊撤退に結びつく可能性は捨てきれない。

　2010 年秋の段階で、アフガニスタンでのハンガリー国防軍の犠牲者は他の NATO 加盟国と比較すれば少ない。だが、今後、アフガニスタンでの復興支援への社会的評価に関して、国内世論が犠牲者の増加を容認できるかどうかが鍵となる。

　2010 年 8 月に発生したタリバーンによる国防軍への攻撃で犠牲者が出た直後、ハンガリー国防相ヘンデ（Hende Csaba）は「政府のアフガニスタン政策に変更はない」と述べて、アフガニスタンから部隊を撤退させる意思のないことを明らかにした。さらに、ヘンデは「戦争に勝利することが目的でなく、合法的なアフガニスタン政府が自力で機能できるように支援することが NATO および国防省の立場でもある」と強調した。

　しかし、その一方で、厳しい財政事情とアフガニスタンの治安の悪化に直面したハンガリーの PRT の主たる活動が、復興・開発から SSR に転換する可能性がある。ハンガリーの中央アジア研究者でアフガニスタンの PRT に

も詳しいヴァグネル（Wagner Péter）は、全国紙『マジャル・ヒールラップ』のインタヴューでアフガニスタンの治安の悪化に言及し、今後のPRTではアフガニスタン人の治安部隊、警察の訓練が重要になると述べた[61]。ハンガリー政府は2010年8月末にPRTの任務を翌年4月まで延長することを決定した。しかし、同時に、今後のPRTの活動に関して、政府はアフガニスタン人の治安部隊の訓練に重点を置くことを示唆した[62]。ハンガリー政府が中・長期的な復興・開発の支援からより短い期間でのSSR重視に転じる場合、近い将来のアフガニスタンからの撤退も視野に入れたことはいうまでもない。

　ハンガリー市民の間でのNATO加盟支持の最も重要な動機は、国防軍の非第5条任務への参加による世界平和への貢献でなく、1990年代に紛争が多発した不安定な旧ソ連、ユーゴスラヴィア情勢への対応であった。ハンガリーをはじめとする中・東欧は、旧ソ連からの脅威に対する共同防衛を目的とする、いわば冷戦期の「古いNATO」への加盟を希望したのである。さらに、近隣諸国との間で民族問題の火種をかかえるハンガリーにとって、自国および近隣諸国のNATO、EUへの加盟は民主主義国家の共同体の一員となることによる、まさに民主主義の平和（デモクラティック・ピース）の実現であった。同時に、ハンガリーは民主主義国家の共同体の一員として、脆弱国家の平和と安定のために貢献する必要に迫られたのである。

　先述のように、8月のタリバーンによる攻撃の後も、ハンガリー政府はアフガニスタン任務の継続の意思を崩さなかった。だが、2009年の欧州議会選挙で14％の得票を得て、2010年4月の総選挙で初めて議席を獲得した極右政党のヨビック（右派）が、アフガニスタンからの国防軍の撤退に関する国会決議を要求した。とくに、経済危機にもかかわらず、前首相バイナイ（Bajnai Gordon）の内閣（2009年4月-2010年5月）がアフガニスタンでの任務の延長、部隊の増派に対して150億フォリント（60億円）の資金提供を申し出たことを例に挙げて、アフガニスタンへの部隊派遣が何らハンガリーの国益につながらないとヨビックは主張した[63]。

　フィデスは2010年4月の総選挙で3分の2を越える議席を獲得しており、8年ぶりに首相に返り咲いたオルバーンの政権基盤は極めて安定している。

しかしながら、今後、オルバーン政権が国民の痛みを伴う経済政策を遂行する中で、短絡的に国益を語って排外的なナショナリズムを振りかざすヨビックがさらに支持を拡大する可能性も否定できない。その際、経済・財政問題に加えて、国内世論のアフガニスタン PRT に対する批判が高まることも考えられる。

　すでに、オバマ政権は 2011 年 7 月から段階的にアフガニスタンから撤退する方針を示している。2011 年 3 月 22 日、アフガニスタン大統領カルザイ（Hamid Karzai）は地方の治安維持の権限の一部を NATO から自国軍へ移管する方針を発表した。[64] いずれにせよ、NATO のアフガニスタンから撤退へ向けた動きは進行している。最終的に、2014 年までに NATO はアフガニスタンの任務を終えるとみられる。

　他方、ハンガリーでは、2011 年 3 月 4 日に外務省の政策局長スターライ（Sztáray Péter）が自国のアフガニスタンでの任務を当面、継続することを明らかにした。[65] 引き続きアフガニスタンに留まる方針にもかかわらず、ハンガリーにとって厳しい状況が続いている。同年 5 月に PRT に従事していた国防軍兵士 2 名が任務中の車両の事故で死亡し、4 名が負傷した。[66]

　NATO の責務としての非ヨーロッパ地域への部隊派遣が国益とは一致せず、むしろ同盟の責務を履行するために過剰な財政的負担を強いられたり、タリバーンの攻撃によって自国の犠牲者が増えることで巻き込まれ（entrapment）の状態に陥ったりしていると社会が認識した場合、ハンガリーにとってのミリタリー・ディプロマシーそのものが正統性を喪失するのである。

註

1　Jeffrey Simon, *Hungary and NATO*, pp. 98-99.
2　シフの一致理論は、Rebecca L. Schiff, "Civil-Military Relations Reconsidered: A Theory of Concordance," *Armed Forces & Society*, Vol. 22, No. 1, Fall 1995, pp. 7-24; Rebecca L. Schiff, *The Military and Domestic Politics: A Concordance Theory of Civil-Military Relations*（New York: Routledge, 2009）を参照。

3　Pál Dunay, 'The Armed Forces in Hungarian Society,' p. 90.
4　紛争地域での人道支援や平和維持、復興支援活動における CIMIC に関する先行研究は、Kevin M. Kennedy, "The Relationship between the Military and Humanitarian Organizations in Operation Restore Hope," *International Peacekeeping*, Vol. 3, No. 1, Spring 1996, pp. 92-112; Hugo Slim, "The Stretcher and the Drum: Civil-Military Relations in Peace Support Operations," *International Peacekeeping*, Vol. 3, No. 2, 1996, pp. 123-140; Thomas G. Weiss, "Learning from Military-Civilian Interactions in Peace Operations," *International Peacekeeping*, Vol. 6, No. 2, 1999, pp. 112-128; Pamela Aall, "NGOs, Conflict Management and Peacekeeping," *International Peacekeeping*, Vol. 7, No. 1, 2000, pp. 121-141; Ted A. Van Baarda, "A Legal Perspective of Cooperation between Military and Humanitarian Organizations in Peace Support Operations," *International Peacekeeping*, Vol. 8, No. 1, Spring 2001, pp. 99-116; Joëlle Jenny, "Civil-Military Cooperation in Complex Emergencies: Finding Ways to Make it Work," *European Security*, Vol. 10, No. 2, Summer 2001, pp. 23-33; Daniel L. Byman, "Uncertain Partners: NGOs and the Military," *Survival*, Vol. 43, No. 2, Summer 2001, pp. 97-114; Francis Kofi Abiew, "NGO-Military Relations in Peace Operations," *International Peacekeeping*, Vol. 10, No. 1, 2003, pp. 24-39; Christopher Ankersen, ed., *Civil-Military Cooperation in Post Conflict Operations: Emerging Theory and Practice* (London: Routledge, 2008); Sebastiaan J. H. Rietjens and Myriame T. I. B. Bollen, eds., *Manageing Civil-Military Cooperation: A 24/7 Joint Effort for Stability* (Hampshire: Ashgate, 2008); S. J. H. Rietjens, *Civil-Military Cooperation in Response to a Complex Emergency* (Leiden: Brill, 2008); カーランド・H・ウィリアムズ「紛争後の復興支援における民軍ギャップを埋めるために」『国際安全保障』第 34 巻第 1 号、2006 年 6 月、79-106 頁。上杉勇司「平和構築における民軍関係の指針」『国際政治』第 152 号、2008 年 3 月、1-18 頁。上杉勇司・青井千由紀編『国家建設における民軍関係——破綻国家再建の理論と実践をつなぐ』国際書院、2008 年。
5　Thomas G. Weiss, "Military-Civilian Humanitarianism: The 'Age of Innocence' is Over," *International Peacekeeping*, Vol. 2, No. 2, Summer 1995, p. 162.
6　Jet van der Gaag-Halbertsma, Hugo de Vries, and Bart Hogeveen, 'Civil-Military Cooperation from a 3D Perspective,' in Sebastiaan J. H. Rietjens and Myriame T. I. B. Bollen, eds., *op.cit.*, pp. 27-47.
7　Mahmood Monshipouri, "NGOs and Peacebuilding in Afghanistan," *International Peacekeeping*, Vol. 10, No. 1, 2003, pp. 138-155; Astri Suhrke, "A Contradictory Missions?: NATO from Stabilization to Combat in Afghanistan," *International Peacekeeping*, Vol. 15, No. 2, April 2008, pp. 214-236; Bas Rietjens, 'Perfoming in Kabul: Explaining Civil-Military Cooperation in Stabilization and Reconstruction Missions,' in Sebastiaan J. H. Rietjens and Myriame T. I. B. Bollen, eds., *op. cit.*, pp. 193-213; Sebastiaan J. H. Rietjens, 'A Management Perspective on Co-operation

between Military and Civilian Actors in Afghanistan,' in Christopher Ankersen, ed., *op. cit.*, pp. 75-99; Owen A. J. Savage, 'Yes, But Is It Peacebuilding? Evaluating Civil-Military Cooperation in Afghanistan,' in Christopher Ankersen, ed., *op. cit.*, pp. 103-142; Michael McNerney, 'CIMIC on the Edge: Afghanistan and the Evolution of Civil-Military Operations,' in Christopher Ankersen, ed., *op. cit.*, pp. 173-197;上杉勇司「地方復興支援チーム（PRT）の実像――アフガニスタンで登場した平和構築の新しい試みの検証」『国際安全保障』第34巻第1号、2006年6月、35-62頁。上杉勇司「アフガニスタン：破綻国家の再建とPRT」(上杉勇司・青井千由紀編、前掲書)、315-331頁。富田圭一郎「アフガニスタンで活動する地方復興支援チーム（PRT）――民軍共同による紛争後の平和構築支援活動」『レファレンス』平成19年(2007年)3月号、43-59頁。

8 Masood Khalil, Sayed Fazlullah Wahidi, Bas Rietjens and Myriame Bollen, 'Enhancing the Afghan Footprint: Civil-Military Cooperation and Local Participation,' in Sebastiaan J. H. Rietjens and Myriame T. I. B. Bollen, eds., *op. cit.*, pp. 147-163.

9 Boros Leskó Géza-Kiss Alajos, "A Magyar Honvédség részvétele a nemzetközi béketámogató műveletekben［ハンガリー国防軍の国際平和構築作戦への参加］," *Új Honvédségi Szemle*, 2004, 4, 19.o.

10 国連安保理決議1244（英語）は、以下のURLを参照。
http://daccess-dds-ny.un.org/doc/UNDOC/GEN/N99/172/89/PDF/N9917289.pdf?OpenElement

11 国会決議54/1999（ハンガリー語）は、以下のURLを参照。
http://www.complex.hu/kzldat/o99h0054.htm/o99h0054.htm

12 Gábor Iklódy, *op. cit.*, p. 22; Boros Leskó Géza-Kiss Alajos, i.m., 21.o.

13 国連安保理決議1483（英語）は、以下のURLを参照。
http://daccess-dds-ny.un.org/doc/UNDOC/GEN/N03/368/53/PDF/N0336853.pdf?OpenElement
国会決議65/2003（ハンガリー語）は、以下のURLを参照。
http://www.complex.hu/kzldat/o03h0065.htm/o03h0065.htm

14 コヴァーチ・ライス会談の内容は、ハンガリー外務省HPのニュース、http://www.kulugyminiszterium.hu/archivum/Kulugyminiszterium/EN/Ministry/Departments/Spokesmans_Office/Minister_s_speeches/040420_Kovacs-Rice.htmを参照。

15 2004年6月18日の『ネープサバッチャーグ』（電子版）、*Népszabadság Online*, 2004. június 18を参照。http://nol.hu/archivum/archiv-322596

16 2004年3月27日の『ネープサバッチャーグ』（電子版）、*Népszabadság Online*, 2004. március 27を参照。

17 2004年6月23日の『ネープサバッチャーグ』（電子版）、*Népszabadság Online*, 2004. június 23を参照。

18 2004年6月12日『マジャル・ヒールラップ』（電子版）、*Magyar Hírlap Online*, 2004. június 12を参照。

19　2004 年 11 月 4 日の『ネープサバッチャーグ』（電子版）、*Népszabadság Online*, 2004. november 4;『朝日新聞』2004 年 11 月 4 日。
20　2004 年 11 月 16 日の『ネープサバッチャーグ』（電子版）、*Népszabadság Online*, 2004. november 16 を参照。
21　Wade Jacoby, 'Military Competence versus Policy Loyalty,' p. 252.
22　Jonathan Birchall, "Bush Seeks to Rally Support for Iraq Efforts," *FT.com*., March19, 2004. http://www.ft.com/cms/s/92d94ba6-24e4-11d8-81c6-08209b00dd01,id=040319002518,print=yes.html
23　Janusz Bugajski and Ilona Teleki, *op. cit.*, p. 94.
24　Jan Cienski, "Poland Confirms Plans to Remove Troops from Iraq," *FT.com*, April 12, 2005. http://www.ft.com/cms/s/0/420b1692-ab6a-11d9-893c-00000e2511c8.html
25　Jan Cienski, "Polish Government Asks to Keep Troops in Iraq," *FT.com*, December 28, 2005.
　　http://www.ft.com/cms/s/0/6400f098-7746-11da-a7d1-0000779e2340.html
26　吉崎知典「北大西洋条約機構（NATO）による民軍協力」（上杉勇司・青井千由紀編、前掲書）、205、215-216 頁。
27　NATO の「戦略概念」「民軍協力に関する NATO の軍事政策」「CIMIC ドクトリン」は、それぞれ以下の URL を参照。
　　http://www.nato.int/cps/en/natolive/official_texts_27433.htm
　　http://www.nato.int/ims/docu/ajp-9.pdf　http://www.nato.int/ims/docu/mc411-1-e.htm
28　Bas Rietjens, *op. cit.*, p. 205.
29　ハンガリーにおける CIMIC の現状分析は、Németh Sándor, "A polgári-katonai együttműködés helyzete, feladatai［民軍協力の状況、任務］," *Új Honvédségi Szemle*, 2002, 2, 4-16.o.; Baranya Károly-Obert Ferenc, "A polgái-katonai együttmüködési feladatokról［民軍協力の任務について］," *Új Honvédségi Szemle*, 2004, 6, 42-46.o. を参照。
30　Németh Sándor, i.m., 14.o.
31　国連安保理決議 1510（英語）は、以下の URL を参照。
　　http://daccess-dds-ny.un.org/doc/UNDOC/GEN/N03/555/55/PDF/N0355555.pdf?OpenElement
32　アフガニスタンでの PRT の設立、展開のプロセスは、Owen A. J. Savage, *op. cit.*, pp. 112-114; Astri Suhrke, *op. cit.*, pp. 223-224 を参照。
33　Katona Magda, "Az erőszak új hulláma Afganisztánban［アフガニスタンにおける暴力の新たな波］," *Új Honvédségi Szemle*, 2006, 2, 31.o.
34　国会決議 111/2002（ハンガリー語）は、以下の URL を参照。
　　http://www.complex.hu/kzldat/o02h0111.htm/o02h0111.htm
35　ハンガリーの部隊派遣に関しては、以下の ISAF の HP を参照。

http://www.isaf.nato.int/troop-numbers-and-contributions/hungary/index.php

36　Berki Tamás, "Nemzetközi szerepvállalás Afganisztánban és Irakban, a jövő biztonsági trendjei［アフガニスタンとイラクでの国際的な役割、将来の安全保障の傾向］," *Hadtudomány*, 2006, 4, 53.o.

37　アフガニスタンでのSSRについては、Mark Sedra, "Security Sector Reform in Afghanistan: The Slide Towards Expediency," *International Peacekeeping*, Vol. 13, No. 1, March 2006, pp. 94 — 110; Mark Sedra, "European Approaches to Security Sector Reform: Examining Trends through the Lens of Afghanistan," *European Security*, Vol. 15, No. 3, September 2006, pp. 323–338; Tonita Murray, "Police- Building in Afghanistan: A Case Study of Civil Security Reform," *International Peacekeeping*, Vol. 14, No. 1, January 2007, pp. 108–126 を参照。

38　Landesz Tamás-Takács Judit-Tálas Péter, "További magyar szerepvállalás Afganisztánban (2)［さらなるハンガリーのアフガニスタンでの役割 (2)］," *Új Honvédségi Szemle*, 2006, 10, 21.o.

39　Kristály Péter-Bogdnár Csaba, "Egy ezreddel" a békéért: A Magyar Honvédség részvétele a nemzetközi béketámogató műveletekben［平和のために一つの「連隊とともに」——ハンガリー国防軍の国際平和維持活動への参加］," *Honvédségi Szemle*, 2008, 1, 23 - 24.o.; Wagner Péter, "Magyarország Afganisztánban: Biztonság és fejlesztés Baglán tartományban［アフガニスタンでのハンガリー——バグラーン州における治安と開発］," *Új Honvédségi Szemle*, 2009, 9, 13–17.o.

40　Wagner Péter, "A NATO és Magyarország szrepvállalása az afganisztáni válságkezelésben［NATO およびハンガリーのアフガニスタンにおける危機管理で果たす役割］," *Külügyi Szemle*, 6, 1, 2007, 110.o.

41　紛争地におけるNGOの活動の詳細は、Pamela Aall, *op. cit.*, pp. 124–132 を参照。

42　アフガニスタンで活動するNGOに関しては、Mahmood Monshipouri, *op. cit.*, pp. 144–151 を参照。

43　Katona Magda, "Új biztonsági kihívások Afganisztánban［アフガニスタンにおける新たな安全保障の挑戦］," *Új Honvédségi Szemle*, 2007, 05, 66.o.; Wagner Péter, "A NATO és Magyarország szrepvállalása az afganisztáni válságkezelésben, 109.o., 112.o.

44　Landesz Tamás-Takács Judit-Tálas Péter, "További magyar szerepvállalás Afganisztánban (1)," *Új Honvédségi Szemle*, 2006, 10, 12.o.

45　Rózsa Tibor-Hangya Gábor, "Az újjáépítés és a biztonság katonai feladatai Baglanban: A civil-katonai kapcsolatok gyakorlata az MH PRT afganisztan missziójában［バグラーン州における復興と治安の軍事的使命——ハンガリー国防軍のアフガニスタンPRTの任務における政軍関係の任務］," *Honvédségi Szemle*, 2008, 01, 29.o.

46　Thomas G. Weiss, "Learning from Military-Civilian Interactions in Peace Operations," p. 118; Pamela Aall, *op. cit.*, p. 135; Joëlle Jenny, *op. cit.*, p. 27; S. J. H.

Rietjens, *op. cit.*, p. 24.

47 Francis Kofi Abiew, *op. cit.*, pp. 28-31.
48 PRT を選択した政策判断に対する批判の詳細は、上杉勇司「地方復興支援チーム（PRT）の実像」、50-52 頁を参照。
49 Daniel L. Byman, *op. cit.*, p. 105.
50 Borsányi András, "Afganisztán, tegnap, ma és holnap［アフガニスタン、昨日、今日、明日］," *Új Honvédségi Szemle*, 2004, 12, 36.o.
51 『朝日新聞』2010 年 8 月 2 日。
52 2008 年 6 月 1 日の『ネープサバッチャーグ』（電子版）、*Népszabadság Online*, 2008. június 10.; 2008 年 7 月 14 日付の『ネープサバッチャーグ』（電子版）、*Népszabadság Online*, 2008. július 14 を参照。
53 2101 年 8 月 23 日の『ネープサバッチャーグ』（電子版）、*Népszabadság Online*, 2010. augusztus 23.; 2010 年 9 月 7 日の『ネープサバッチャーグ』（電子版）、*Népszabadság Online*, 2010. szeptember 7 を参照。
54 ポーランドの PRT に関しては、以下の ISAF の HP を参照。
http://www.isaf.nato.int/troop-numbers-and-contributions/poland/index.php
55 Jan Cienski, "Poland's Ruling Coalition Appears Close to Collapse," *FT.com*, September 22, 2006. http://www.ft.com/cms/s/0/63a1ed8c-49d7-11db-84da-0000779e2340.html
56 Max Boot, "It Is in Poland's Interest to Be an Ally of America," *FT.com*, December 6, 2007. http://www.ft.com/cms/s/0/93604878-a40a-11dc-a28d-0000779fd2ac.html
57 チェコの PRT に関しては、以下の ISAF の HP を参照。
http://www.isaf.nato.int/troop-numbers-and-contributions/czech-republic/index.php
58 Marie Vlachová, *op. cit.*, p. 48.
59 スロヴァキアの派遣部隊に関しては、以下の ISAF の HP を参照。
http://www.isaf.nato.int/troop-numbers-and-contributions/slovakia/index.php
60 *Népszabadság Online*, 2010.augusztu 23. http://nol.hu/archivum/magyar_katonano_halala_nem_vonulunk_ki_afganisztanbol
61 2010 年 8 月 25 日の『マジャル・ヒールラップ』（電子版）、*Magyar Hirlap Online*, 2010. augusztus 25 を参照。
62 2010 年 9 月 11 日の『ネープサバッチャーグ』（電子版）、*Népszabadság Online*, 2010. szeptember 11 を参照。
63 2010 年 8 月 28 日の『ネープサバッチャーグ』（電子版）、*Népszabadság Online*, 2010. augusztus 28 を参照。
64 Matthew Green and Daniel Dombey, "Karzai Plans Local Forces to Take Charge," *FT.com*, March 11, 2011. http://www.ft.com/intl/cms/s/0/cb924002-5465-11e0-979a-00144feab49a.html#axzz1NL6GaCQd
65 2011 年 3 月 4 日の『ネープサバッチャーグ』（電子版）、*Népszabadság Online*, 2011.

március 4 を参照。
66 2011 年 5 月 17 日の『ネープサバッチャーグ』(電子版)、*Népszabadság Online*, 2011. május 17 を参照。

結　論

NATO 拡大と
　　中・東欧の平和と民主主義

　本書では、冷戦後の NATO 拡大が中・東欧の外交・安全保障政策、政軍関係に及ぼした影響を論じてきた。最後に、体制転換後に NATO の一員となった中・東欧の平和と民主主義の歴史的意義と展望について考察する。

1　NATO と中・東欧の平和

　中・東欧が NATO 加盟をめざした動機は、ワルシャワ条約機構解体後の自国および周辺地域の安全保障の模索にあった。冷戦の終結後まもなく、旧ソ連、旧ユーゴスラヴィア地域において民族紛争が多発した。とくに、旧ユーゴスラヴィアの紛争によって中欧からバルカン半島にかけての広範囲にわたる地域で権力の真空状態が浮き彫りになった。

　NATO は門戸を開放することで中・東欧の地域的な安全保障への要求に応えた。実際に、将来における加盟を前提とした NATO との関係強化によって、大国によって繰り返し蹂躙された中・東欧ははじめて対外的な脅威から解放されたのである。

　しかし、その一方で、NATO は加盟を希望する国家に同盟へのただ乗りを認めなかった。NATO はソ連・東欧からの軍事侵攻の脅威ベースの同盟から地域紛争、国際テロ、大量破壊兵器の拡散、国際的な組織犯罪など不確実性をました冷戦後の国際社会における能力ベースの同盟へと役割を変化させつつあった。加盟を実現させた中・東欧もまた、NATO の変容とは無関

係ではいられなかった。とくに、1999年の第一次東方拡大でNATO加盟を果たしたポーランド、チェコ、ハンガリーは同盟の責務履行のためのNATO基準に適合する軍の近代化を求められた。

　奇しくもヴィシェグラード3カ国がNATO加盟を果たしたのと同じ1999年3月、NATOにとって最初の大規模な域外における軍事行動となったユーゴスラヴィアへの空爆が始まった。地域的な安全保障を越えた世界規模での紛争の防止、紛争後の平和構築に貢献することは、中・東欧にとって自国を含めた国際社会の利益であった。先行加盟を果たした3カ国にとって、NATOへの支持、協力は今後の大西洋同盟の枠内における外交・安全保障への重要な試金石となった。

　しかしながら、NATOが新加盟国に求めた軍の近代化は、NATO基準の装備などハード面、訓練や教育による人材育成などソフト面の双方において、経済的なコストと長い時間を必要とする困難な課題であった。とくに、NATO加盟後のハンガリーは国防軍の近代化の遅れと国際任務に対する能力の欠如をNATO本部から厳しく批判された。

　ヴィシェグラード諸国は長期的なプログラムによる軍の近代化に着手したが、十分な成果を上げられなかった。結果的に、中・東欧の軍内部においては、ポーランドの特殊部隊やチェコにおける生物化学兵器の処理などNATOの作戦行動に適応できる、いわばショーケースとしての能力の高い少数の部隊と近代化の進まない能力の低い残りの部隊という二層の構造が残ることになった。

　NATO加盟後の中・東欧には、唯一の超大国アメリカへのバンドワゴニングの側面が強くみられた。困難な軍の近代化に迫られた中・東欧は、外交・安全保障政策においてアメリカとの関係をさらに重視するようになったのである。コソヴォ紛争への軍事介入を通じたアメリカのヨーロッパの安全保障におけるヘゲモニーの確保は、中・東欧にとって、イラク戦争に至る対米重視のアトランティシズムへの重要な契機となった。

　2001年9月11日の同時多発テロの後、「テロとの戦い」を掲げるアメリカのブッシュ政権は単独主義に傾斜するようになった。そして、中・東欧もアメリカの単独主義に追随した。とくに、2001年9月以降、ポーランドは

結　論　NATO拡大と中・東欧の平和と民主主義

アメリカとの関係強化を強く志向するようになった。

　1999年のNATOのユーゴスラヴィア空爆のように同盟内部において米欧間の協調およびアメリカ主導の武力行使とヨーロッパ諸国中心の平和維持、復興支援との労働分業が成立する場合、中・東欧にとっての対米支持は国内外で理解を得るのが容易だった。また、同時多発テロ後に勃発したアフガニスタン戦争当時のように、アメリカの軍事行動がNATOの枠組みで西欧の同盟国の支持にもとづく場合、中・東欧の対米追随は西欧との摩擦を引き起こすことはなかった。

　2003年のイラク戦争における中・東欧のアメリカ支持は、フランス、ドイツとの軋轢を生じさせただけではなかった。中・東欧はフセイン政権崩壊後のイラクにおける復興支援活動への参加に関して、NATO主導による旧ユーゴスラヴィア地域での平和維持活動への参加にみられるような国際平和への貢献として国内で広範囲な支持を得ることができなかった。さらに、後述するようなミリタリー・ディプロマシーとしての平和維持や復興支援など軍隊による国際任務の重要性が高まったにもかかわらず、NATOの枠組みから逸脱したイラクでの任務は中・東欧の軍隊の国内における存在価値を高めることに寄与しなかった。

2　NATOと中・東欧の民主主義

　中・東欧の民主主義に関して、東方への拡大を通して同地域における民主化の成功が名実ともにヨーロッパの東西分断を終わらせることをNATOは期待した。歴史的にみて、中・東欧の安全保障と平和のみならず、政治的な民主化と経済的な近代化も国際環境に左右されてきた。中・東欧にとって、体制転換とは民主主義や市場経済の定着を通してヨーロッパ世界へ回帰する契機であった。同時に、冷戦構造の終焉は中・東欧の民主化に史上最も有利な状況をつくりだしたといえる。さらに、NATOは加盟を希望する国家に対して民主的な内閣、議会などの政治制度の安定に加え、そのような制度の下での軍に対するシヴィリアン・コントロールを促した。実際に、議院内閣制や法の支配のみならず、民主的な政軍関係も中・東欧の「ヨーロッパ」への回帰に不可欠な要素であった。

体制転換後の中・東欧における民主的な政軍関係は、概ね NATO 加盟までの時期に制度改革を通して確立した。そのプロセスにおいては、政治制度の視点からみた内閣から参謀本部への指揮・命令系統の一元化の完成に加えて、大統領と内閣との間で生じた軍のコントロールをめぐる主導権争い、文民国防相と軍との間で生じた軋轢、議会による軍のコントロールを有効に機能させることなど、多くのシヴィリアン・コントロールの根幹にかかわる問題点が浮き彫りになった。

　1990 年代前半のポーランドでは、軍のコントロールの権限強化を意図する大統領、国防相、参謀総長の間でたびたび主導権争いが起こった。さらに、ハンガリーでは、社会党主導で進行した 1989 年の体制転換のプロセスにおいて自由な総選挙に至るスケジュールや在野勢力との政治的な駆け引きの結果として、憲法上、大統領に与えられた国防軍の統制に関する権限がNATO 加盟後の 2001 年に至るまで内閣による軍政・軍令の一元的なコントロールを阻害する要因になった。確かに、1989 年当時のハンガリーの民主化は漸進的な経済改革の延長としてスムーズに実現した。しかし、その一方で、制度や人事などで抜本的な変革が先送りされた側面も否定できない。

　さらに、民主的な政軍関係には、文民政治家、官僚と軍人のバランスの取れた状態が不可欠である。政治家や官僚に安全保障・防衛政策に関する専門的知識が欠如した結果、国防省内部で軍人の権限が必要以上に強化されたり、反対に、文民政治家が軍人への過剰な統制または恣意的な軍令への干渉を行なったりすることのないよう、文民と軍人の間での意思の疎通、責任の共有が求められる。「(防衛相が安全保障の) 素人だからシヴィリアン・コントロール」などという理屈は成り立たないのである。いずれにせよ、民主的な政軍関係を確立するプロセスで生じた諸問題は、まさに中・東欧の民主化において残された課題を写し出す鏡であった。

　中・東欧では、21 世紀初頭までに民主的なシヴィリアン・コントロールを可能にするための制度改革が一応の完成をみた。さらに、シヴィリアン・コントロールのための制度が有効に機能するうえで、市民社会が軍をチェックする役割が求められた。つまり、社会と軍隊との相互作用が政軍関係におけるさらなる重要な論点となった。民主的な政軍関係の確立にとどまらず、

体制転換後の中・東欧の民主主義を論じる場合、政治制度の定着に加えて、市民社会における多様な価値観の尊重が不可欠であることはいうまでもない。また、社会と軍隊との関係を検証する際には、社会において軍隊がいかにレーゾンデートルを見出すのかが重要な課題である。冷戦の終結後、中・東欧のみならず全ヨーロッパ規模で社会と軍隊との価値、目的の共有が政軍関係における課題となっている。すでに、NATO加盟の実現によって、中・東欧の国外からの軍事的な脅威は史上例のないほど低下しており、伝統的なナショナル・セキュリティーにおいて軍隊の存在価値を体現することは非常に難しくなっていた。また、かつて国民国家の形成において歴史的な役割を果たしてきた徴兵制度は、NATOに加盟する多くの西欧ばかりでなく、ハンガリー、チェコ、スロヴァキアにおいても2004年には廃止された。

中・東欧の軍隊にとって、NATO加盟に伴う責務の履行は社会における正統性を確立するうえで有効な手段と考えられた。少なくとも同盟の義務を果たす限りにおいて、国内の支持を得るのは容易であるとみられた。にもかかわらず、ハンガリーではNATO加盟国の責務としての三次元レーダー基地の建設をめぐってバラニャ県のメチェク山地で地域社会と国防軍との間で深刻な対立が生じた。地元住民の激しい反対運動の結果、ハンガリー南西部の建設予定地は二度にわたり変更を余儀なくされた。同盟の責務履行としてのレーダー基地の建設が、地域社会にとって重要な価値である自然環境の保全との間で齟齬をきたした。さらに、レーダー基地建設問題を通して、地方自治や住民投票のあり方など草の根レベルの民主主義の根幹にかかわる問題が表面化したのである。

3　平和構築と市民社会

NATO加盟国としての中・東欧における今後の平和と民主主義に関して、ミリタリー・ディプロマシーが重要な役割を果たすと筆者は考える。とりわけ、重視すべき要素は、紛争地域および脆弱国家での平和構築、復興支援の任務であった。

現在、中・東欧を含めたNATO加盟国はアフガニスタンでPRTを展開している。ハンガリーはバグラーン州において国防軍、外務省などの省庁、

キリスト教系NGOによるCIMICを実践している。ハンガリーによるアフガニスタンのPRTに関して、CIMICが今後の国防軍とNGOとの関係を変えていく可能性がある。従来、ハンガリーのNGOは先述のレーダー基地建設に反対する活動に加え、良心的兵役拒否の奨励や徴兵制度そのものの廃止の推進など、国防軍の役割を否定的に捉えてきた。国防軍とNGOとがアフガニスタンの復興を通して国際社会の安定に貢献するという目的、価値を共有することは、市民社会における国防軍の名声や信用の回復にもつながるのである。

しかしながら、ハンガリーのみならず各国のCIMICには、軍隊とNGOとの組織文化の相違、通信手段も含めた意思の疎通の難しさなど、多くの問題点が存在する。そのため、CIMICが紛争地域において十分な成果を上げているとはいえない。とくに、軍隊の意思決定がトップダウンにもとづくのに対して、NGOでは他の組織との横のつながりや活動現場からのボトムアップによる組織運営が重視された。

さらに、アフガニスタンにおけるISAFに関して、すでにNATOは近い将来における撤退に向けた道筋を模索している。2010年11月のリスボンにおけるNATO首脳会議で、加盟国は2014年末までにアフガニスタン側への治安権限を移譲する戦略を示した[2]。さらに、2011年6月22日、オバマ政権は2012年9月までに3万3000人をアフガニスタンから撤退させる計画を発表した[3]。実際に、約10万人にのぼるNATO加盟国で圧倒的に多数の兵員をアフガニスタンへ派遣しているアメリカは、2011年7月から撤退を開始した。その後も、アメリカは自国軍の段階的な撤収を継続する。アフガニスタンに9500名の兵員を派遣しているイギリスでも、2011年7月6日にキャメロン（David Cameron）首相が2012年末までに500名を帰国させるなど、アメリカと同様、緩やかな自国軍の撤退を進めることを発表した[4]。いずれにせよ、NATO加盟国によるアフガニスタンでのCIMICにもとづく復興支援活動が2014年末までに終了することは明らかである。

ハンガリーはバグラーン州におけるPRTを2014年末まで続ける意思を示していた。そして、2011年6月1日にオルバーン政権は同年11月までにアフガニスタンで果たす役割に関する中期的な戦略を作成すると発表した[5]。

結　論　NATO拡大と中・東欧の平和と民主主義

　他方、2010年の時点で2600名の部隊をアフガニスタンに派遣していたポーランドでは、アフガニスタンからの撤退がカチンスキ（Lech Kaczyński）大統領（カチンスキ元首相の双子の弟）の飛行機事故での死去に伴う2010年の大統領選挙の争点の一つになっていた。大統領選に勝利したコモロフスキ（Bronisław Komorowski）は、2012年までにポーランド軍を撤退させると主張した[6]。いずれにせよ、ポーランドはオランダ、カナダに続いて、早期にアフガニスタンからの撤退を開始することになるだろう。

　NATOはアフガニスタンのみならず、アラブ世界の民主化の動きをめぐって、国際社会でその存在価値を問われる可能性もある。2011年3月以降にNATOは内戦状態に陥ったリビアにおいて、劣勢な反政府勢力を支援するために空爆を行なった。しかし、加盟国間の足並みが揃わず十分な軍事的効果が上がらなかった。そのため、反政府勢力の首都トリポリ制圧によってカダフィ（Mu'ammar Al-qadhdhfi）大佐の政権が事実上、崩壊するまで、NATOの空爆開始から5カ月を要することになった。さらに、反体制派への強硬姿勢を崩さないシリア、政治的空白に乗じて国際テロ組織が勢力を強めるイエメンへのNATOの今後の対応に注目すべきである。

　本書の脱稿の時点において、ハンガリー国防軍のアフガニスタンでの犠牲者は6名である。ハンガリーの政党の間では、2008年以降に急速に勢力を拡大させた極右政党ヨビックを除いて、アフガニスタンのPRTを公然と批判する声は挙がっていない。NATO主導による治安の回復と復興が進まないアフガニスタンの現状にもかかわらず、国防軍の任務はハンガリー国内で好意的に受けとめられている。

　最終的なアフガニスタンからの撤収までにハンガリー国防軍から新たな犠牲者が出る可能性もある。アフガニスタンでの任務を通した国防軍の社会におけるレーゾンデートルの確立は、依然として厳しい試練にさらされている。

　1990年代前半に国連による平和強制が失敗したソマリアの事例からも、人道支援と自国の兵士の生命との間に優先順位をつけることなどできない。しかしながら、アフガニスタンなど長い紛争を経験した脆弱国家の復興や開発を民軍挙げて支援することが、NATO加盟国としての責務のみならず、国際社会の安定を通して自国の国益にも不可欠であると国内で広く認識され

るかどうかが、ハンガリーをはじめとする中・東欧における市民社会の成熟の重要な鍵となる。その際、広い視野にもとづく政治の果たすべき役割が大きくなるのである。

註

1 『朝日新聞』(電子版) 2011 年 9 月 3 日、http://www.asahi.com/politics/update/0903/TKY201109020811.html を参照。
2 "Nato to End Combat Mission in Afghanistan by 2015," *FT.com*, November 20, 2010. http://www.ft.com/intl/cms/s/0/bf0366e4-f4f8-11df-a809-00144feab49a.html#axzz1QY48DdQs
3 Anna Fifield, "Obama Outlines Timetable for Afghanistan Withdrawal," *FT.com*, June 23, 2011. http://www.ft.com/intl/cms/s/0/b40cb662-9dc9-11e0-b30c-00144feabdc0.html#axzz1QY48DdQs;『朝日新聞』2011 年 6 月 24 日。
4 Kiran Stacey, "PM Announces 'Modest' Afghan Troop Withdrawal," *FT.com*, July 6, 2011. http://www.ft.com/intl/cms/s/0/67bd0fd2-a7d3-11e0-a312-00144feabdc0.html#axzz1RUI8iUon
5 2011 年 6 月 1 日の『ネープサバッチャーグ』(電子版)、*Népszabadság Online*, 2011. június 1 を参照。
6 Jan Cienski and James Blitz, "Call for Poland to Set 2012 Deadline for Withdrawal," *FT.com*, June 25, 2010. http://www.ft.com/intl/cms/s/0/b181b4e0-7fef-11df-91b4-00144feabdc0.html#axzz1QY48DdQs

人名索引

あ行

アデルマン（Jonathan R. Adelman）103
アフロメーエフ（Sergei Fyodorovich Akhromeyev）105
アレクシエフ（Alexander Alexiev）103, 104, 105
アンタル（Antall József）42, 86, 112, 114, 116, 120
アンドレイチャク（Imrich Andrejčak）123
イヴァーンチク（Iváncsik Imre）147
イッレーシュ（Illés Zoltán）152
ヴァグネル（Wagner Péter）178
ヴァツラヴィク（Milan Vaclavik）107
ヴァヒシュレル（Wachsler Tamás）123
ヴァルキ（Valki László）89, 90
ヴィレツキ（Tadeusz Wilecki）118, 125
ヴェーグ（Végh Ferenc）117
ヴェトヒー（Vladimír Vetchý）70
ヴェンツェ（Vencze Csilla）148, 149
ヴォルジェシュ（Ivan Volgyes）103
ウォルツ（Kenneth N. Waltz）24
ウォルト（Stephen M. Walt）31, 58, 98
ウォルフォヴィッツ（Paul Wolfowitz）83
ウォレンダー（Celeste A. Wallander）54, 55
ヴォンドラ（Alexandr Vondra）146
エドムンズ（Timothy Edmunds）10, 11, 53, 56
エプシュタイン（Rachel A. Epstein）49
エリツィン（Boris Yeltsin）44
オダム（William E. Odom）127
オバマ（Barack Obama）145, 155, 179, 192
オルシェフスキ（Jan Olszewski）37, 115, 125
オルバーン（Orbán Anita）64
オルバーン（Orbán Viktor）51, 53, 54, 55, 61, 66, 67, 71, 73, 87, 88, 90, 114, 117, 120, 123, 152, 178, 179, 192
オルブライト（Madeleine Albright）77

か行

カーダール（Kádár János）104, 106, 107, 135, 153, 160
カールパーティ（Kárpáti Ferenc）107, 128
カヴァン（Jan Kavan）68
カダフィ（Mu'ammar Al-qadhdhfi）193
カチンスキ（Jarosław Kaczyńskii）145, 169, 176, 193
カチンスキ（Lech Kaczyński）193
カニス（Pavol Kanis）126
金子譲　16, 35, 57, 58, 59, 60, 96
カパリーニ（Marina Caparini）11
カルザイ（Hamid Karzai）179
キャメロン（David Cameron）192
キラーイ（Király Béla）112
クカン（Eduard Kukan）69
クファシニィエフスキ（Aleksander Kwaśniewski）70, 74, 118, 168
クラウス（Václav Klaus）38, 39, 68, 93, 126
クリントン（William Jefferson Clinton）35, 44, 45, 65
クロフォード（Beverly Crawford）45
クン（Kun Béla）134
ケーガン（Robert Kagan）83, 97
ゲルトナー（Heinz Gärtner）64
ケレティ（Keleti György）120, 123, 124
ゲレメク（Bronisław Geremek）91
ゲンシャー（Hans-Dietrich Genscher）39
ゲンツ（Göncz Árpád）44, 112, 116, 129

コヴァーチ（Kovács László）48, 88, 89, 98, 99, 166, 167, 181
コヴァーチ（Michal Kováč）44, 116
コール（Helmut Kohl）39
コシチューシコ（Tadeusz Kościuszko）135
コッティ（Andrew Cottey）10, 11
コモロフスキ（Bronisław Komorowski）193
コルコヴィッチ（Roman Kolkowicz）127
コルトン（Timothy J. Colton）127
ゴルバチョフ（Mikhail Sergeevich Gorbachev）111
コロジエチク（Piotr Kolodziejczyk）123, 125, 126
コンスタンティネスク（Emil Constantinescu）48

さ行

サイモン（Jeffery Simon）10, 19
サパテロ（José Luis Rodríguez Zapatero）166
サボー（Szabó János）123, 146
サボー（Szabó László）33
ジェイコビイ（Wade Jacoby）56, 75
シェドヴィー（Jiří Šedvý）52
ジェレフ（Zheliu Zhelev）44
シフ（Rebecca L. Schiff）161, 162, 179
シミチコー（Simicskó István）88, 90
シモニ（Simonyi András）46
ジャノヴィッツ（Morris Janowitz）7
シュヴァルツェンベルク（Karel Schwarzenberg）145
シュステル（Rudolph Schuster）116
シュピドラ（Vladimir Špidla）93
シュマイジンスキ（Jerzy Szmajdzinski）168
ジュルチャーニ（Gyurcsány Ferenc）120, 124, 125, 141, 142, 143, 144, 154, 167
シュレーダー（Gerhard Schröder）82, 97
ショーヨム（Sólyom László）143, 144

ジョンソン（Ralph Johnson）47
シラク（Jacques Chirac）48, 76, 82, 84, 89, 91, 97
シリ（Szili Katalin）138, 151, 157
スターライ（Sztáray Péter）179
スターリン（Joseph Stalin）31, 44
ズリンダ（Mikulas Dzurinda）52, 53, 68, 80, 93, 116, 119, 123, 126, 169
セーケイ（Székely Sándor）117
セケレシュ（Szekeres Imre）148, 149
セネシュ（Szenes Zoltán）124
ゼマン（Miloš Zeman）68, 122, 123, 126
ソラナ（Javier Solana）46, 47

た行

ターラシュ（Tálas Péter）33, 174
タカーチ（Takács Judit）174
タシュナーディ（Tasnádi Péter）148, 150, 157
タリアフェロ（Jeffrey W. Taliaferro）65
タルボット（Strobe Talbott）44
チェイニー（Richard B. Cheney）83
チッラグ（Csillag István）167
チネゲ（Czinege Lajos）104, 127
チモシェヴィッチ（Włodzimierz Cimoszewicz）46, 91
チャウシェスク（Nicolae Ceaușescu）107
デアーク（Peter Deak）105, 106
ティソ（Josef Tiso）136, 137
デヴィッドソン（Jason W. Davidson）64
デシュ（Michael C. Desch）109, 110, 128
デ・ホープ・スヘッフェル（Jaapde Hoop Scheffer）140, 141
トゥスク（Donald Tusk）145, 170
ドゥナイ（Dunay Pál）10, 12, 120, 162
トヴルジク（Jaroslav Tvrdik）123
トショフスキー（Josef Tošovsky）126
ドネリー（Chris Donnelly）144, 152

な行

トポラーネク（Mirek Topolánek）145

ネーメト（Németh Miklós）39, 106, 128
ネーメト（Németh Zsolt）89, 90
ネチャス（Petr Nečas）68, 122, 126
ネルソン（Daniel N. Nelson）137

は行

パーヴァ（Páva Zsolt）151, 157
バイナイ（Bajnai Gordon）178
ハヴェル（Václav Havel）38, 44, 68
パウエル（Colin Powell）83, 167
バウディシュ（Antonin Baudyš）125, 126
パヴラク（Waldemar Pawlak）123, 125
パチェク（Pacsek József）105, 106
羽場久美子　18, 34, 58, 153
バラーニ（Zoltan D. Barany）105, 106
パリス（Jan Parys）125, 126
バログ（Balogh András）32, 33
ハンチントン（Samuel P. Huntington）102, 107, 127
ピウスツキ（Józef Piłsudski）135
ヒトラー（Adolf Hitler）30
ファルカシュ（Farkas Mihály）103
フィツォ（Robert Fico）169, 177
フィッシャー（Joschka Fischer）89
フォスター（Anthony Foster）10, 11, 20, 48, 50, 60, 161, 162
フォドル（Fodor Lajos）117
フセイン（Saddam Hussein）81, 82, 94, 165, 166, 168, 189
ブゼク（Jerzy Buzek）68
ブッシュ（George W. Bush）72, 76, 81, 83, 85, 88, 94, 145, 167, 188
フュル（Für Lajos）32, 123, 129
フュレディ（Füredi Károly）151
ブリンカー（Nancy Goodman Brinker）87
ブリンケン（Donald Blinken）45, 46
フルリ（Philipp Fluri）11
ブレア（Tony Blair）76, 77, 83, 97
ブレジネフ（LeonidIl'ich Brezhnev）84
プロディ（Romano Prodi）48
ベッツ（David J. Betz）9, 10, 120
ベネシュ（Edvard Beneš）55
ベブラー（Anton A. Bebler）9, 108, 109
ペルシャーニ（Persányi Miklós）139
ヘルスプリング（Dale R. Herspring）103
ヘルベルト（Herbert Tamás）138, 147
ヘンデ（Hende Csaba）177
ホーネッカー（Erich Honecker）40
ポジュガイ（Pozsgay Imre）41, 42, 110
ボチカイ（Bocskai István）139, 147, 150, 157
ホラン（Vilem Holan）126
ホルティ（Horthy Miklós）134
ホルヒディ（Horhidi Attila）145
ホルン（Horn Gyula）39, 40, 41, 42, 59, 89, 116, 117, 120, 121, 124

ま行

マードル（Mádl Ferenc）129
マサリク（Tomáš G. Masaryk）136
マジャリッチ（Magyarics Tamás）79
マゾヴィエツキ（Tadeusz Mazowiecki）37, 111
マルチンキェヴィチ（Kazimierz Marcinkiewicz）169
マルトニ（Martonyi János）67, 73
ミュニッヒ（Münnich Ferenc）104
ミレル（Leszek Miller）91, 92
ミロシェヴィッチ（Slobodan Milošević）65, 69, 164
メジェシ（Medgyessy Péter）53, 55, 56, 85, 86, 87, 89, 91, 120, 123, 124, 140, 165, 167

メチアル（Vladimír Mečiar）38, 47, 53, 59, 116, 119, 123
メドヴェージェフ（Dmitry Medvedev）146
モルナール（Molnár Ferenc）11, 12, 144, 153
モロトフ（Vyacheslav Mikhailovich Molotov）31

や行

ヤゾフ（Dmitri Timofeyevich Yazov）105
ヤルゼルスキ（Wojciech Jaruzelski）111, 128, 136
ユハース（Juhász Ferenc）53, 54, 88, 124, 125, 140, 143, 148, 155, 167
ユハース（Juhász Gábor）90

ら行

ラーコシ（Rákosi Mátyás）103
ラーング（Láng István）140, 141, 142, 152, 154
ライス（Condoleezza Rice）166, 181
ラスムセン（Anders Fogh Rasmussen）146
ラディチョヴァー（Iveta Radičová）177
ラムズフェルド（Donald Rumsfeld）83
ラルストン（Joseph Ralston）56
ランデス（Landesz Tamás）174
リッベントロップ（Joachimvon Ribbentrop）31
レーヴェース（Révész Mária）149
レッペル（Andrzej Lepper）176
ロバートソン（George Robertson）53, 54, 140
ロムシッチ（Romsics Ignác）86

わ行

ワレサ（LechWałęsa）44, 115, 118, 122, 125

事項索引

アルファベット

AWACS 66, 98
BTR-80A 172
CFSP 33, 76
CIMIC 160, 163, 170, 171, 172, 173, 174, 175, 180, 181, 182, 192
CPA 165, 167
CSCE 24, 37, 38
CSO 11, 12, 174
ESDP 33, 76, 77, 78, 79, 80, 85, 96
EU 9, 15, 17, 18, 23, 33, 34, 35, 36, 38, 39, 55, 63, 76, 77, 78, 79, 80, 81, 84, 85, 86, 89, 91, 92, 93, 94, 96, 97, 101, 123, 164, 165, 167, 178
F-16 51, 52, 72
GROM 74, 91
ICC 81, 93
IFOR 26, 45, 46, 131, 164, 168, 171
ISAF 74, 75, 81, 85, 95, 170, 172, 175, 176, 177, 182, 184, 192
KFOR 26, 69, 70, 74, 95, 164, 165, 168
MD 72, 81, 145, 146, 155
Mig29 51, 120
NATO
　「古い NATO」 35, 85, 178
　「NATO 拡大の研究」 27
　――基準 6, 27, 49, 52, 53, 56, 70, 143, 188
　――と CIMIC 171
　――と ESDP 77, 78, 79, 96
　――とロシア 36, 44, 45, 46, 47, 65, 67, 145, 146
　――の第一次拡大 (1999) 6, 8, 12, 16, 23, 27, 39, 48, 68
　――の第二次拡大 (2004) 16, 54, 70, 78, 93
　――の東方拡大 6, 8, 12, 24, 27, 28, 35, 44, 57, 93, 145, 146, 188, 193
　「NATO の門戸開放政策」 27
NCOs 50, 52
NGO 12, 139, 144, 146, 153, 155, 163, 170, 173, 174, 175, 180, 183, 192
NRF 56, 78
OSCE 24, 96
PfP 44, 45, 46, 47, 49, 53
PNAC 83
PRT 163, 170, 171, 172, 173, 174, 175, 176, 177, 178, 179, 181, 182, 183, 184, 191, 192, 193
SACEUR 56
SFOR 26, 74, 97, 131, 164, 168, 171
SHAPE 75, 79
SSR 173, 177, 178, 183
Su-25 106
Tu-154 74
WEU 43, 76, 77, 96

あ行

アイスランド 54
アウスグライヒ（妥協） 134, 136
「悪の枢軸」 81
アトランティシズム 9, 18, 37, 63, 64, 188
アフガニスタン 8, 14, 15, 54, 64, 65, 71, 72, 73, 74, 75, 76, 81, 82, 85, 121, 163, 170, 171, 172, 173, 174, 175, 176, 177, 178, 179, 181, 182, 183, 184, 189, 191, 192, 193

アメリカ　5, 6, 8, 9, 13, 14, 23, 24, 25, 35, 36, 37, 44, 45, 46, 47, 48, 51, 52, 54, 57, 63, 64, 65, 67, 70, 71, 72, 73, 74, 75, 76, 77, 78, 79, 80, 81, 82, 83, 84, 85, 86, 87, 88, 89, 90, 91, 92, 93, 94, 96, 97, 98, 102, 121, 128, 145, 146, 164, 165, 166, 167, 168, 169, 170, 172, 174, 175, 176, 188, 189, 192
アライド・フォース作戦　65
アルカイダ　71, 73, 82
アルテミス作戦　97
アルバニア　23, 65, 68, 69, 70
イエメン　193
域外（out of area）　6, 13, 25, 28, 49, 71, 84, 120, 121, 123, 125, 162, 188
イギリス　20, 30, 60, 64, 72, 73, 76, 77, 83, 86, 88, 90, 91, 92, 94, 97, 165, 166, 169, 170, 174, 176, 192
イスラエル　161
イタリア　20, 47, 48, 60, 64, 83, 164
一致理論　161, 162, 179
イラク　6, 8, 9, 13, 14, 15, 18, 25, 64, 65, 80, 81, 82, 83, 84, 85, 86, 87, 88, 89, 90, 91, 92, 93, 94, 97, 98, 112, 121, 145, 163, 165, 166, 167, 168, 169, 170, 175, 176, 183, 188, 189
イラン　81
インド　161
ヴィシェグラード　9, 10, 13, 14, 16, 34, 55, 58, 73, 75, 79, 94, 168, 169, 188
──諸国　12, 13, 16, 19, 34, 36, 38, 46, 51, 65, 67, 68, 71, 73, 75, 79, 90, 91, 93, 99, 114, 118, 119, 122, 123, 125, 126, 134, 136, 159, 160, 162, 164, 168, 175, 176, 188
──首脳会談　34
ヴィリニュス　10　84
ヴェトナム　103

ヴォイヴォディナ　37, 66
ウクライナ　13, 20, 32, 46, 67, 168
ウズベキスタン　74
エストニア　23, 78, 84, 85
欧州安全保障・防衛政策　→ ESDP
欧州安保協力会議　→ OSCE
欧州連合軍最高司令官　→ SACEUR
欧州連合軍最高司令部　→ SHAPE
欧州連合部隊アルテア　97, 164
欧州連合部隊コンゴ民主共和国　97
欧州連合部隊チャド・中央アフリカ　97
オーストラリア　92
オーストリア　14, 29, 30, 33, 34, 36, 39, 40, 55, 60, 61, 64, 116, 134, 136
オーデル・ナイセ線　37
オランダ　60, 163, 172, 175, 193

か行

改正ブリュッセル条約　77, 96
下士官　→ NCOs
カナダ　175, 193
ガブチーコヴォ＝ナジマロシュ・ダム　139, 153
北大西洋条約機構　→ NATO
北大西洋理事会　47, 54, 122
北朝鮮　81
規範の起業家　28
キプロス　78
旧ユーゴスラヴィア　5, 8, 13, 15, 24, 25, 32, 34, 39, 92, 147, 162, 163, 164, 165, 187, 189
共通の外交・安全保障政策　→ CFSP
脅威均衡論　31, 58
京都議定書　81
ギリシャ　60, 77, 78
クウェート　25, 81, 92, 93, 112, 169
グリペン　51, 52

200

索引

クロアチア　20, 23, 25, 36, 37, 46, 66, 84, 147, 152
軍事革命　70
ケルン欧州理事会（1999）　77, 79
構造理論　109
国際刑事裁判所　→ ICC
国際治安維持部隊（コソヴォ）→ KFOR
国際治安支援部隊（アフガニスタン）
　　→ ISAF
国防省の文民化　9, 120, 159
国民円卓会議　111
国連安全保障理事会　69, 70, 74, 82, 83, 86, 88, 90, 98, 121, 164, 165, 172, 181, 182
コソヴォ　16, 25, 26, 32, 64, 65, 66, 68, 69, 70, 74, 82, 164, 165, 168, 174, 188
コペンハーゲン欧州理事会（2002）　78
コンゴ　96, 97, 162
コンコルディア作戦　78, 96

さ行

参加（participatory）モデル　127
3Dアプローチ　163, 173, 180
サン・マロ会談（1998）　76
シェラレオネ　162
地元参加アプローチ　163
シリア　193
スイス　20, 33, 60
スウェーデン　33, 51, 60
スペイン　60, 83, 166, 168
スロヴァキア　9, 10, 12, 13, 14, 16, 18, 19, 20, 23, 30, 32, 34, 38, 39, 44, 45, 47, 52, 53, 55, 59, 63, 68, 69, 73, 75, 78, 80, 81, 83, 84, 85, 93, 99, 104, 115, 116, 119, 123, 125, 126, 129, 136, 137, 153, 165, 168, 169, 177, 184, 191
　キリスト教民主運動　93
　国民党　38, 68, 169, 177

スメル（指針）　169
──とアフガニスタン　75, 177
──とイラク　83, 84, 93, 169
──とコソヴォ　68, 69, 165
──と同時多発テロ　73
──と ESDP　80, 81
──と NATO　38, 39, 47
──の議会による軍のコントロール　123
──の軍隊と社会　136, 137
──の軍の近代化　52, 53
──の憲法　115, 129
──の国防相　123, 126
──の国防省と参謀本部の統合　119
──の大統領と軍の指揮権　115, 116
──の徴兵制度の廃止　53, 191
民主スロヴァキア運動　169
労働者連盟　38
スロヴェニア　23, 25, 36, 47, 48, 78, 83, 85, 152
西欧同盟　→ WEU
制度適合（institutional congruence）モデル　127
責任分担　63
セルビア　20, 25, 36, 65, 66, 69
全欧安保協力会議　→ CSCE
ゼンゲー　138, 139, 140, 141, 143, 144, 146, 147, 150, 153
──委員会　140, 141, 142, 143, 144, 152, 154
「──のための市民運動」　138, 139, 140, 143, 144, 147
戦略概念（NATO）　6, 25, 26, 27, 57, 84, 171, 182
相互運用性　27, 28, 49, 50, 70, 140, 152
ソマリア　162, 174, 193

201

ソ連　5, 6, 7, 8, 11, 13, 14, 23, 24, 25, 31, 32, 34, 35, 36, 37, 38, 39, 41, 42, 44, 51, 59, 60, 71, 81, 84, 85, 92, 101, 102, 103, 104, 105, 106, 111, 127, 128, 134, 135, 136, 159, 172, 178, 187

た行

第二世代問題　11
タサール　45, 46, 67, 73, 74, 85, 89, 92, 164
ただ乗り　6, 28, 85, 187
タリバーン　73, 74, 81, 163, 172, 173, 175, 176, 177, 178, 179
単独主義　6, 13, 14, 81, 188
治安部門改革　→ SSR
チェコ　8, 10, 12, 13, 14, 16, 17, 19, 20, 23, 27, 29, 30, 34, 35, 38, 39, 46, 47, 48, 52, 53, 54, 55, 56, 58, 63, 65, 68, 69, 70, 71, 73, 74, 75, 79, 80, 83, 84, 92, 93, 99, 115, 119, 122, 123, 125, 126, 129, 136, 137, 145, 146, 155, 165, 168, 169, 176, 177, 184, 188, 191
　キリスト教民主連合・人民党　125, 126
　市民民主党　126
　社会民主党　38, 68, 93
　——とアフガニスタン　74, 75, 176, 177
　——とイラク　83, 92, 93, 169
　——とコソヴォ　68, 69, 70 165
　——と同時多発テロ　71, 73
　——と ESDP　80
　——と NATO　38, 39, 46, 47, 48
　——の議会による軍のコントロール　122, 123
　——の軍隊と社会　136
　——の軍の近代化　52, 53
　——の憲法　115, 129
　——の国防相　125, 126
　——の国防省と参謀本部の統合　119
　——の大統領と軍の指揮権　115
　——の徴兵制度の廃止　52, 191
地方復興支援チーム　→ PRT
チェコスロヴァキア　7, 16, 30, 31, 34, 42, 55, 105, 106, 107, 134, 136, 139
中欧　14, 32, 33, 34, 35, 58, 187
中国　65, 70, 103
中・東欧　5, 6, 7, 8, 9, 10, 11, 12, 13, 14, 16, 18, 23, 24, 25, 27, 28, 29, 30, 31, 32, 33, 34, 35, 36, 43, 44, 45, 49, 50, 54, 56, 57, 60, 63, 64, 65, 70, 73, 74, 76, 79, 81, 83, 84, 85, 86, 92, 93, 94, 101, 102, 119, 133, 134, 137, 138, 144, 152, 159, 160, 162, 166, 170, 178, 187, 188, 189, 190, 191, 194
デイトン合意（1995）　45, 164, 171
デンマーク　20, 37, 60, 83
ドイツ　6, 9, 14, 25, 29, 30, 31, 34, 37, 38, 39, 40, 48, 55, 60, 61, 64, 81, 82, 83, 84, 85, 86, 89, 92, 94, 97, 98, 128, 136, 137, 145, 165, 172, 174, 189
同時多発テロ（2001）　13, 14, 65, 71, 72, 73, 75, 76, 80, 81, 83, 86, 121, 163, 188, 189
トゥベシュ　144, 145, 147, 148, 149, 150, 151, 152, 153, 155
　——のレーダー基地をめぐる裁判　150, 151, 152
　——のレーダー基地をめぐる住民投票　148, 149
ドメスティック・ミリタリー・アシスタンス　11, 12, 161
トリアノン条約　30
トルコ　29, 30, 60, 77, 78, 80, 88, 96, 98, 99, 134

な行

ナショナル・セキュリティー　11, 12, 134, 152, 160, 162, 191
NATO 即応部隊　→ NRF
ニース条約　91
二元的軍制　110, 113, 116
二層の構造　56, 188
日本　82, 128
人間の安全保障　173
ネーション・ビルダー　11, 12, 134, 159, 160
ネオクラシカル・リアリズム　64, 65

は行

ハイチ　162
8カ国書簡（2003）　83, 86, 87, 91
ハプスブルク家　29, 30, 134
ハンガリー　5, 7, 8, 9, 10, 12, 13, 14, 16, 17, 18, 23, 24, 27, 29, 30, 31, 32, 33, 34, 35, 36, 37, 38, 39, 40, 41, 42, 43, 44, 45, 46, 47, 48, 49, 50, 51, 52, 53, 54, 55, 56, 58, 59, 60, 61, 63, 64, 65, 66, 67, 69, 70, 71, 72, 73, 74, 75, 79, 80, 83, 84, 85, 86, 87, 88, 89, 90, 91, 92, 93, 95, 98, 99, 101, 102, 103, 104, 105, 106, 107, 108, 109, 110, 111, 112, 113, 114, 115, 116, 117, 119, 120, 121, 122, 123, 124, 126, 128, 129, 130, 131, 133, 134, 135, 136, 137, 138, 139, 140, 141, 143, 145, 146, 147, 148, 149, 150, 151, 152, 153, 154, 155, 156, 157, 159, 160, 161, 162, 163, 164, 165, 166, 167, 168, 169, 170, 171, 172, 173, 174, 175, 176, 177, 178, 179, 181, 182, 183, 188, 190, 191, 192, 194
アルバ・サークル　43, 146
欧州議会選挙（2004, 2009）　151, 157, 167, 178
グヤーシュ（グラーシュ）・コミュニズム　135
憲法裁判所　114, 115, 129
国営テレビ襲撃事件（2006）　124
国民投票（1989）　111
国民投票（1997）　43, 48
志願兵制への移行　56, 60, 162
社会主義労働党　41, 43, 101, 102, 104, 106, 107, 108, 110, 111, 128, 135, 138, 139
社会党　41, 42, 43, 51, 53, 67, 86, 89, 90, 110, 111, 112, 113, 117, 120, 121, 124, 148, 149, 151, 157, 166, 167, 190
自由民主連合　42, 51, 53, 89, 111, 112, 121, 149, 166, 167
タナーチ政権　104, 134
地位法　55, 61
徴兵制度の廃止　50, 51, 53, 56, 124, 137, 146, 161, 191, 192
独立小農業者党　43, 123
「ハンガリーの正義と生活党」　43, 59, 69, 71, 73
——事件（1956）　104, 135
——人民軍　104, 105, 106, 107, 108, 113, 128, 134, 135, 139, 160
——とアフガニスタン　73, 74, 75, 85, 172, 173, 174, 175, 177, 178, 179, 191, 192
——とイラク　83, 85, 86, 87, 88, 89, 90, 165, 166, 167, 168, 170
——とコソヴォ　66, 67, 69, 164
——と同時多発テロ　71, 72
——と ESDP　79
——と NATO　36, 37, 39, 40, 41, 42, 43, 44, 45, 46, 47, 48, 53, 54, 140
——の議会による軍のコントロール　108, 119, 120, 121, 122
——の軍隊と社会　134, 135, 161, 162

索引

203

——軍の近代化　　50, 51, 53
　　——の憲法　　72, 108, 109, 112, 113,
　　　114, 119, 120, 121, 122, 128, 130
　　——の国防相　　120, 123, 124, 125, 126,
　　　148
　　——の国防省と参謀本部の統合　　110,
　　　113, 116, 117, 118, 119, 159
　　——の国会決議　　42, 43, 50, 56, 59, 60,
　　　61, 67, 71, 73, 74, 88, 89, 95, 98,
　　　121, 164, 165, 166, 172, 181, 182
　　——の政治顧問団（POLAD）　　173
　　——の大統領と軍の指揮権　　108, 110,
　　　111, 112, 113, 114, 115, 129
　　——のNGO　　139, 144, 146, 173, 174,
　　　192
　バリケード事件（1990）　　112, 114,
　　　115, 116
　反対派円卓会議　　111
　フィデス（青年民主連合）　　43, 55, 61,
　　　66, 67, 87, 88, 90, 111, 114, 123,
　　　145, 149, 151, 152, 157, 165, 166,
　　　167, 168, 172, 178
　民主フォーラム　　42, 43, 111, 112, 116,
　　　167, 172
　「メチェクのための市民運動」　　147,
　　　148, 149, 150, 155
　ヨビック（右派）　　178, 179, 193
　労働者党　　43, 59
バンドワゴン（バンドワゴニング）　　84,
　　　94, 98, 188
東ドイツ　　7, 37, 39, 40, 42, 105, 134
非政府組織　　→NGO
フィンランド　　33, 41, 42, 59, 60, 113
不朽の自由作戦　　73, 172
プラハ　　56, 145, 155
　——NATO首脳会議（2002）　　54, 78,
　　　86
　——能力コミットメント　　78

フランス　　6, 9, 30, 47, 48, 60, 64, 65, 76,
　　77, 81, 82, 83, 84, 85, 86, 89, 91, 94, 98,
　　128, 145, 165, 189
古いヨーロッパ　　83
ブルガリア　　13, 23, 42, 44, 78, 84, 85,
　　105, 106
プロイセン　　29
平和安定化部隊　　→SFOR
平和のためのパートナーシップ　　→PfP
平和履行部隊　　→IFOR
ペータースベルク・タスク　　76, 77, 79
ペーチ市議会　　148, 149, 150, 151
ベラルーシ　　67
ベルギー　　60, 98
ヘルシンキ
　——欧州理事会（1999）　　77, 78
　——ヘッドライン・ゴール　　77, 78
ベルリン・プラス合意　　78, 79, 80
ポーランド　　7, 8, 9, 10, 12, 13, 14, 16,
　　19, 20, 23, 27, 29, 30, 31, 34, 35, 37, 38,
　　39, 42, 44, 46, 47, 48, 49, 52, 53, 54, 56,
　　58, 63, 64, 65, 67, 68, 69, 70, 71, 72, 74,
　　75, 76, 79, 80, 83, 84, 85, 91, 92, 94, 95,
　　96, 99, 105, 106, 111, 114, 115, 118, 119,
　　120, 122, 123, 125, 126, 128, 129, 134,
　　135, 145, 165, 166, 168, 169, 170, 175,
　　176, 184, 188, 190, 193
　戒厳令　　128, 136
　「自衛」　　176
　市民プラットフォーム　　145, 170
　小憲法　　114, 122, 129
　統一労働者党　　111, 128, 135, 136
　ドラウスコ事件　　125
　トロイの木馬　　92
　「法と正義」　　145, 169
　——とアフガニスタン　　74, 75, 175,
　　　176, 193

——とイラク　83, 91, 92, 168, 169, 170
　　——とコソヴォ　67, 68, 69, 70, 165
　　——と同時多発テロ　71, 72
　　——とESDP　79, 80
　　——とNATO　37, 39, 46, 47, 48
　　——の議会による軍のコントロール　122
　　——の軍隊と社会　135, 136
　　——の軍の近代化　52, 53
　　——の憲法　114, 115, 122, 129
　　——の国防相　123, 125, 126
　　——の国防省と参謀本部の統合　118
　　——の大統領と軍の指揮権　114, 115, 118, 122
　　「連帯」　111, 125, 128, 135, 136
ボスニア・ヘルツェゴヴィナ　25, 32, 36, 45, 66, 67, 74, 78, 82, 97, 131, 164, 165, 168, 171
ボヘミア　16, 29, 30
ポルトガル　60, 83

ま行

巻き込まれ　179
マドリッド　17, 47, 48, 60, 117, 166
　　——首脳会議（1997）　47, 48, 117
　　——列車爆破テロ（2004）　166
マルタ　78
ミサイル防衛　→MD
ミリタリー・ディプロマシー　11, 12, 13, 14, 161, 162, 165, 166, 179, 189, 191
民軍協力　→CIMIC
民主主義の平和　178
「メンバーシップ行動計画」　27

や行

ユーゴスラヴィア　25, 31, 32, 36, 37, 39, 65, 66, 67, 68, 69, 70, 103, 147, 164, 178, 188
　　——空爆（1999）　14, 16, 65, 66, 67, 68, 69, 70, 75, 90, 120, 122, 188, 189
　　——空軍機のハンガリー領空侵犯　36, 37, 147
有志連合　76, 94, 95, 165, 167
ヨーロッパ諸国の軍隊　11, 48
　　社会との収斂　11
　　社会における正統性　14, 165, 191
　　軍隊の類型　48, 49, 60
「ヨーロッパ」への回帰　34, 35, 58, 189
ヨーロッパ連合　→EU

ら行

ラトヴィア　23, 78, 84, 85
ランブイエ　65
利益集団（interest-group）モデル　127
リスボン　145, 192
　　——リスボン条約　96
　　——NATO首脳会議（2010）　145, 192
リトアニア　23, 29, 46, 78, 84, 85
リビア　193
ルーマニア　7, 13, 23, 30, 32, 42, 45, 47, 48, 55, 59, 78, 84, 85, 93, 105, 106, 107, 146
ルワンダ　162
歴史的発展（historical development）モデル　103
レジーム・ディフェンス　11
連合軍暫定当局（イラク）　→CPA
労働分業　64, 70, 75, 94, 189
ローマ規程　93, 99

ロシア　6, 13, 20, 23, 28, 29, 30, 31, 32, 34, 36, 38, 39, 44, 45, 46, 47, 59, 65, 67, 70, 81, 103, 128, 136, 145, 146

わ行

ワシントン条約　28, 44, 66, 71, 72, 73, 75, 88, 120, 121
ワルシャワ条約機構　5, 6, 7, 24, 32, 38, 40, 41, 42, 55, 58, 104, 105, 106, 134, 136, 137, 187

あとがき

　本書は 2003 年以降に『法と政治』（関西学院大学法政学会）、『国際安全保障』（国際安全保障学会）、『長崎県立大学国際情報学部紀要』に投稿した体制転換後のハンガリーおよび中・東欧の外交・安全保障、政軍関係に関する論説を加筆・修正したものである。

　気がつくと、1989 年の体制転換からすでに 20 年以上が経過した。本書の執筆プロセスでも、体制転換すらもう歴史の一部となりつつあると実感した。

　2004 年に初めての単著『冷戦期のハンガリー外交——ソ連・ユーゴスラヴィア間での自律性の模索』（彩流社）を書き上げてから 7 年が過ぎた。その間、公私共に様々な変化があった。刊行の翌年に、県立長崎シーボルト大学（現長崎県立大学シーボルト校）に職を得た。また、2008 年 10 月から 2009 年 3 月まで、カナダのクイーンズ大学国際関係センターで在外研究の機会に恵まれた。

　2002 年頃であるが、1950 年代の外交史研究が一段落した時に、ハンガリーの NATO 加盟について調べてみようと思った。そして、冷戦後のハンガリーやその他の中・東欧諸国にとっての平和と民主主義とはいかなるものなのか、筆者なりの関心にもとづいて手探りで新たな研究に取り組んだ。シーボルト大学への奉職以降、冷戦期のハンガリー外交史から NATO 加盟問題を軸とする外交・安全保障、さらに政軍関係へと本格的に研究内容をシフトさせた。

　本書の作成を通して、軍事に関する問題を忌避するのでなく、積極的に国際社会の安定に寄与することで平和に近づけるのだと実感した。また、無原則に軍備を放棄することよりも、民主的な政治や社会が軍隊をコントロールすることの方が、はるかに平和のために重要であると確信した。本書で論じたことは、中・東欧のみならずわが国にもあてはまるのではないか。

　筆者が冷戦終結後の中・東欧研究を始めてまもなく、2004 年 5 月に中・東欧の EU 加盟が実現した。冷戦時代、ソ連からの自由や独立を模索した国々は、ヨーロッパ統合の流れの中に組み込まれた。しかしながら、ヨー

ロッパ統合への参加は、中・東欧にとって順風満帆とはいえなかった。統合のプロセスで生じた不満は、排外的なナショナリズム、反グローバルな主張を掲げる党派の台頭、ロマなどマイノリティーへの暴力や人権侵害となって現れた。

　筆者がブダペシュトに滞在していた 2006 年 9 月、暴徒化した極右の若者による国営テレビ襲撃事件が発生した。さらに、1956 年のハンガリー事件から 50 周年にあたる 2006 年 10 月 23 日にも、ブダペシュトの市街地で警官隊と極右との衝突が起こった。また、2008 年のアメリカ発の金融危機は中・東欧の経済にも深刻な影響を及ぼした。とくに、財政危機に直面したハンガリーは、2008 年 10 月に国際通貨基金から緊急の財政支援を受ける状況に陥った。

　経済的な苦境の中で、ハンガリーの現政権には近隣諸国との関係を悪化させるナショナリズムに訴えたり、メディアへの規制を強めたりする可能性がある。かつて旧社会主義諸国の民主化、市場経済への移行において「東欧の優等生」といわれたハンガリーは、今や政治、経済の両面で他のヴィシェグラード 3 カ国の後塵を拝している。本書では、安全保障や政軍関係の視点からハンガリーの現状を中心に論じた。だが、検証すべき課題がまだ多く残されたままである。今後とも、ハンガリーや中・東欧の動向をみまもっていきたい。

　本書の刊行に至るまで、筆者は多くの先生方からご指導を賜った。まず、本書をまとめるきっかけは、筆者の博士論文審査で副査をつとめてくださった関西学院大学の櫻田大造先生から、長崎に来て以降の研究内容をまとめるようアドヴァイスをいただいたことである。また、櫻田先生には、先述のカナダのキングストンにおける在外研究でも所属先をご紹介いただいた。本書の第 5 章で平和構築を論じたのは、在外研究が重要な契機となった。同じく関西学院大学の豊下楢彦先生には、博士論文審査で主査をつとめていただき、シーボルト大学へ赴任した後も雑誌『法と政治』への投稿でもお世話になっている。

　関西学院大学以外の先生方では、筑波大学名誉教授の進藤榮一先生には、シーボルト大学へ講演に来られるたびに、貴重なアドヴァイスをいただい

た。また、外部から筆者の博士論文審査をお引き受けいただいた青山学院大学の羽場久美子先生には、ハンガリー研究で様々なご教示を受けた。大東文化大学の高田茂臣准教授とは、ハプスブルク史研究会で知り合って以来、専攻分野の違いを越えてハンガリー研究で情報交換を行なってきた。さらに、筆者が長崎に来て以降、たびたび参加している福岡で開催のソ連・東欧史研究会の先生方にも知的刺激にあふれる議論をお聞かせいただいた。

ハンガリー留学時代の指導教官フェグレイン・ギゼラ先生には、その後もブダペシュトを訪れるたびにご指導を賜っている。先生からは、何度も重要な二次文献を読んでいないと指摘された。さらに、カナダでの在外研究に際しては、クイーンズ大学のチャールズ・ペントラント先生、ジョナサン・ローズ先生にお世話になった。

日頃からご指導を賜っている長年にわたり変動するヨーロッパの国際政治の現場を取材してきた河野健一先生、外交の実務経験の豊富な徐賢燮先生をはじめとするシーボルト大学国際交流学科の同僚の先生方には、この場を借りて感謝申し上げる。

さらに、ティーチング・アシスタントとして筆者の学部での授業をサポートしていただいている長崎県立大学大学院国際情報学研究科の藤原典子さん、田中善巳さんにもお礼を申し上げたい。

本書の刊行にあたり、お世話になった関西学院大学出版会の田中直哉さん、松下道子さんには厚く御礼申し上げる。

なお、本書は、平成19年度、21年度の長崎県立大学教育研究高度化推進費B、平成23年度長崎県立大学学長裁量研究費の研究成果の一部である。

私事で恐縮だが、筆者のハンガリー留学時代の家主であり、その後もハンガリーを訪れるたびに面倒をみていただいたルットカイ・ギゼラさんが2009年3月に永眠された。筆者の研究者としての人生において大切な恩人である。筆者がカナダから帰国した後、ハンガリーでの再会を楽しみにしているとの手紙を受け取ったわずか4カ月後に訃報に接した。今後も研究に励むことで恩に報いたい。

最後に、2007年11月以来、筆者の気まぐれな研究生活を支えている妻、道乃に本書を捧げたい。

著者略歴

荻野　晃（おぎの　あきら）

1966年	兵庫県生まれ。
1990年	関西学院大学法学部政治学科卒業。
2000年	関西学院大学大学院法学研究科（政治学専攻）博士課程後期課程単位取得退学。
2004年	博士（法学）取得。
現　在	長崎県立大学シーボルト校教授。
共　著	羽場久美子編『ハンガリーを知るための47章——ドナウの宝石』
	（明石書店、2002年）
単　著	『冷戦期のハンガリー外交——ソ連・ユーゴスラヴィア間での自律性の模索』
	（彩流社、2004年）

NATOの東方拡大
中・東欧の平和と民主主義

2012年3月30日初版第一刷発行

著　者　荻野　晃

発行者　田中きく代
発行所　関西学院大学出版会
所在地　〒662-0891
　　　　兵庫県西宮市上ケ原一番町1-155
電　話　0798-53-7002

印　刷　協和印刷株式会社

©2012 Akira Ogino
Printed in Japan by Kwansei Gakuin University Press
ISBN 978-4-86283-107-1
乱丁・落丁本はお取り替えいたします。
本書の全部または一部を無断で複写・複製することを禁じます。
http://www.kwansei.ac.jp/press